U0511637

电动汽车充电网

技术、产品、平台及运营

CHARGING NETWORK

于德翔◎主　编

龚成明◎副主编

中国电力出版社

CHINA ELECTRIC POWER PRESS

图书在版编目（CIP）数据

电动汽车充电网：技术、产品、平台及运营 / 于德翔主编 . — 北京 : 中国电力出版社，
2024. 6. — ISBN 978-7-5198-9022-3

Ⅰ. U469.72

中国国家版本馆 CIP 数据核字第 20242HN408 号

出版发行：中国电力出版社
地　　址：北京市东城区北京站西街 19 号（邮政编码 100005）
网　　址：http://www.cepp.sgcc.com.cn
责任编辑：刘红强（010-63412520）
责任校对：黄　蓓　李　楠
装帧设计：张俊霞　北京久米设计有限公司
责任印制：钱兴根

印　　刷：三河市万龙印装有限公司
版　　次：2024 年 7 月第一版
印　　次：2024 年 7 月北京第一次印刷
开　　本：787 毫米 ×1092 毫米　　16 开本
印　　张：21
字　　数：410 千字
定　　价：98.00 元

编委会

序 一

中国工程院院士、新能源电力系统
全国重点实验室主任 刘吉臻

　　能源保障和安全事关国计民生，是须臾不可忽视的"国之大者"。党的十八大以来，我国新型能源体系加快构建，能源保障基础不断夯实，为经济社会发展提供了有力支撑。与此同时，中国作为全球最大的发展中国家，在经济飞速发展的同时也面临着日益严重的环境问题。为践行可持续发展的战略目标，肩负构建人类命运共同体的责任，我国明确提出了 2030 年碳达峰和 2060 年碳中和的目标愿景。当前，我国仍处于工业化、现代化发展的关键时期。能源是经济社会发展的重要物质基础，同时也是碳排放的主要来源。为实现"双碳"目标，需加快建设清洁低碳安全高效的能源体系。

　　2024 年 2 月，中共中央政治局就新能源技术与我国的能源安全进行第十二次集体学习，中共中央总书记习近平指出，要适应能源转型需要，进一步建设好新能源基础设施网络，推进电网基础设施智能化改造和智能微电网建设，提高电网对清洁能源的接纳、配置和调控能力。加快构建充电基础设施网络体系，支持新能源汽车快速发展。国家发展改革委、能源局等四部门发布了《关于加强新能源汽车与电网融合互动的实施意见》，在车网互动、新能源汽车双向充放电等方面提出了一系列目标和任务。

　　新能源汽车通过充换电设施与供电网络相连，构建新能源汽车与供电网络的信息流、能量流双向互动体系，可有效发挥动力电池作为可控负荷或移动储能的灵活性调节能力，为新型电力系统安全、高效、经济运行提供重要支撑。特来电作为国内领先的新能源汽车充电设备制造商和充电网运营商，长期致力于研究充电网、微电网、储能网"三网融合"的新能源互联网，以智能化能源管理系统为基础，通过先进技术、精致产品、优质服务，为用户提供智能充电整体解决方案。

近年来，特来电在电动汽车充电网相关的技术研发、产品设计、平台运营等方面开展了大量工作，具有扎实的研究基础和工程实践经验。德翔主编的这本《电动汽车充电网——技术、产品、平台及运营》，系统阐述电动汽车充电网在新型电力系统中发挥的作用与功能，梳理了当前能源低碳安全发展背景下，适用于新型电力系统的各类先进的电动汽车充放电管理与车网互动技术、充电设施与产品、一体化运营平台和多场景解决方案。同时，本书兼顾理论知识和工程应用，既系统阐述了大量原理性知识，又展现了当前工程应用水平，并辅以大量案例图片，可为电力、能源从业人员在电动汽车、车联网等领域开展技术和工程工作提供有益参考。

综上所述，我认为《电动汽车充电网——技术、产品、平台及运营》专著完全契合国家"双碳"目标发展战略与中共中央政治局第十二次集体会议精神，符合新型电力系统建设与发展需求，符合国家充电基础设施网络体系建设与发展需求，受众群体广泛，是一本值得推荐的书籍。

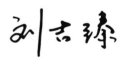

序 二

中国工程院院士、天津大学教授 王成山

因为有一段时间同在科技部智能电网重大专项专家组工作，我和德翔结识并成为好朋友。在我们一起工作和交流的过程中，德翔对事物的敏锐洞察力以及创新的激情和产业发展上的抱负，都给我留下了非常深的印象。前两天，他把《电动汽车充电网——技术、产品、平台及运营》书稿给我的时候，又给了我一个惊喜。

德翔在十年前创立了特来电，他带领团队不断探索、攻坚，实现了一系列重要创新，并且在运营规模上保持着国内相关领域领先的水平，特别是他深刻认识到电动汽车对于新能源占比快速提升的新型电力系统的特殊意义，系统提出并实践了通过微电网和虚拟电厂集成和聚合电动汽车双向充放电的灵活性，实现了电动汽车和电网多层级的融合互动。

业内很多人对特来电的创新理念和成果都有所耳闻，但对于充电网行业完整的技术体系以及如何把这些技术应用到具体的运营实践中，我还未见到专门的书籍。德翔作为一位有责任感的企业家，把多年来自己在行业内发展的经历和思考系统地进行总结提炼，编写了这本书，这在电动汽车充电行业内也是首创。

读了这本书后，第一个很深的感受是全书以清晰的逻辑展现了充电网的系统性和完整性，书中把充电网的无限机会以及实践中可能走的弯路都讲得比较清楚，即使不是电动汽车充电行业的从业人员，也能获得启发。其次，这本书还具有较高的可读性，基于科技普及的定位，全书既不缺少具体技术的介绍，又有很多来自实践的具体分析和案例，可让读者在较为轻松的阅读中获得新的认知。书中有很多经典的案例发人深省，有很多理性客观的分析鞭辟入里，书中的文字朴素但思想深邃，书中很多技术和实践的介绍都可直接应用，可说是干货满满。这种开放共享的理念体现了德翔团队的格局和担当！

　　谨以此把这本书推荐给充电网以及相关的能源、电力和电动汽车领域的朋友们，让我们在伟大的新能源时代携手共创美好的未来！

序 三

工业和信息化部产业发展促进中心"智能电网技术与装备"
专家委员会主任 刘建明

期待已久的《电动汽车充电网——技术、产品、平台及运营》终于要出版了！这本书从宏观的新能源产业到微观的电动汽车充电，从充电桩设备到充电网系统，从产品制造到技术创新，从工业互联网平台到大数据模型，从基础设施建设到充电网运营运维，每个环节都描述得非常详细清晰，数据及分析也很翔实。这本书是特来电多年苦练基本功的总结和提炼，很多内容涉及企业内部的资料、核心技术资产，他们毫无保留地公开了。书中所述对电动汽车充电这个新行业，尤其是对刚入局的企业，会有很大的启发和帮助，可使这些企业少走弯路和错路。我对此发自内心地敬佩，给德翔和特来电点个赞！

构建新型电力系统，要新在什么地方？在电动汽车和新能源融合上，在用电侧，特来电提出充电网、微电网、储能网、数据网是新型电力系统的新载体，这个视角非常好。预计我国 2030 年将有 1 亿多辆电动汽车，这么大规模的电动汽车接入电网，充电桩无序充电肯定不行，充电网 + 微电网的思路是值得推荐的。

2022 年工业和信息化部在特来电召开了"工业绿色能源微电网研讨会"，当天线上 328 万人参加，大家认为绿色能源微电网会在工业园区、企事业园区大规模推广应用，甚至在大型社区也值得广泛推广，会议讨论了投资充电网和微电网如何盈利，如何长期稳定可靠运行，当时讨论很激烈，没有特别明确的结论。

从特来电 2023 年的年报看，他们运营了 52.3 万台充电桩，全年充电量 93 亿千瓦时，收入 60.41 亿元，利润 1.21 亿元，这非常不容易了，他们终于迈出了可喜的一步！特来电通过 9 年的技术深耕和持续投入，终于可以盈利了，确实让我喜出望外。我在担任国家智能电网重点研发计划责任专家期间，多次去过特来电，尽管他们理念和技术很先进，但是年年亏损总不是一个办法，他们的创业真是很难！着实替德翔着急。2023 年特来电的盈利对电动汽车充电行业是一件大好事，给这个行业注入了兴奋剂，特来电走过的路也告诉大家，只要沿着正确的道路和技术路线持续创新、持续研究、持续奋斗，成功仅仅是时间问题！

我推荐此书！

前　言

　　全国企业信用查询系统显示，在经营范围里包含充电的企业有98万家之多，我最近也几乎每天都能收到朋友关于充电行业合作的咨询，对此我既兴奋又担忧：兴奋的是充电行业终于迎来了发展的春天，对电动汽车及充电行业十年的讨论和争议，终于有了定论；担忧的是有这么多企业蜂拥而至，却找不到正确前进的路。我对充电行业的思考由来已久，凭借在充电行业十年的经历做出判断：几十万家宣称做充电的企业，花钱真干的也就千余家，能走向"准成功"的就百多家，最后真正能实现可持续盈利的大型运营商也就只有十来家。大浪淘沙，百舸争流，竞争残酷，令人担忧。

　　特来电自2014年创立以来，我带着团队爬山过坎，惊涛骇浪，砥砺前行，苦熬了10年。我们累计投资了100多亿，聚合人才、研讨创新、研发产品、落地场景、探讨模式，有时暴风骤雨，有时天灾人祸，也走了不少弯路和错路，曾多年亏损，举步维艰。雨后复斜阳，在2023年才终于实现经营盈利，真是十年磨一剑，其中的酸甜苦辣只有我们自己知道。没有梦想，无须远行。在一次次失败的教训中，我们不断探索成功的路径；我们无数次跌倒，又无数次爬起来，继续向前，好在上天给了特来电改正的机会和纠偏的时间，特来电是幸运的；今天充电行业进入高速发展期，在这个迅速变化的时代，给每个做充电企业改正错误的机会和时间越来越少。

　　充电基础设施不仅是电动汽车规模化发展的基本保障，更是能源革命的基础支撑，还是工业互联网数字化的最佳场景，市场空间和产业空间巨大，我真心希望有更多的优秀企业和特来电一起同行，相互成就，互相添彩，共同践行"新能源车充新能源电，让尾气和雾霾远离人类"的使命。

写这本书，就是把特来电 10 年来在发展战略、产业思考、技术创新、产品研发、经营实践等方面的失败教训和成功经验系统地分享给大家，主要是想告诉大家哪些是对的，哪些可能是错的，哪些脚下的路已经踩实，哪些未来的路正在廓清，让想进入充电产业的伙伴们少走弯路，不走错路，尽管特来电走过的路也不是唯一对的、直的，还有很多路可以登到顶峰。

谈到做电动汽车充电，大家就想到充电桩，其实"桩"这个字误导了行业十多年。桩，其实仿造了加油站的加油机，是把交流电转化为直流电供给电动汽车，其外观和功能也和加油机基本一致，因此常以为做充电只要做充电桩设备就可以，而且充电速度越快越好。但随着大规模电动汽车发展，我们认识到无序充电的大功率充电桩多是在电网负荷高峰期充电，对电网的能源供给和运行安全构成了巨大威胁，说明充电桩的技术路线是错误的，只有按照充电网的技术路线建设，才能支撑大规模电动汽车的运行需要。

本书就是站在能源电网的角度，以绿色低碳的视角，在城乡大规模电动汽车快速发展的场景下，探讨如何做对和做好电动汽车充电网络，如何构建电动汽车和电网互动的技术产品平台体系，如何形成新能源和新交通双向融合的产业生态。

为什么要站在能源角度研究电动汽车充电？按照我们的预测，到 2030 年我国的新能源汽车将达到 1.4 亿辆，其年用电量达到 1 万亿千瓦时，而 2023 年中国城乡居民总用电量才 1.35 万亿千瓦时，可见大规模电动汽车接入电网，若采用无序充电，对电网将是灾难，只有充电网的有序调度才能解决问题。由于动力电池具备储能特性，通过充电网链接聚合到大电网上，如果一辆车每天储电 10 千瓦时，1 亿辆车每天就能提供 10 亿千瓦时储能，可支撑 50 亿到 100 亿千瓦容量大规模新能源消纳和电网平衡，电动汽车及充放电网络，必将成为碳中和及新型电力系统的新载体之一，成为能源革命的新引擎。

2023 年 12 月国家发展改革委、国家能源局、工业和信息化部、市场监管总局等四部门发布《关于加强新能源汽车与电网融合互动的实施意见》，明确提出"新能源汽车通过充换电设施与供电网络相连，构建新能源汽车与供电网络的信息流、能量流双向互动体系，可有效发挥动力电池作为可控负荷或移动储能的灵活性调节能力，为新型电力系统高效经济运行提供重要支撑，车网互动主要包括智能有序充电、双向充放电等形式，可参与削峰填谷、虚拟电厂、聚合交易等应用场景。"国家层面的肯定让我们坚定了充电网技术路线的信心。

实施意见提出的动力电池作为可控负荷及移动储能，主要是指个人乘用车平均每天约需要 10 千瓦时电，可以根据电网电价的峰谷特征，通过充电网实现低谷充电，高峰放电；同时个人乘用车 8~10 年的寿命中电池循环次数很少超过 1000 次，即使已达 2000 次的动力电池，其循环寿命仍富余很多，在不影响车的使用和寿命的前提下，完全可以做储能，而且成本极低。

《电动汽车充电网——技术、产品、平台及运营》共九篇、33 章、110 节。从汽车工业革命，到碳中和的能源革命，推演出两场革命的交汇点在电动汽车的电池，既是电动汽车的动力来源，又解决了新能源发电的储能，可以说是天作之合。能够聚合电动汽车电池的可控负荷及移动储能的，不是充电桩，只能是充电网，只有充电网才能成为大规模电动汽车的基础支撑和基本保障。本书从充电网的概念，到充电网的技术体系架构，再到充电网的系列产品，以及在充电网的运营平台及大数据支撑平台下，形成的人 - 车 - 电池 - 能源交互的生态分阶段详细展开。充电网只有技术产品是不够的，前期要有城市级、区县级的科学规划，不是简单做几个超充站就行，要做到用公交充电网、公共充电网、物流充电网、小区充电网、园区充电网分类统筹布局，来保障全区域电动汽车充电需要；投资建设完成，也只完成了最多 50% 的工作，后期要进行充电网的运营和运维，运营不仅是充电站的运营，还有场地的运营、车和电池的运营、能源运营、数据运营、安全运营；一旦投资了，怎么保证运营盈利，也是难题；充电网设备点多面广，在运维上靠人是靠不住的，只能采用数字化智能运维。

充电网不是一个简单的技术和产品，而是跨行业、跨专业、跨企业、多门类的综合性系统学科，只有充分了解了这个大系统，才能做对投资决策，才能选择好是做规划还是做场地资源，做技术还是做产品，做设备还是做平台，做数据还是做模型，做运营还是做运维，我们在个别章中，基于特来电十年的教训和思考，设置了"常见误区"一节，旨在提醒大家不要犯这类错误，不要掉到这些坑里。

充电行业的春天已然到来，与广阔的未来相比，阻碍我们加速前行的因素还有很多，拨云见日终有时，守得云开见月明；善战者求之于势，创新驱动，行则将至，唯有行业内的合作共赢，一起携手共赴星辰大海，共享繁星璀璨，才能不辜负这个伟大的时代！

九曲十八弯百川归海，希望这本书能给大家带来点启示和帮助。

于德翔

2024 年 3 月 16 日

目　录
CONTENTS

05

第五篇　城市"充电网"投资建设 / 173

06　第六篇　充电网运营 / 215

09 第九篇　**未来展望 / 297**

01

第一篇

汽车工业革命与能源革命
的变局

汽车工业发源于欧洲，形成于美国。1956 年第一汽车制造厂生产的解放牌载重汽车正式开启了属于中国的汽车工业。能源是人类文明进步的基础和动力，攸关国计民生和国家安全。当今世界正在经历百年未有之大变局，通过汽车电动化这一汽车工业革命与能源革命的交汇点，我们看到了一个更加绿色环保、智能互联、数字化的未来社会雏形。

第一章

新能源汽车是工业革命的新里程碑

新能源汽车特别是纯电动汽车集成了新工业革命多领域的突破性技术成果，顺应了全球气候治理的迫切要求，是工业革命的新里程碑，更承载了我国汽车工业换道超车的重要使命。经过十几年的发展，交通工具电动化的趋势已不可逆转，还将促进交通和能源系统的深度融合，并将体现出巨大的能源价值和重要的数据价值。

第一节　汽车电动化的必然趋势

汽车工业是产业关联度高、科技集中性强的现代化产业，是国民经济发展的重要支柱。我国的汽车保有量从 2000 年的 1609 万辆快速增长到 2023 年末的 3.36 亿辆，已经成为汽车大国，但仍面临着向汽车强国转变的突出挑战，以电动化为关键特征的新能源汽车正是实现这一转变的重要机遇。我国紧紧抓住了新能源汽车发展的历史性机遇，实施了购车补贴、免费牌照、免费停车等一系列的鼓励政策，最新的《国务院办公厅关于印发新能源汽车产业发展规划（2021—2035 年）的通知》（国办发〔2020〕39 号）等文件继续明确，积极推动新能源汽车的技术研发和产业升级，加大对新能源汽车产业的投资力度，为新能源汽车的发展创造了良好的环境，有效促进了我国新能源汽车产业的高质量发展。

早在 19 世纪末期，世界上就出现了以电池为动力的车辆，但当时的电动汽车因为受到电池技术的制约，在动力表现和续航能力上都远不如燃油汽车，所以并没有得到市场化应用。随着社会的快速发展，人类面临着日益严重的资源短缺和环保问题，电动汽车因其在清洁、高效、可再生等方面具有巨大的应用潜力，又一次被人们重视。从 2010 年日本日产汽车 Leaf 的商业化应用成功，到美国特斯拉的大批量生产，再到我国电动公交的大规模先行示范；从传统车企，到造车新势力；新能源汽车在性能、环保、经济、智能化等方面的竞争优势开始显现。

随着电池技术稳步提升，成本大幅下降，从性价比、智能化、经济性、用户体验和便捷性方面来说，新能源汽车取代燃油车已是必然的趋势。在性价比方面，受动力电池产能释放后的成本降低和主机厂纷纷入局等因素的影响，新能源汽车的价格正持续走低，很多新能源车型的终端售价已低于同档次燃油车，加之新能源汽车能耗成本显著低于燃油车，整体性价比优势毋庸置疑；在用户体验方面，电动化平台更容易集成智能化和网联化等技术，新技术的加持使新能源汽车的用户体验远高于燃油车，随着新能源汽车自动驾驶和无人自动充电技术的发展和普及应用，新能源汽车的用户体验和便捷性将进一步得到提升。随着电池技术和充电技术的发展，电动汽车早期存在的电池安全隐患和里程焦虑等问题也已得到非常好的解决，进一步奠定了新能源汽车的竞争优势。

对我国而言，无须重新在燃油车的发动机、变速箱等技术领域同有着几十年领先优势的欧美和日本去竞争，我们和他们在新能源汽车全新的赛道上处于同一起跑线，有可能建立并巩固国产化的独特优势。在新能源汽车领域体系化规划的统筹和配套的科研与产业政策促进下，经过十几年的努力，我国在新能源汽车的整车能耗、续航里程、智能化应用等方面的综合性能实现全面进步，动力电池技术和规模进入世界前列，驱动电机与国外先进水平同步发展，充电设施建设初步满足发展需要，自动充电、车网互动等前瞻技术进入示范应用阶段。我国的新能源汽车产业蓬勃发展，取得了举世瞩目的成绩，初步建立了技术与规模上的领先优势，2023年12月新能源汽车国内零售渗透率40.2%，较去年同期提升了10.6个百分点。新能源汽车带动我国整车出口量快速提升，2023年出口量达到491万辆，一跃成为全球第一大汽车出口国。

2024年4月，我国新能源汽车渗透率突破50%，预计至2030年将达到80%以上。同时，新能源汽车中纯电动汽车占比预计将超过80%。据此测算，中国新能源汽车的保有量在2025年将接近4000万辆，在2030年将超过1亿辆，如图1-1所示。

图1-1 我国2030年新能源汽车销量和保有量预测

新能源汽车特别是电动汽车的规模化发展也催生大量新产业、新业态、新模式，促进了上下游产业链的发展。特别是为电动汽车提供能源补给服务的充电基础设施，将是新能源汽车产业发展的重要基础保障，已成为我国七大新基建的领域之一，预计到2030年充电基础设施累计投资可近万亿元。

第二节　电动汽车创新发展上半场的核心是车和电池系统

电动汽车的发展重构了汽车供应链体系，以发动机、变速箱为代表的内燃机动力系统变成了以动力电池、电机和电控这"三电"为主的新能源动力系统。动力电池是"三电"的核心，它的安全性、能量密度、充放电倍率和寿命决定了新能源汽车的安全性、续驶里程、充放电速度等性能。

我国动力电池已实现全产业链覆盖，包括关键材料、制造技术及关键装备、系统集成、测试评价、梯次利用及回收利用等。2020—2035年是新能源汽车发展壮大的关键阶段，动力电池技术水平的不断提高特别是能量密度呈现明显增长趋势，新能源汽车的续驶里程持续提升。充电基础设施是电动汽车动力电池能量补给的主要途径。

在这一阶段，人们都把充电基础设施和新能源汽车产业发展统筹考虑。在我国《节能与新能源汽车技术路线图2.0》中，确定了充电基础设施为九个汽车技术重点发展方向之一，并明确以构建慢充普遍覆盖、快充（换电）网络化部署来满足不同充电需求的立体充电体系为目标，实现充电设施网络与新能源汽车产业协调发展，建立布局合理、集约高效、绿色安全和性能优异的充电基础设施网络。总体来说，我国充电基础设施适度超前建设，有力支撑了新能源汽车的发展，截至2023年年底，我国累计建成充电设施859.6万台，车桩比为1:2.4。

电动汽车作为新工业革命的标志性、引领性产品，除了传统的交通属性之外，还有能源属性和数据属性。电动汽车依靠搭载的动力电池，本身就是一个移动的储能载体，可以实现能源的储存和搬运；同时电动汽车作为一个移动终端，拥有丰富的用户数据、电池数据、能源数据和行为数据，数据属性突出。随着电动汽车的规模化应用，能源和数据属性的价值越来越凸显。

电动汽车的能源价值潜力巨大。中国作为石油进口大国，道路交通石油消费占石油消费总量的近一半，发展电动汽车将大幅降低中国对于石油的依赖程度，对于保障我国能源安全具有重要意义。新能源汽车作为柔性可控负荷和移动储能载体，通过合理的调度和使用，不仅可以大幅度消纳风、光等可再生能源，还可以通过储能的作用，将可再生的绿色能源提供给其他用电主体，支撑能源产业的低碳转型。2030 年我国一亿多辆的电动汽车有望提供数亿千瓦的灵活负荷调节空间和数亿千瓦时的储能资源。

汽车电动化将塑造一个全新的汽车工业互联网。汽车制造业全面涵盖工业制造的所有领域，被称为制造业皇冠上的明珠，世界最大的消费产业也是汽车产业，而电动汽车又是一个数字化的产品，在其使用过程中产生了大量的视频图像数据、行为数据、消费数据、能源数据和电池数据，每辆车每年的数据量可达若干个十亿字节。这些丰富的数据可以实现汽车、能源和用户的链接，形成"互联网、车联网、能源网"三网融合，塑造一个全新的汽车工业互联网。

第二章

碳中和推动新能源革命与新型电力系统大变局

碳中和是全球应对气候变化、保护生态环境的关键举措。碳中和推动了新能源革命，促进了新能源技术的快速进步和广泛应用。为了实现碳中和，必须加快推进能源清洁低碳转型，构建起以新能源为主体的新型电力系统。

第一节　能源安全推动了化石能源向新能源快速转变

工业革命以来，以煤炭、石油、天然气为主的化石能源构成了一次能源的主体。同时，化石能源在社会经济发展中的重要作用也持续重塑着世界局势和地缘政治，成为影响世界安全的重要变量。

能源安全是国家安全体系和能力现代化建设的重要组成部分。当前我国能源生产和消费总量均居世界首位，我国化石能源增产空间有限，煤炭供给能力相对充足但市场存在结构性矛盾，油气的技术可开发储量低，对外依存度长期处于高位，尤其进口通道集中度高，对海上通道和高风险地区依赖程度较高。相比之下，我国新能源资源丰富，目前已开发的新能源还不到技术可开发资源量的十分之一，尤其是分布式光伏发电，可开发潜力巨大。化石能源向新能源快速转变是应对化石能源资源相对不足，提升我国能源安全的必由之路。

习近平总书记从保障国家能源安全、着眼人类发展和世界前途的全局高度，提出"四个革命、一个合作"能源安全新战略。结合能源安全新战略和"双碳"目标，党中央、国务院先后印发了《关于完整准确全面贯彻新发展理念做好碳达峰碳中和工作的意见》《关于完善能源绿色低碳转型机制和政策措施的意见》《关于印发新能源汽车产业发展规划2021—2035年的通知》等重要文件，全力推进经济社会发展全面绿色转型，加快构建清洁低碳安全高效能源体系，促进新能源产业健康有序发展。在此背景下，风、光等新能源发电迎来快速增长，2023年年底，全国并网风电和太阳能发电合计装机容量已达10.5亿千瓦。随着风电、光伏发电等新能源发电技术的规模化应用和产业链的不断完善，在光照或风力资源比较丰富的地区，分布式新能源项目的投资回报也已具备很好的经济性和推广价值。

碳达峰碳中和作为我国的重大决策，不仅是中国主动承担减缓气候变化责任，对国际社会做出的重大承诺，也是推动中国高质量发展的内在要求，将为中国经济社会发展注入强劲动力。2022 年，超过 100% 增长的大行业只有新能源汽车，此外增长 50% 以上的大产业只有新能源发电，成为新经济环境下拉动经济的最大两个引擎。

碳中和的底层逻辑，其实并不仅是怎么去中和排出来的碳，更重要的是从源头上减碳，中国最大的碳排放来源是发电（燃煤发电）、其次是交通排放，要减少交通排放只有电动化，但电动汽车用的电依然是以燃煤为主；要减少燃煤发电，就得发展光伏和风电等新能源，但新能源发电存在着巨大的波动性和随机性，来片云彩光伏就不发电了，风一停风机就不发电了，但是用户不能因为你不发电就不用了，所以必须要配足够的储能，而储能的高成本严重制约了新能源的发展。

随着大规模电动汽车的发展，移动储能 + 可控的柔性负荷起到了储能及新能源消纳和平衡的作用，在大电网的支撑下，新能源发电和新能源汽车之间将重新构建三张网：充电网、微电网和储能网。把电动汽车的电池连接聚合到大电网中，在用户侧，利用部分电动汽车富余容量和富余寿命，几乎零成本地储能。

有了大规模电动汽车储能，风电和光伏发电就可以大规模接入电网，新能源发电和其他电源的装机容量占比在 2020 年为 3∶7，预计到 2030 年的这一比例发展至 7∶3。届时，我们用的电和电动汽车充的电绝大多数来自于新能源，汽车业将不依赖马六甲海峡的石油进口，真正实现了中国的能源安全。

如此看来，新能源发电和电动汽车是天生的一对，他们相互融合、互相依赖，必将真正实现新能源车充新能源电，让尾气和雾霾远离人类的梦想，成为中国能源革命的新载体之一。

第二节　碳中和目标催生新型电力系统

碳中和，即在一定时间内直接或间接产生的二氧化碳等温室气体排放总量，与通过低碳能源取代化石燃料、植树造林、节能减排等形式减少的温室气体排放量，实现正负抵消，达到相对"零排放"。能源活动是我国二氧化碳排放的主要来源。2000—2020 年我国各行业一次能源使用产生的二氧化碳排放情况如图 2-1 所示，2020 年我国能源燃烧产生的二氧化碳排放量 102 亿吨，占全社会二氧化碳排放总量的近 90%，其中电力行业二氧化碳排放量约占能源活动二氧化碳排放总量的 41%。实现"双碳"目标，能源是主战场，电力是主力军，重要途径是用能的电气化和电能来源的低碳化。

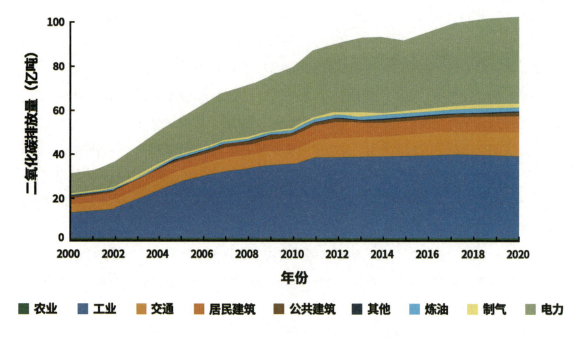

图2-1 2000—2020年我国各行业二氧化碳排放情况

电能来源的低碳化主要通过以风、光等新能源代替化石燃料发电来实现，但一方面由于风电、光伏发电具有强随机性和波动性，传统电力系统的"源随荷动"调节模式难以为继；另一方面，随着交通、工业的电气化和再电气化进程不断推进，负荷侧的用电总量不断攀升，极端天气条件下的负荷峰值高企，且负荷呈现多样性、随机性的特征，电力系统在低碳转型升级过程中保持持续安全高质量发展面临全新挑战。在此背景下，习近平总书记于2021年3月15日在中央财经委员会第九次会议上提出构建新型电力系统，为全球电力可持续发展提供了中国方案。

新型电力系统是以确保能源电力安全为基本前提，以满足经济社会高质量发展的电力需求为首要目标，以高比例新能源供给消纳体系建设为主线任务，以源网荷储多向协同、灵活互动为坚强支撑，以坚强、智能、柔性电网为枢纽平台，以技术创新和体制机制创新为基础保障的新时代电力系统，是新型能源体系的重要组成和实现"双碳"目标的关键载体。新型电力系统具有清洁低碳、安全可控、灵活高效、智能友好、开放互动的基本特征。

新型电力系统中，随着分布式电源、多元负荷和储能的广泛应用，大量用户侧主体兼具发电和用电双重属性，源网荷储灵活互动和需求侧响应能力不断提升，支撑新型电力系统安全稳定运行。辅助服务市场、现货市场、容量市场等多类型市场持续完善、有效衔接融合，体现灵活调节性资源的市场价值。电动汽车充放电将在这一方面扮演重要的角色。

　　传统燃油车依赖的是加油站及油能源的供给网络，电动车依赖的是充电基础设施和电力系统网络，油和电的能源属性有很大的不同，要理解其中的差异，就一定要对电力系统运行的基本特征有所了解。

一、电力系统的总发电和总用电要保持实时平衡

　　电力系统的发电和用电要保持实时平衡（见图2-2），因为电不容易储存。油可以存在油箱里、油库里，而电只能转化为其他形式才能大规模存储，比如抽水蓄能、化学电池、飞轮等，这些储电方式有的在技术上已经成熟，但都还缺少大规模应用的经济性，短期内储能规模和电力系统的发用电容量相比还微乎其微。现代电力系统的发用电平衡是通过复杂的多时空尺度的调度控制技术来实现的。

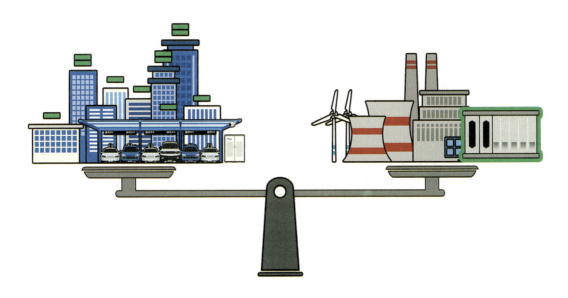

图2-2　电力系统总发电和总用电实时动态平衡示意

二、常规发电及电网资产的利用率很不均衡

　　基于电力系统安全性和发展保障性的需要，中国建成了全世界最坚强的电网。电力系统发电侧、输电侧或用电侧的资产总体上相较于平均负荷的需求，在容量都有较大富余，但相对于高峰负荷、尖峰负荷却又显得很紧张。

三、电网在用电高峰期没有富余电量

在一天当中，08:30—11:30、18:00—23:00 是电力负荷最高峰时段，电力系统中的发电容量和输、配电容量是按照这个峰值设计和建设的。过去我们城市和农村经常有拉闸限电的情况，而今天经过了中国能源人的不懈努力，建成了世界上最强大的电网，发电的总容量和电网的架构，基本上能够满足生产和城乡居民生活在高峰期的用电需求，也就是说在用电负荷的高峰期，电力系统没有富余容量，局部地区在极热、极寒等天气条件下还会出现容量不足，需要通过有序用电等方式调整负荷。

四、电网的分时电价一天里就有数倍的差异

为了平抑用户在用电紧张的时间段用电及充分消纳新能源高发时段的电量，分时电价是普遍采用的一种激励方式。通过制定了分时电价政策，用电低谷或新能源高发时段采用低谷电价，非新能源大发的用电高峰时段采用高峰电价，其他时段采用正常电价，以改变用户的用电习惯。各省份高峰电价、低谷电价在正常电价基础上的上下浮幅度普遍在 50% 以上，较多省区达到了 60% 甚至 70%，这样一天内高峰电价就是低谷电价的 3~6 倍；随着电力现货市场的推进，现货开展地区一天内波动的幅度可能更大。每天电价有规律地改变 3~4 次价格，高峰和低谷的价差达到 4~6 倍，世界上石油、天然气、煤炭等商品，均不可能每天价格有几倍的调整。分时电价就是用价格机制推动用户高峰电价时节约用电，低谷电价时多用电，实现电网负荷移峰填谷。有了这样的价格波动机制，电动汽车的充电放电行为，通过充电网基础设施网络的车网互动体系，就可以根据电价低时充电，电价高时放电，把电动汽车聚合成移动储能，并做成柔性可控负荷。

第三节　电动汽车将成为新型电力系统的重要支撑

如第一章所述，我国电动汽车保有量已进入快速增长阶段。电动汽车的充电需求呈现较强的离散性和随机性，当电动汽车大规模增长时，若采用无序充电、高峰期充电、大功率充电，将给电网的安全稳定及调度运行带来极大挑战；而如果充分发挥电动汽车充电作为可调负荷和充放电成为移动储能资源的潜力，则电动汽车可以成为新型电力系统的重要支撑。

电动汽车充电是灵活的柔性可调负荷，通过智能调控技术可实现电动汽车的有序充电、优

先消纳绿电，即当电网用电高峰时少充电或者不充电，电网用电低谷时多充电、充绿电，在不增加电网改造投资的情况下，让电网的资产利用率得到有效提高。随着我国电力市场进一步推进以及新能源发电更多通过市场化消纳要求的落地，由电动汽车＋充电基础设施组成的参与主体，将成为电网需求侧响应的重要组成，成为新型电力系统的主要灵活性资源。

电动汽车还是天然的"移动储能＋梯次储能"装置。将来占电动汽车主体的将是个人乘用车，这些车辆80%的时间停放在居住或工作场所，而且装车动力电池的循环寿命相对行驶需求来说非常富余，在停放期间都可以连接至电网，作为边际成本极低的储能设施，例如可以在晴天中午充满光伏的电，到下午再放出来（见图2-3）。基于有效的运营策略和可靠的调度控制技术，未来上亿辆电动汽车完全有可能为电力系统提供十亿千瓦时量级的储能资源，成为新能源为主题的新型电力系统中关键的灵活性资源。此外，从电动汽车上退役下来的梯次电池的边际成本低，多数梯次电池还有上千次的循环寿命，还可以通过储能方式进一步挖掘电池的全生命周期价值，与移动储能一起构成了一个成本极低的储能网络。

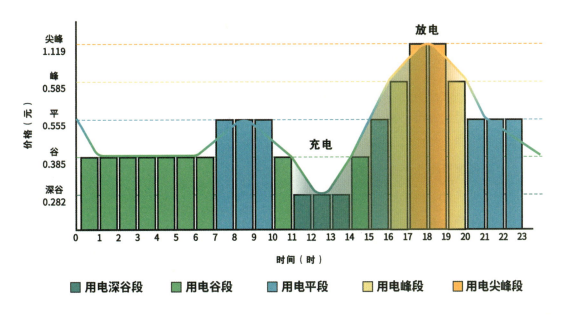

图2-3 低谷时段低价充电，高峰时段高价放电

随着电动汽车的推广应用，动力电池的循环寿命越来越长、技术越来越成熟、能量密度越来越大，作为可调节负荷和移动储能的潜力还将进一步提升，电动汽车通过充电网的聚合，其移动储能及柔性可控负荷的特性一定将成为新型电力系统的重要支撑。

第三章

工业革命和能源革命的交汇点是电动汽车

电动汽车的发展正在推动汽车产业的深刻变革。随着电动汽车的普及，传统燃油车的市场份额逐渐缩小，汽车产业链也在发生深刻调整。这种变革不仅涉及汽车制造业本身，还涉及能源、交通、城市规划等多个领域，对于推动产业转型升级和实现可持续发展具有重要意义。

第一节　碳中和的关键点和痛点是储能成本

实现碳中和的重要途径是终端用能的电气化和电能来源的清洁化。能源活动是我国碳排放的主要来源，交通活动次之。能源消费方面，我国作为制造业大国，在电力、热力生产中依赖煤炭燃烧获取能源比重较大；交通运输方面，我国经济飞速发展与城镇化进程加快，人民群众对于交通运输工具种类、数量和频次的需求持续增长。两大领域要想实现碳中和，必须从其源头开始减碳，也就是让发电厂减少煤炭的使用量，让汽车不再使用燃油驱动，而是更多采用风电、光伏发电等可再生能源发电，最大限度减少碳排放。

风能、太阳能等可再生能源的出力特性主要受到天气条件的影响，具有随机性、波动性和间歇性，这使得大规模可再生能源在电力系统中的应用存在突出的平衡挑战，储能技术的应用成为解决以上问题的关键措施之一。储能设备可以在发电出力过剩时将电能储存起来，在出力不足时释放电能，从而起到平衡发电和负荷差异的作用。如图3-1所示，储能将成为新型电力系统中的重要灵活性资源。

储能的应用场景主要包括发电侧、电网侧和用户侧。在发电侧，多省已出台政策，要求新能源场站进行配储，配置储能比例为5%~20%，配置小时大多在2小时。但储能电站建设会加大项目初始投资成本，一座光伏电站配建其装机容量的20%、时长2小时的储能项目，其初始投资将增加8%~10%；而风电场配建同样容量的储能项目，其初始投资成本将增加15%~20%。当前新能源企业配储成本主要由新能源运营企业自身承担，给新能源运营企业经营带来较大压力。在用户侧，储能主要用于峰谷套利，尽管用户侧峰谷电价已经有很高的价差，但是综合考虑储能的建设和全生命运行维护成本，大部分地区仍缺少商业应用的经济性。所以，如何低成本地储能，成为了碳中和的关键点和痛点。

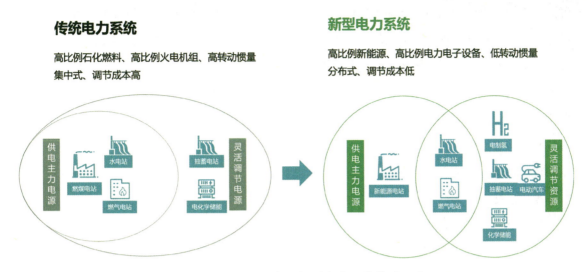

图3-1 传统电力系统和新型电力系统构成示意

第二节 动力电池使新能源发电与电动汽车成为天生的一对

新能源汽车推动的汽车工业革命和以新能源发电为核心的能源革命到来，加快了能源和交通产业的双向融合，让能源和交通产生了紧密的联系。新能源发电和新能源汽车具有天然的融合互补特性，通过电动化和电力来源的清洁化，实现了道路交通领域的碳减排；通过电动汽车充电的灵活可调特性及充放电的储能特性，电动汽车又可为以新能源为主体的新型电力系统提供关键的灵活性支撑。2023 年 12 月，国家发展改革委、能源局等四部门联合发布《关于加强新能源汽车与电网融合互动的实施意见》，对新能源和新交通的双向融合提出了清晰明确的目标和要求。归根到底是新能源发电和电动汽车具有天然的融合互补的要素。

电动汽车的重要价值就是节能降碳，如果使用传统的火力发电，还是不能从根本上实现低碳环保，若想实现电动汽车的低碳，需要在能源供给侧减碳，也就是减少对化石能源的依赖，即在电网中更多依靠清洁、可再生的新能源发电提供动力。因此，大力推广新能源发电，提高电网中新能源发电占比，是实现电动汽车低碳化的必经之路。但是充分利用新能源发电最大的挑战是其随机性、波动性、无序性比较强，需要配合灵活性负荷随时响应波动或者配套储能平抑波动。

电动汽车的规模化发展又为新能源的利用提供了支撑。首先电动汽车的负荷区别于传统的工业用电、居民用电等刚性不可控负荷，具有非常灵活的特性，电动汽车的充电负荷在时间和空间上都可以灵活调整，这对于新能源发电的消纳非常关键：新能源发电量大时，电动汽车就可以多充电、充新能源电；新能源发电量小时，电动汽车就可以少充电。其次电动汽车本身又是储能载体，聚合起来就是大储能，可以进一步为新型电力系统提供多类型的灵活性支撑。

在上述两个过程中，电池作为电动汽车的核心部件，不仅为车辆提供了动力，还兼顾了灵活性负荷和能量储存的功能。新能源发电与电动汽车之间的融合，既是技术发展的必然趋势，也是环保和可持续发展的内在要求，而电动汽车上的动力电池作为它们之间的融合点，更是扮演着举足轻重的角色。

我们理解碳中和实现的关键点是储能，储能的关键不完全是技术，而是成本。随着电动汽车规模化发展，电动汽车的储能特性成为一个重点的研究方向。

如前所述，电动汽车储能空间巨大。动力电池循环寿命普遍在 1500 次以上，高的可达3000 次以上，而目前电动汽车的电池容量普遍在 60 千瓦时以上、高的已达到 100 千瓦时左右，续驶里程普遍在 400 千米以上，一辆个人乘用车在生命周期内一般仅需要用到 500 次左右的动力电池循环寿命，电池的循环寿命还有大量富余，完全可以用作接近零成本的储能。个人乘用车每天平均行驶时间不超过 4 小时，还有超过 20 小时的时间是长期停驻的，完全具备参与储能充放电的时间。前述的电网峰谷电价差对于单独安装维护的固定储能可能经济性不明显，但是对于接近零成本的电动汽车移动储能来说则带来了显著的经济效益空间。通过运营侧引导用户参与充放电互动的套餐，一辆电动汽车参与充放电互动的收益可能完全覆盖其出行用能成本，还可能覆盖部分电池成本。多个研究团队的分析还发现，个人乘用车参与放电，有可能改善动力电池的健康水平、延长电池的循环寿命和日历寿命，电动汽车企业也越来越认识到车辆参与充放电的意义和价值，开始在技术特性、保修政策等方面支持和鼓励车辆用户参与到放电应用中。

用户、充放电运营商、车企和用电企业等多方认识到车辆放电的价值，车辆放电已完全具备经济性，将会得到越来越广泛的应用。此外，电动汽车动力电池退役的标准是电池健康状态（SOH）衰减到 80%，即使电动汽车退役后，其动力电池依然还可以一定的储能空间，具备通过梯次应用进一步挖掘储能空间的条件。

电动汽车的移动储能和退役电池的梯次储能呈现分布式的特点，单独的个体较难发挥价值，如果通过充电网进行深度的链接和融合，则可以聚合成大容量的新载体。截至 2023 年年底，我国风光可再生能源装机容量已超过 10 亿千瓦，风光消纳和安全稳定运行压力开始凸显，而新能源装机规模在未来数年有望再翻一番，电网安全稳定运行对储能装机容量需求巨大，快速增长的电动汽车保有量正好为新能源的快速发展提供了经济的灵活性资源。

02

第二篇

电动汽车补能场景的演进

在电动汽车发展的早期阶段，其续驶里程和性能体验无法满足市场需求。随着电池技术的不断突破和充电基础设施的逐步完善，电动汽车的续驶里程得到显著提高，能源补给的便利性也得到大幅提升，电动汽车的应用场景逐渐扩展到更广泛的领域，电动汽车在中国的大规模发展已是必然。在充电设施中，多类型传导式直流充电将成为补能设施的主体，而充电基础设施在演进过程中也将呈现出充电网、微电网、储能网、数据网等不同形态。

第四章

充电设施是伴随电动汽车降生的新物种

充电设施是电动汽车普及的基础支撑和基本保障，随着电动汽车市场的不断扩大，充电设施的建设也在加速推进。充电设施的技术进步和创新也在推动着电动汽车的发展，技术的进步不仅提高了电动汽车的使用便利性，还为其在市场上的竞争力提供了有力支撑。

第一节　电动汽车带来的补能变革

随着电动汽车逐渐取代燃油车，汽车领域正经历一场深刻的变革。这场变革改变了汽车的使用方式，也对能源结构和基础设施提出了更高的要求。电能的使用方式、能源属性、能源来源、供给网络和服务场站均与传统的燃油存在显著差异。因此，需要从全新的视角审视这一变革，理解电动汽车对能源结构和基础设施的影响，以更好地应对未来的挑战和机遇。

从能源属性上看，电跟油有本质的不同。油是看得见摸得着的，可以低成本的储存，供需关系变化慢，所以价格在一天之内不会有太大的波动；电是看不见摸不着的，不易储存，储存成本也高，由于人们生活和生产的需要，白天工作用电量大，晚上用电少，供需差异变化较快，所以电价在一天之内会有多次、大幅度的变动。

从能源来源上看，油的来源是专用的炼油厂；电除了来源于大型集中式发电厂之外，还可以来源于分布式光伏、分布式风电等。

从供给网络上看，油的供给网络依靠专门的油品输送管道配合油料运输车辆来实现在加油站的布局和支持，需要建设独立的服务网络；电的供给网络完全可以依赖现有的大电网，不需要额外建设，可以在大电网的支持下构建充电网和微电网，其覆盖范围远大于加油站。截至2023年年底，全国2041万辆新能源汽车保有量仅占汽车总量的6.07%，但随着电动汽车渗透率的快速提升，电能在汽车能源的需求量将很快超过石油。

电动汽车可以通过充电或换电补充能量；而充电可以采用传导式充电即有线充电的方式，或无线充电方式；传导式充电又可以分为交流充电或直流充电。

一、传导式充电

传导式充电是电能经由连接线缆、充电弓传输到电动汽车的充电方式，俗称有线充电，是目前技术最成熟、应用最广泛的电动汽车充电方式。按接口电源的类型不同，传导式充电可以分为交流充电和直流充电。

1. 交流充电

交流充电是指采用传导方式为具有车载充电装置的电动汽车提供交流电源，由车辆上的车载充电机负责实现交直流变换后连接到动力电池，如图4-1所示。交流充电系统主要由输入保护断路器、交流智能电能表、交流控制接触器和充电连接装置构成。其中，主回路由输入保护断路器、交流智能电能表、交流控制接触器和充电接口连接器组成；二次回路由控制继电器、急停按钮、运行状态指示灯、充电智能控制器和人机交互设备（显示、输入与刷卡）组成。交流充电主要采用单相交流供电的形式，单相最高充电功率为7千瓦。电动汽车的动力电池需要的是直流电，所以交流充电桩只能通过车里的交直流转化装置（OBC）把交流电转化为直流电，供电池使用，由于OBC的隔离作用，交流充电不可能直接获取到电池的数据和信息。

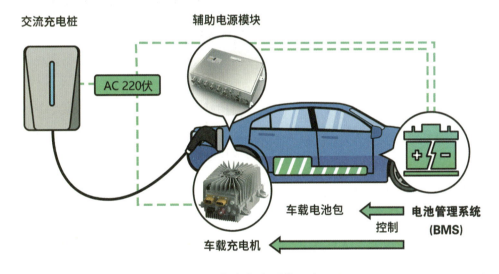

图4-1 交流充电系统示意

2. 直流充电

直流充电是指采用传导方式、直接采用直流电源为电动汽车的动力电池提供电能输入。直流充电系统主要由充电控制器、人机交互界面、功率变换系统、电能计量及充电连接装置等构成，如图4-2所示。其中，充电控制器完成对各个子系统的协调控制功能，接收多种输入指令，切换充电机的工作状态及控制功率模块的输出等，基于电池状态，采用恒流、恒压限流、恒压浮充等充电模式全自动完成充电过程；功率变换子系统包括交流供电输入单元、充电功率模块和有源滤波模块，充电功率模块可以实现并联时的自主均流，从而可以由一种标准功率模块并联组成多种规格的充电系统。

　　由于直流充电直接链接的车上电池，在能源和数据交互时，直流充电装置可以读取在充电过程中电池的主要信息和数据。

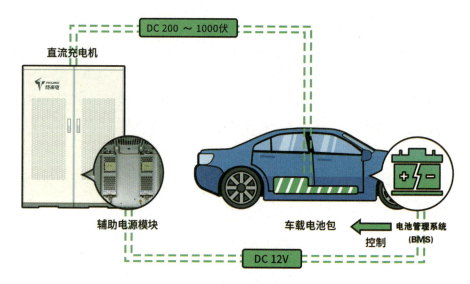

图4-2　直流充电系统示意

　　直流充电系统的结构形式分为一体式和分体式两种结构。一体式充电机系统将功率变换单元、充电终端等组成部分放置于一个柜（箱）内，在结构上合成一体的充电机；分体式充电系统是将功率变换单元与充电终端在结构上分开，二者间通过电缆连接，并可实现功率变换单元在不同充电终端之间的灵活分配。

二、无线充电

　　电动汽车无线充电已受到长时间关注，一些先进的无线充电系统已经能够实现较高的充电效率和较快的充电速度，但适用的场景仍很有限，大规模应用面临着明显的挑战和限制。

　　无线充电与传导式充电相对，是一种利用电磁场或电磁波给电动汽车的蓄电池或其他车载储能装置进行充电的方式。无线充电系统的组成如图 4-3 所示，其主要包括供电电源、发射线圈、接收线圈、车载变换器等部分。无线充电系统需要接入外部电源，以便为发射线圈提供电能。发射线圈也被称为无线充电发射器。它的核心组成部分包括微控制器（MCU）和功率全桥，以及由电感和电容组成的电抗电容（LC）谐振回路。接收线圈的主要组成部分包括

MCU、整流桥、低压差线性稳压器（LDO）、充电芯片、电池，以及电抗电容谐振回路。车载变换器通过发射线圈生成的电磁场或者磁共振，控制接收器中的电流和电压，以实现对动力电池的充电。

无线充电由于其一次投资成本比有线充电高，平均电能转化效率只有90%左右，有10%电量的损失，同时电磁污染大，限制了其产品及模式的推广。

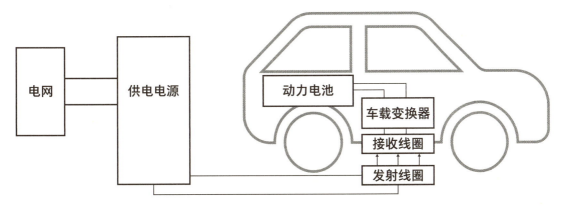

图4-3 无线充电系统组成示意

三、换电

换电是通过直接更换电动汽车的电池组，为电动汽车提供电能的一种技术模式。相比充电方式，换电技术可以在几分钟内完成电池的更换，提高了电动汽车的使用便利性。然而，在技术标准化、规格接口通用性、投资成本等方面，换电技术仍面临一定的挑战。

当电动汽车的电池组电量耗尽时，用户将车辆驶入换电站。换电站通过专门的设备将耗尽电量的电池组从电动汽车上快速卸下，并安装上充满电的电池组。卸下的电池组会被送往充电区域进行充电，以备后续使用。同时，换电站通常会配备一定数量的备用电池组，以确保在电池组更换过程中的连续性。换电站通常会配备智能化的管理系统，对电池组的状态、充电进度、车辆信息等进行实时监控和管理，以确保换电过程的顺利进行。

换电系统主要由电池储存和充电区（电池充电架）、换电作业区、用户服务区及智能管理系统等构成。其中，电池储存和充电区是换电站的核心区域，用于储存和充电电动汽车的电池组，电池组在这里进行充电，以备后续更换使用。同时，这个区域还需要配备相应的充电设备和管理系统，对电池组的状态和充电进度进行实时监控。换电作业区是换电站的操作区域，用于将耗尽电量的电池组从电动汽车上卸下，并安装上充满电的电池组。这个区域需要配备专业的更换设备和操作人员，以确保电池更换过程的快速、准确和安全。智能管理系统是换电站的大脑，用于对整个换电站进行智能化管理。这个系统需要集成电池管理、充电管理、用户管理、数据统计等多项功能，以提高换电站的运营效率和服务质量。

换电的优势是补能的速度快，完全可以和加油媲美；缺点就是为满足用户换电便捷性需要，不管在城市和农村，要大规模投建换电站，服务同等车辆换电投资远高于充电。同时换电要求所有的电动汽车的电池型号要统一，换电基础设施技术标准要统一。若实现车和电池资产分离，电池的持有方只能是一家一统天下，车电分离后车和电池间的利益分配、资产分割、安全责任、管理责任都很难分清。此外，新车换上旧电池，电池的新旧及衰减都无法预知，导致客户体验差，这些都是导致换电没有大规模推广的原因。

第二节　多类型传导式直流充电将成为补能设施的主体

由于传导式直流充电在接口标准、功率范围、充电效率、投资效益等方面具有显著的优势，多类型传导式直流充电已经成为电动汽车补能的主流方式，在未来这一主导模式还将继续并强化，其他类型的补能形式会在特定场景下作为补充。

一、换电难具普适性

首先，在接口标准化方面，不同品牌的电动汽车采用的动力电池换装方式差异较大，接口和规格存在差异，很难实现跨品牌的互换性。而充电的接口已全部实现标准化，任何品牌、任何车型采用的充电接口均符合中国国家标准，实现了充电的通用性。

其次，在投资效益方面，换电站建设需要配置大量备用电池，高投资成本为后期运营带来较大压力，仅在大规模且规格统一的换电车辆做支撑的场景下，才能维持换电站的正常收益。同等规模的充电站建设不需要额外配置电池和换电设备，投资成本得到有效控制，通用的国标充电接口和免维护的运营模式，提升了设备的利用率，场站盈利能力凸显。

再者，在用户感受方面，换电模式下乘用车换电过程中的新老电池更换，对用户的心理承受能力是一种挑战。

另外，随着动力电池容量及充电倍率的提升，用户的续航焦虑和充电等待焦虑已显著缓解，可以根据需要选择不同充电方式。比如，一般在目的地选择使用低功率充电设施充电，在行驶途中则选择高倍率充电设施快速补电。这样，换电主要的补能时间上的优势已不再具有特别意义。

二、无线充电多方面受限

无线充电通过线圈之间的松耦合实现电能传输，天然存在电磁泄漏和相应的损耗，电磁泄漏可能带来的辐射及显著的损耗成为影响无线充电发展的主要障碍。

其次，无线充电的功率也非常受限，乘用车使用的充电功率普遍不超过30千瓦，一般为10千瓦左右，无线充电功率小、速度慢直接限制了可应用的场景；而传导式充电的功率支持范围可覆盖3.5千瓦的小功率直流慢充到数百千瓦的大功率超充，且转化效率更高、损耗更低。

无线充电成本高企也限制了其应用范围。无线充电复杂的耦合线圈设计带来了相应的高成本设备投入，目前仅有很少的高端车型配有车端无线充电接口。

三、直流充电比交流充电更有综合优势

首先，在充电速度方面，交流充电的充电功率相对较小，因此其充电速度相对较慢。对于需要快速充电的用户来说，交流充电桩无法满足。直流充电能够提供高电压、大电流充电，可在短时间内为电动汽车充满电，速度优势明显。

其次，在数据通信方面，交流充电本质上是为车载充电机提供外部电源的设备，因此充电的接口仅有保护、连接确认和控制导引电路的设计。直流充电作为非车载充电机直接为车上的动力电池充电，为实现充电还需要为车辆的电池管理系统（BMS）提供外部辅助启动电源，所以直流充电需要与车辆保持实时的数据通信，这也是直流接口比交流接口多了两个充电通信触头的原因。具备了车辆通信功能，也就具备了与所有车辆实现电池安全监控、车辆信息交互、能源数据调控等技术的前置条件。

综上，传导式充电技术在我国新能源汽车主流充电方式中依然且将长期占据主要地位，多种功率范围可调的直流充电设施将成为充电站的实施主体。随着电池技术与车辆智能化的快速发展，直流充电设施如何保障车辆电池安全、如何持续提高充电速度及效率、如何匹配未来车辆的无人驾驶、如何与电网运行形成友好互动、如何优先消纳可再生能源等问题成为接下来技术发展主要的关切和挑战。

第五章

充电网是支撑大规模电动汽车发展的必然选择

充电基础设施连接用户、汽车、电池和能源，需要支撑大规模"人‐机"及海量"物‐物"之间的安全高效交互，实现信息、能源、价值的深度互动。充电网是充电基础设施的最优形式，是大规模电动汽车发展的基础支撑、基本保障和前置条件。

第一节　大规模电动汽车发展面临的挑战和需求

随着电动汽车数量的快速增长，电网负荷、充电设施数量、充电效率等诸多问题成为影响其持续发展的主要挑战和面临的关键需求，主要体现在以下六个方面。

1. 投资巨大

为了满足大规模电动汽车的充电需求，必须投入巨大资金建设大量的充电基础设施。充电基础设施需要覆盖城市、乡村、高速公路等广泛区域，充电场站的建设涉及场地选址、电力增容、供配电、充电设施、消防安防等多个系统，并需要持续在运营和运维上投入，初始投资及全生命周期运营维护成本巨大。

2. 电网冲击

随着新能源汽车规模化发展，用电量的持续增加，充电负荷对电网带来的压力也日益加大，主要包括：

（1）电动汽车充电导致负荷增长，特别是大量电动汽车集中在负荷高峰期充电，将加剧电网负荷峰谷差，加重电力系统运行负担；

（2）由于电动汽车用户用车行为和充电时空分布的不确定性，电动汽车充电负荷具有较大的随机性，这将加大电网运行调控的难度；

（3）充电设备中电力电子装置产生的谐波和无功可能引起电能质量问题；

（4）大量电动汽车充电将改变电网，尤其是配电网负荷结构和特性，传统的电网规划方法可能无法适用于电动汽车大规模接入的情况。

3. 占用场地

充电场站建设需要新建或改造大量停车场，随着我国城市化进程的加速，城市土地供应越来越紧张，可用于建设充电基础设施的土地资源愈发有限，这导致在城市中心区域或繁华地段寻找合适的充电设施建设场地变得非常困难。在小区和公共停车场等场所，专用停车位通常较为稀缺，而这些停车位正是充电基础设施建设的主要场地。由于燃油车占位和电动汽车车主充满电不挪车等情况，导致充电车位被占用，加剧了充电基础设施建设的场地紧张问题。充电基础设施的建设需要满足一定的条件和标准，如电力供应、安全防护等。因此，在选址过程中需要考虑诸多因素，如与电网的连接、交通流量、周边环境等，这使得场地选址难度加大。

4. 消纳绿电

在碳中和目标的指引下，电动汽车实现了飞速发展，由于电动汽车的充电需求不断增加，如果仅仅依赖传统的化石能源发电来满足这一需求，显然与低碳、环保的目标相悖。目前电动汽车的充电基础设施用电大多是由电网供电，电力来源构成和整个大电网相同，绿电的供给和利用在电动汽车用电中的比例不高，通过电动汽车用电替代燃油实现的减排效果不够显著。有必要在整个电力系统新能源占比逐渐提升的过程中，通过绿电交易、分布式新能源消纳等方式显著提升电动汽车用电的绿电比例。

5. 电池安全

新能源汽车承载着我国能源结构转型之重任，新能源汽车的规模化应用将显著改善我国的环境质量和全球气候变化压力。动力电池热失控引起的电动汽车动力电池的安全性尚未从根本得到解决，烧车事故仍较频繁发生，对消费者购买电动汽车的信心产生了显著影响，一定程度上影响了电动汽车产业的健康发展。电动汽车的动力电池产品结构复杂、潜在故障点多、电池工况瞬息多变，无形中增加了电池检测的难度，一旦发生自燃将无法有效阻止。有关动力电池，特别是"老龄车"的故障爆燃概率是新车的上百倍，动力电池的在线安全监控技术尚未得到成熟应用，导致电动汽车的动力电池安全问题无法实现实时监控。动力电池热失控大部分发生在充电阶段，充电基础设施与电动汽车在充电过程中能够进行实时信息交互，有可能也有必要实现动力电池故障监测，在动力电池发生安全隐患时及时阻断充电进行有效防护。

第二节　充电网的概念

充电网不同于充电桩，充电桩是一个单向的充电物理插头，而充电网是由变配电设备、电力电子能量转换和分配设备、智能调度控制系统及大数据和云计算平台组成的有机系统，是新能源和新交通双向融合的全新生态和产业。

充电网的广义形态是微电网。充电终端有机纳入交直流混合微电网，支撑电动汽车作为可双向充放电的移动储能载体同分布式光伏、固定储能及大电网无缝链接、高效互动，通过优化调度和精准控制提升新能源就地消纳、就地平衡的水平，从而实现新能源车充新能源电，随风而充、随光而充。

充电网也是储能网。充电网通过有效聚合基本单元中的电动汽车移动储能及梯次利用固定储能电池，形成超大规模储能资源池，构成虚拟电厂参与电网互动和调度，以突出的成本优势、规模优势和性能优势成为未来以新能源为主体的新型电力系统中最关键的灵活性资源，是实现碳中和目标的重要支撑。

充电网还是数据网。充电网深度链接着人、车、能源，充放电是一个数据链接和能源交互过程，并保持实时在线、高黏性和高强度交互，在管理充电及电池安全的同时，形成基于用户、车和电池的行为大数据、工业大数据和能源大数据，充电网是工业互联网最大的应用场景之一。

充电网技术架构如图5-1所示。

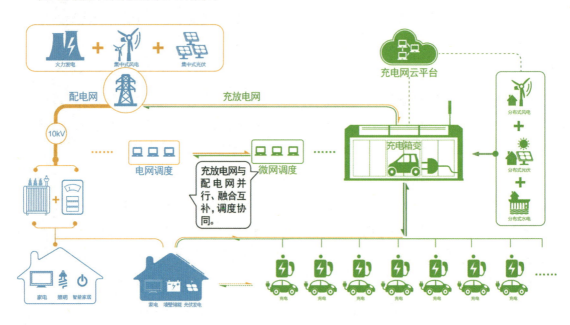

图5-1 充电网技术架构

充电网解决了规模化电动汽车发展遇到的瓶颈和难题，具有突出的创新价值。只有充电网才可能支撑规模化电动汽车发展，主要体现在以下六个方面。

1. 群管群控——降低投资成本

传统的充电桩一车一桩，功率无法共享。充电网的群管群控技术不同于传统充电桩技术，也不是简单将充电设备组网，而是将变配电技术、电力电子技术及物联网技术系统整合，运用车网融合协同调控技术和"互联网＋"智慧运营平台，形成了一套完整、高效、智能的智慧充电网。

群管群控技术聚合所有功率模块形成一个庞大的"功率池"，使用模块化功率分配单元（PDU，Power Distribution Unit）实现功率分配，根据接入系统的车辆数量以及需求充电功率，通过智能的分配算法，实现每个模块对于每个终端的均衡调度。在满足需求的基础上降低整体充电设施的建设容量，提高设施尤其是变压器和功率模块的利用率，减少投资运营成本。

2. 有序充电——友好协同电网

大量电动汽车的无序充电可能导致电网过载、电压波动等问题，对电网设备造成损害，甚至影响整个电力系统的稳定运行。充电网通过有序管控技术对电动汽车充电过程中的功率进行实时监测和控制，在保证台区常规负荷基础上，基于电网峰谷政策及接入电源容量限制，结合车主用车需求、电池剩余电量等参数，对电动汽车充电进行统一管控，进行有序充电，减少离散电动汽车无序充电对电网的冲击。

3. 系统集成——集约利用土地

常规的充电场站，多采用配电箱式变压器（简称箱变）加充电桩的形式，箱变和充电桩设备分别安装、调试，土建工作量大、工期长且现场突发问题多。充电网采用场站级的充电箱变，直接将变配电系统（包含高压开关、变压器、低压馈出开关等一次系统）、交／直流充电机集成在充电箱变内，把交直流充电系统和变配电设备融为一体，达到一二次系统集成化，并通过云平台和手机应用实现"人－机－网"互动和业务管理，形成了一个从高压到低压、从交流到直流、从集控到调度、从充电到放电、从光储融合到协同调度的大系统。整个系统施工维护成本低，运营管理更加高效便捷。

4. 模块结构——技术无缝迭代

充电箱变是变配电设备和交直流充电系统一体的高集成充电设备，既有变配电设备的属性，又有充电机的属性。在变配电设备方面，通过模块化设计和参数化配置可满足500、630、800、1000、1250千伏安等差异化需求。

在充电机方面，系列化的"充电柜"相当于分散式布局的"分体式充电机"，可通用480、400、300、240、200千瓦等不同规格的单柜或多柜满足不同的功率需求。功率变换模块是充电柜的核心组件，通过外形尺寸、输入输出端子等物理接口上的一致性实现标准化。随着模块功率密度逐渐提高，尺寸和接口在一定功率范围内的一致性可有效解决充电系统迭代升级带来的兼容性问题。其他的功能单元也都进行模块化设计，将充电系统按照不同功能单元划分为若干个物理模块，再将这些物理模块做统一的接口和外形尺寸设计，定义各接口标准，以实现未来各标准单元的独立升级换代，实现在不同系统内灵活适配。

5. 可管可控——提升绿电消纳

充电网建设融合光伏、储能、可调负荷、车网互动以及能源管理等技术于一体，通过电动汽车充放电的智能调控，可实现新能源车充新能源电，显著提升电动汽车减排效果，还可实现可再生能源就近高比例消纳、储能高效应用以及工业领域多能高效互补利用等重要目标，实现能源智慧管控，支撑配电网高效消纳光伏等分布式电源，有效提升资产利用率，降低终端用户的用能成本。

6. 两层防护——保护电动汽车电池安全

在电动汽车起火爆燃事故中，80% 的事故出现在充电过程中和刚充满电一段时间内，因为电池里没电或少电是大概率不会起火燃烧爆燃的。如果能在充电环节就对有故障隐患的车辆加以防范，不充电、少充电，甚至警示车主检查车况，无疑能大幅减少电动汽车起火事故。

充电网基于和车辆之间的实时信息交互和云平台大数据的智能分析，显著提升充电水平。两层防护技术分为设备防护层和数据防护层，将大数据、电池和充电技术深度融合，多维度、多视角、系统化地实时探测分析电动汽车安全隐患，实现对动力电池的冗余安全防护。在空间轴上将信息来源和分析对象从 BMS 扩展到充电侧、能源侧、用户侧，实现了 BMS 故障的冗余保护及充电过程中电池数据的关联保护，通过人工智能（AI）大模型使得汽车电池安全变得可测和可控。在时间轴上，则贯通车辆的历史充电数据，贯通充电网中同类型车数据，将电池安全从单次初级防护扩展到 AI 大模型的全面准确防护。两层防护通过大数据为车辆 / 车型建立全寿命周期 AI 专家库、车辆及车型档案；应用大模型技术，对不同车型，在不同区域不同季节的充电进行差异化预警和保护，并建立电池健康度评估模型，对每辆新能源车进行安全评分，准确识别预警电池安全隐患。

第六章

充电网演进的四种形态

伴随着充电产业的发展，充电技术设施先后呈现出充电网、微电网、储能网、数据网等四个形态。充电网是新能源发电和新能源汽车深度融合的新产业生态，是电动汽车规模化发展的重要基础支撑，是实现高比例光伏发电、风电等消纳的重要基础构成，是有效聚合电动汽车移动储能、梯次储能参与电网互动调度的重要基础保障，是促进新能源汽车工业互联网快速发展的重要基础来源。

第一节　充电网和微电网

传统的"充电桩"大多是指一体式交／直流充电机，采用离散式建站的模式，在多能融合的深度利用以及综合能效管理上存在很大不足。仅作为单向充电插头的充电桩，已逐渐不能满足柔性充电、大功率充电、自动充电的发展要求。而基于充电网的物理体系架构，则能覆盖私人领域电动汽车充电应用、公共领域电动汽车充电应用、特种车辆电动化充电应用等场景。以集中式充电站、目的地场站、专用及特种充电站等基础设施形式呈现，以满足不同类型车辆的电能补给需求，同时参与电网削峰填谷、调峰调频等电能互动，成为电动汽车与电网、分布式能源网的耦合节点，促进多网融合。

微电网将分布式发电、储能、负荷有机地组成在一起，成为大电网友好的"细胞"，成为一种很好的新能源消纳解决方案，而电动汽车作为未来配网的重要负荷和灵活调节资源，通过将"变配用光储充放"一体化深度结合，在微电网内部高比例消纳可再生能源发电，做到就地利用，高效转换，减少长距离输送的能量损耗，是提高新能源消纳的有效解决方案，具有极高的实用性和实践意义。图6-1展示了一个基于光

图6-1 基于光伏车棚构建的微电网

伏车棚的光储充放微电网实际场景。

我国在分布式新能源的发展上给予了大力支持，出台了一系列政策，如《关于推进分布式光伏发电应用示范区建设的通知》《关于加快新能源汽车充电基础设施建设的指导意见》等，为分布式新能源的发展提供了有力保障。分布式新能源的应用领域不断扩大，从最初的居民屋顶光伏，到工业厂房、商业建筑、公共设施、电动汽车充电等领域，分布式新能源的应用场景越来越丰富。分布式新能源可以和电动汽车充放电一起通过微电网深度链接和融合，实现自发自用就地消纳，并为大电网提供灵活性支持，提高电力系统的稳定性和可靠性。

第二节　储能网和数据网

"双碳"目标是中国为应对全球气候变化所作出的重要承诺，也是推动绿色低碳发展、实现高质量发展的重要举措，支撑"双碳"目标的一个重要途径是用风、光等新能源代替传统化石能源。

风能、太阳能等可再生能源的出力具有随机性、波动性和间歇性，需要充足的储能来提供灵活性支撑。电动汽车的动力电池也是储能载体，通过充电网、微电网的聚合链接，可将规模化的电动汽车虚拟成一张巨大的分布式移动储能网（见图6-2），利用电动汽车动力电池的富余容量和寿命，发挥电动汽车的储能价值，并结合充、储、放一体化应用支撑大规模风电、光伏发电应用。

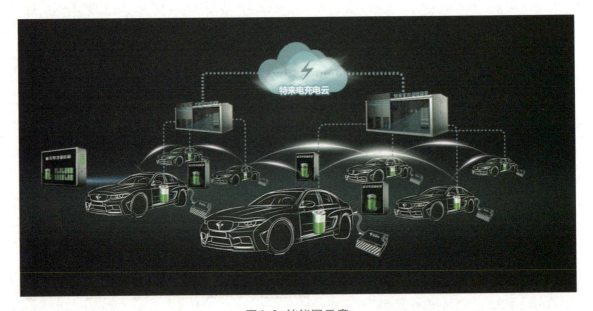

图6-2　储能网示意

图 6-3 所示为工业互联网大数据平台。工业互联网是基于工业系统的计算、分析、传感技术的互联和融合，将人、机器、数据链接，实现制造业与服务业的跨越发展，实现供给与消费的高度融合。燃油车是没有数据的，以"三电"为基础的电动汽车却有着非常丰富的数据属性。汽车工业互联网是以电动汽车为基础，通过充电网平台将汽车数据、电池数据、能源数据、用户数据链接，并在云端 AI 建模分析、转移、应用。每天与汽车、用户、电网进行连接、交互的"充电网"是一个全新的"链接网络"，因其连接主体的广泛、数据规模的庞大和潜在价值的丰富，将成为工业互联网最大的应用场景之一，支撑新能源汽车工业互联网的快速发展。充电网中典型的两类工业互联网应用领域，一是汽车及电池大数据，二是能源大数据，将发展成为高价值的数据网。

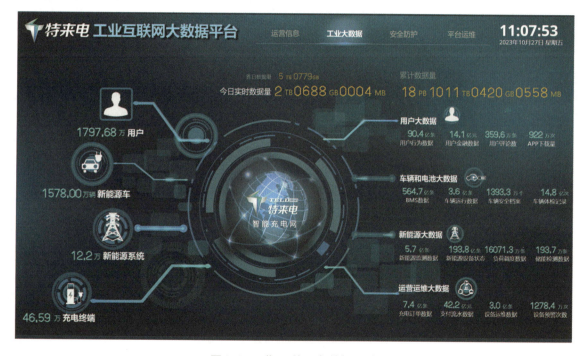

图6-3 工业互联网大数据平台

1. 汽车及电池大数据

充电网收集电动汽车的充电、电池、电机、电控数据，通过两层安全防护技术为汽车进行体检，一旦发现异常，立刻进行断电保护及维修告知，杜绝电动汽车的烧车风险，并对车辆实现可监视、可预警、可控制、可追溯。基于汽车及电池大数据，还可形成电动汽车的安全保护、性能优化、故障减少、需求定制，辅助车企通过数据分析改善产品，同时用户能够真正地追求高性能、高品质、个性化的汽车产品，并实现汽车的"喜好定制"。

2. 能源大数据

充电网可以采集车辆的用能数据，通过微电网采集相关的负荷及分布式发电数据，可以通过公开信息获取电力系统的峰谷平信息及电力市场的价格信息。在此基础上，通过精准预测和智能调度，可以实现优先充新能源电、低价电，还可以通过汽车储能把富余的新能源电转移到高峰时段使用。充电网、新能源微网以和大电网的融合，将支撑电力系统转变为多向、柔性、互补的新型电力系统架构。

03

第三篇

充电网技术

充电基础设施是电动汽车普及的重要支撑。充电网不仅为电动汽车提供能量补给，并且是智能电网的重要组成部分，为新型电力系统提供关键灵活性支撑。充电深度连接交通、能源及出行，涉及多领域、多门类的关键技术，这些关键技术在良好设计的架构下协同运作，形成了充电网的技术体系。

第七章

充电网技术体系架构

充电网是新基建，是国家的百年大计。充电网技术体系架构是支撑充电网发展的关键。一个完备的充电网技术体系架构必须能够应对规模化增长的充电需求，在此过程中保证系统安全、稳定、经济运行，并能够实现各类应用的灵活扩展。本章深入剖析充电网技术体系架构的核心组成部分和设计原则，并阐述其关键技术特性和实践，展示充电网技术体系架构的现状和未来发展，阐明其在推动电动汽车产业和智能电网发展中的重要性。

第一节　充电网相关技术总览和体系构建

一、充电网是一种新型工业互联网

作为连接用户、汽车、电池和能源的新型充电基础设施网络，充电网涉及多学科技术、多系统控制、多维度问题以及多场景应用，包括电力电子、通信技术、大数据、AI 人工智能等领域，构建了高度复杂的汽车、能源、人之间的技术连接和全新应用融合。

充电网具有接入设备种类多、场景复杂的特点。据中国充电联盟发布的数据，2023 年年底全国充电终端数量约 860 万台；随着电动汽车规模的增长，未来充电终端的数目也将达到上亿台。城市充电网主要包括公共充电、公交充电、物流充电、园区充电和小区充电这五种充电网，此外还有高速公路和农村地区的充电网络，充电场景差异明显，各类充电设备的需求也存在显著差别，包括慢充、快充、超充、群充等设备以及场站管理的智能设备，呈现出海量差异化的设备接入充电网的局面。

充电网具有采集数据量大、数据处理延迟低、设备控制实时性高等特点。充电网连接了大量的充电设备和用户，需要采集、管理和处理大量的数据。这些数据包括用户的充电需求、充电设备的运行状态、电网的实时信息等，通过对这些数据进行分析和处理，充电网可以实现对充电设备的智能调控，提高充电效率，降低能源损耗。此外，充电网的延迟低、实时控制特性使其在应对紧急情况时具有显著优势，在充电过程中，充电网可以实时监测设备的运行状态，一旦发现异常，就可以立即进行调整，确保充电过程的安全稳定。

充电网对稳定性要求极为严苛。充电网作为国家新型基础设施，设备数量众多、分布广泛，直接服务于亿万民众的日常出行刚性需求，整个系统需要 7×24 小时不间断服务。

根据充电网的特点可以看出，充电网具有典型工业互联网特征，是一种新型工业互联网。工业互联网是一种将先进的信息技术和工业设备相结合的网络系统，其特征在于高度的物联网化、智能化和数字化。它通过物联网设备、大数据分析、云计算和人工智能等技术，实现了工业设备的智能监控、预测性维护、自动化控制以及优化生产流程，从而提升充电网投资建设制造的效率，降低充电网运营成本。

二、充电网的物理架构

从物理结构组成看，充电网是由电气设备、智能硬件、边缘计算服务、大数据和云计算平台等构成的复杂系统，能支持大规模的人机互动和物联网设备之间的高效交互，实现信息、能源和价值的深度融合，如图 7-1 所示。充电网的物理架构组成使其具备了高效、智能的特点。

图7-1 充电网物理架构

1. 电气设备

高低压电气设备是充电网的基础设施。变电设备、配电设备、电能转换设备负责电能的传输、转换和控制，根据充电设备需求提供电力供应。充电设备是连接电动汽车与电网的关键节点，它们不仅要确保能量的有效传输，还要满足不同车辆和用户的充电需求，这些设备包括但不限于各种类型的充电终端，包括快速充电终端和慢速充电终端，以及为特定车型设计的专用充电接口等。分布式储能是以电池为介质的储能装置，可以在电力需求低谷时储存能量，在高峰时释放能量，从而平衡电网的负荷；分布式光伏是在充电场站安装的光伏发电设备，可以直接将太阳能转换为电能，并通过储能设备存储，分布式光伏可以直接为充电站提供绿色清洁能源。

2. 智能硬件

智能硬件是充电网的神经系统，包含各类智能传感设备、场站配套智能调度控制设备等。各类设备主要由数据采集传感器、控制器、通信模块等组成，实现数据的采集与上报、指令的接收及处理等功能。智能终端能够与用户的车辆、电网、云平台进行通信，并为用户提供友好的交互界面，实现远程监控和控制；功率分配单元负责在多个充电终端之间根据车辆充电需求合理分配可用电力；智能传感器能够收集各种信息，如电流、电压、温度等，以监测充电过程中的各种参数，确保充电安全，优化充电过程支持智能运维；场站智能周边设备包括视频监控、照明控制、环境监测等；自动充电设备，如充电弓、自动充电机器人、无线充电等，可以和自动驾驶车辆配合，实现无须人工干预自动完成充电。

3. 边缘层

边缘计算服务在充电网中发挥着承前启后的作用。它收集并分析充电设备产生的数据，同时将数据上传至云端，在云端进行数据分析计算，为充电过程提供智能决策支持。此外，借助智能视觉及预训练的机器学习模型，对就地数据进行预处理和分析，实现充电过程电池安全防护、场站烟情火情异常检测、车位空闲度分析等功能，支持充电网的高效运营和场站的无人值守化管理。

4. 平台层

平台层通过集成物联网、大数据、互联网技术和安全中台，对充电网进行设备管理、数据分析、模型优化、价值挖掘，实现业务规模化支撑，是充电网的大脑和神经中枢。物联网平台负责连接和管理充电网中的所有设备和传感器，实现设备间的数据交换和通信，提供远程监控和设备管理功能；大数据平台通过统一、标准化的模式，接收、存储和分析来自边缘侧及其他系统的各类数据，基于数据建模和 AI 分析，对电动汽车充电过程中电池安全进行主动防护，并提供充电站布局分析和充电策略优化、场站推荐和推广活动等服务；互联网技术平台负责为业务应用层提供分布式、高可用、可扩展、可伸缩的开发支持和业务运行服务，助力应用层业务快速开发和稳定运行；安全中台负责维护充电网的数据安全和隐私，实施安全策略，监控和响应安全事件，为充电网的安全运行保驾护航。

5. 应用层

应用层主要由面向各类应用场景的系统服务组成。充电服务为各类客户提供充电站的查找、预约、充电和支付等服务，确保用户能够便捷地为电动车辆充电；充电运营负责电站资产运营、用户运营、内容运营，为客户提供优质充电服务，提高充电网络的商业效率和盈利能力；设备运维负责对设备运行情况进行实时监控，通过 AI 大数据分析和预警，对故障设备进行维护和修理，确保设备的正常运行；能源调度则根据电网的实时负荷和电价，调度充电站的充电功率和时间，利用储能设备和可再生能源进行能量管理，优化系统运行、降低充电成本、提高能源使用效率；安全充电则根据车辆实时数据和历史充电数据，对充电全过程实时安全防护，确保充电过程中车和电池的安全；互联互通技术支持不同运营商平台之间实现信息业务的互通，并和非充电类平台之间实现安全高效交互。多个充电网络之间的互联互通和无缝对接，有助于形成更大规模的充电服务网络，提升用户充电的便利程度和充电网资源的利用效率。

三、充电网的技术架构

充电网在技术方面有别于传统的工业互联网，按照其应用目的的不同，可以分为基础技术和应用技术两类，如图 7-2 所示。基础技术是充电网发展的基础，主要解决设备标准化、模块化、海量设备的接入管理、数据采集存储分析、系统规模化支撑、电池安全及信息安全等问题。应用技术则致力于闭环充电网业务模式、满足特定市场需求、提升运营效率，使整个充电网具备显著的业务价值。基础技术和应用技术之间存在相互依赖和转化的关系，基础技术的发展可以催生新的应用技术，而应用技术的需求和挑战又可以反过来促进基础技术的进步。

图7-2 充电网技术架构

第二节 充电网的关键技术特性

充电网面临的核心挑战在于如何在安全性、经济性和效率性之间取得平衡，这三者是衡量充电网性能的关键指标。为满足优异指标要求，充电网需运用先进技术，确保在提供不间断服务的同时，实现资源和管理的价值最大化。深入理解这些关键技术，对于在新能源汽车充电领域保持竞争力的优势组织至关重要。

一、充电设备的集成化、模块化和兼容性

在充电设备方面，集成化、模块化、兼容性是构建稳定、高效、低成本充电系统的基础，对充电网建设具有重要意义。通过标准化设计、模块化配置实现不同场景下的充电系统充分复用标准化的模块，并在技术迭代的过程中实现前后兼容，是提升系统灵活性和降低系统成本的重要途径。

二、大规模运行支撑及稳定性

充电网系统规模庞大且处于持续扩展中，最新的分布式、云原生、DevOps 等支撑技术的应用，为大规模可灵活扩展系统的构建提供了良好的基础。

在系统稳定性和可用性方面，充电网的实时业务特性对系统的稳定性和可靠性提出了极高的要求。整个系统需实现全天候（7×24 小时）不间断运行，以确保用户在任何时候都能够访问和使用充电服务。为此，系统架构必须支撑高可用特性，通过采用冗余备份、故障转移等技术手段最大限度降低服务中断的可能性，并运用实时监控和快速响应机制来快速处理可能出现的任何问题。

三、车和电池充电安全

电动汽车动力电池的安全问题尚未从根本上解决，汽车起火大部分发生在充电过程中和充电完成后一段时间内。因此，研究在充电过程中提高新能源汽车电池安全监控至关重要。通过充电过程实时监测及 AI 大数据建模分析，研究电池故障和健康监测技术，建立新的安全防护手段，实现多维度多指标融合的异常检测、容量评估、寿命预测，并研发充电过程电池安全、性能、寿命技术，有望在电动汽车充电过程中有效解决电动汽车安全问题。

四、应用特征

充电网的技术应用呈现为一个多维度、多类型的复杂体系，需要通过高效能源管理、智能调度、软硬件兼容性、AI 大数据建模和车网互动技术等多个领域的协同作用，才能实现充电网的高效运营和优质服务。这些技术应用不仅提升了充电网的运营效能，还为用户提供了便捷、可靠和经济高效的充电解决方案，助力电动汽车产业的发展和新能源技术的推广。

在充电智能化方面,充电网需要动态管理电动汽车的充电时段,并根据电网负荷和车辆需求调整充电速率,从而提高电网稳定性和充电效率;在能源管理方面,充电网需要实时监控能源消耗,预测需求峰谷,实现能源的高效分配和成本控制;在场站运营方面,充电网运营商可以优化站点布局和充电终端分配,响应用户习惯,预测需求趋势,提高充电系统利用率和运营效率;在用户运营方面,可依托充电网优化站点布局与充电终端分配,积极响应用户习惯,精准预测需求趋势,从而提高充电系统的使用率与整体运营效率,并通过数据分析和用户洞察,为用户提供精致服务,增强用户满意度和忠诚度,实现用户增长和黏性;在智能运维方面,需要实时监控设备运行状态和运营效率,构建智能运维体系,优化运营运维成本,确保设备稳定高效运行。

第三节　充电网技术架构建立原则

充电网技术架构设计决定了充电网系统的结构和未来的发展方向,它关乎整个充电网的水平和持续发展的能力。充电网的系统设计需综合考虑的因素很多,既要结合当前业务现状,又要兼顾未来发展规划,还要结合各类技术发展趋势。只有遵循一定架构设计规则,才能让充电网适应不断变革的市场环境,持续提供优质充电服务,其需要遵循的主要原则如图7-3所示。

图7-3 充电网技术架构设计原则

一、可靠性、可用性

设备可靠性保证充电设备即使在极端或不可预见的情况下也能持续运行,从而提供不间断的服务;平台关键业务可用性确保即使在高峰时段或面对突发事件时,用户仍能访问充电服务,这对于维持服务连续性和用户满意度至关重要；数据可靠性提供对各类业务数据的强有力保护，数据无论经过何种操作，都是完整和准确的，确保充电计量计费、支付等业务的准确无误。

二、模块化

设备模块化旨在通过标准化和可互换组件降低系统成本，通过快速替换故障组件减少停机时间和维护成本。

三、标准化

设备接入协议标准化是为了统一充电设备的通信协议，使不同制造商的设备能够无缝接入充电网络，简化设备集成和管理。这为用户提供了更广泛的设备选择和更好的兼容性，同时也降低了充电网络运营商的管理复杂性，提高了运营效率。

技术平台的标准化则是建立一个统一的技术架构，支持各种应用、服务和管理功能在同一系统内协同工作，简化技术解决方案的部署和维护，提高系统效率和灵活性。

数据资产的标准化则是以统一标准采集和处理充电网中的所有业务数据，既包括涉及数据格式和结构的统一，还包括处理流程和数据访问交换接口的标准化。这些标准为 AI 数据模型、数据价值挖掘提供了基础。

四、安全性

安全性在充电服务中扮演着至关重要的角色，它主要包括充电安全性、数据安全性和网络安全性三个方面。充电安全性专注于保障电池、车辆和充电设备在充电过程中的安全，通过数据实时采集监测、大数据分析，并参考历史数据规律，防止过充、短路、高温等可能导致的电池/设备损坏或安全事故。数据安全性涉及保护用户数据和交易信息不被非法获取、篡改或丢失，确保所有敏感信息都通过加密和其他安全协议得到妥善处理。网络安全性则确保充电网络不受恶意软件、黑客攻击或其他网络威胁的侵害，维护充电指令和数据传输的完整性和可靠性。

五、可维护性

可维护性是充电网可靠性和持续性的基石。设备可维护性要求充电设备不仅要设计得易于监测和诊断问题，而且能够快速响应维修或更换需求。这需要硬件具备模块化设计、标准化部件，以及详尽的维护指南，确保在任何情况下都能保持设备的最优运行状态。软件可维护性强调的是系统的适应性和更新能力，以便快速地适应新的业务需求和技术变化。这包括代码的可读性、模块化架构、良好的文档支持，以及一个稳定的开发和部署流程，使得软件更新、功能扩展和安全修补都能高效、无缝地进行。数据可维护性关注的是数据的完整性、准确性和可恢复性，确保关键数据在任何操作过程中都能保持一致性和可靠性，这对于充电计量、计费和支付等敏感业务尤为重要。

六、可伸缩性

可伸缩性是确保充电服务能够适应不断变化需求的关键属性，它主要由软件部署可伸缩性和数据存储及计算可伸缩性构成。为了实现整体的可伸缩性，每个方面都需要具备特定的关键能力。软件系统的可伸缩性要求架构设计能够灵活应对用户数量的增长和业务需求的变化。这意味着软件应该能够在不同的硬件配置和网络条件下运行，同时支持横向扩展（添加更多的服务器节点）和纵向扩展（增强单个节点的处理能力）。关键能力包括服务的无状态设计、负载均衡、微服务架构以及容器化部署，这些都可以帮助软件系统在保持高性能的同时，轻松地增加或减少资源以适应负载变化。数据存储计算的可伸缩性关注的是数据层面的灵活性和效率。随着充电服务的扩展，数据量会急剧增加，因此关键能力包括数据库的分布式架构、高效的数据索引和查询优化机制，以及自动的数据分片和复制策略。这些能力确保了即使在数据量大幅增长的情况下，数据存储和计算仍然能够保持高性能和高可用性。

第四节　大规模充电网的参考技术架构及分析

这里基于特来电的实践经验介绍一个完整的充电网技术架构并做简要分析。

一、云边端一体化的总体架构

超融合云边端一体化工业互联网平台，以其高效、实时、安全的特性，已成为充电网建设与发展的关键技术趋势。云边端一体化协同架构体系将云计算的强大数据处理能力、边缘计算的快速响应能力以及端点设备的实时数据采集能力整合，通过在不同层级上分配计算与数据处理任务，实现了充电网的可扩展性、灵活性和高效性。

云边端一体化技术在电动汽车充电网络中的应用，通过精细化的集成化与模块化设计，显著增强了系统的兼容性与灵活性。此种设计不仅使设备能够迅速适应多样化的充电场站类型，同时也为未来的技术升级与维护提供了便捷。在支持大规模运行方面，该技术借助分布式与物联网技术的优势，确保了充电网络在极端需求下依然能够维持稳定运行，从而为用户提供了持续、稳定的服务。针对充电过程电池安全关键议题，凭借独特的实时检测和 AI 大数据建模分析的两层安全防护机制，有效保障充电过程动力电池的安全性，为用户和运营商消除了后顾之忧。

在构建电动汽车充电网络时，技术体系架构严格遵循云边端一体化原则，确保网络的高效、稳定和安全运行。通过冗余设计和故障切换机制，实现了高可用性，即使面临组件故障，系统也能保持持续服务。通过遵循模块化原则，使得网络能够以构件化的方式进行扩展或升级，简化了维护工作，缩短了停机时间。标准化则确保了设备和服务之间的兼容性，为用户提供无缝的充电体验，促进了不同供应商之间的协同工作。安全性是设计之初的核心考虑，通过加密通信、安全认证和定期安全审计，有效保障了数据的完整性和隐私。此外，在系统的可维护性方面，采用易于诊断和更换的组件，提供详尽的日志和监控工具，确保快速响应故障和问题，降低总体维护成本。在可伸缩性方面，根据需求增长进行横向和纵向扩展，无论是增加充电站数量，还是提升现有站点的充电能力，都能灵活应对。这些原则的共同遵循，不仅提升了充电网络的技术水平，也为电动汽车的广泛应用奠定了坚实基础。图7-4 给出了该架构的概览。

图7-4 充电网架构概览

二、高集成化、模块化的充电设备

智能充电箱变是充电站现场设备的主要形式，它是一种集成了变配电和交直流充电系统的高集成设备，采用了平台化思维和集成化理念进行顶层设计，可以通过模块化和参数化方式进行灵活配置。这种设备将变配电系统、交／直流充电机集成在充电箱变内，形成了从高压到低压、从交流到直流、从集控到调度、从充电到放电、从光储融合到协同调度的大系统。该设备通过云平台及监控软件控制人机互动和业务管理，实现功率模块、通信模块、并网模块共享，减少了设备成本，并简化了运维工作。此外，该设备还采用了集中智能环控系统，保证了控制模块、充电模块、功率分配模块处于良好的工作环境，提高了设备的可靠性。在本篇的第八章中将详细介绍此部分内容。

三、高并发、高可用、超大规模技术平台

充电网融合了能源、汽车工业及人类行为的大规模数据，展现出互联网行业的高并发处理、灵活扩展及海量数据分析管理特性。同时，它也具备工业控制系统所需的实时性和高可靠性。为满足这些需求，其底层技术平台的设计遵循微服务、分布式和平台化的原则，从而迅速构建出创新型的融合工业系统和互联网系统特性的应用。在本篇的第十章中将详细介绍此部分内容。

四、基于海量传感器和人工智能的在线诊断与智能运维

设备智能运维是以设备核心参数采集及海量智能小微传感器集成为基础，通过高并发的物联网数据桥接器接入云平台，基于云平台流式处理与远程监控、大数据分析与预测技术，实现面向工业互联网充电设备的全维度数据监测、建模和分析。同时基于人工智能 AI 算法，建立设备故障与寿命预测模型，并提供统一的在线诊断、故障管理、设备预警、故障分析、工单处理、远程控制等应用功能，支撑故障诊断触发、设备实时监控、通知运维、运维处理、维修反馈的运维流程的自动闭环和可追溯化管理，打造一个设备全生命周期管理的设备智能化运维体系，提高设备的运维效率，降低运维成本，实现对充电设备的主动运维。本书第七篇将对智能运维体系进行详细阐述。

五、面向海量用户的高效智慧运营

智能、高效的充电运营是充电网发展的关键。智慧运营核心功能涵盖了经营数据分析、日常管理操作、电站与终端管理、定价促销管理、订单管理、资产管理、运营看板以及基础数据管理等多个方面。通过这些功能，智慧运营能够大幅提升运营效率，确保运营人员在单一的系统中高效完成多种工作场景。

智慧运营系统是面向未来的、高效的运营管理工具，它不仅提高了运营效率，降低了管理难度，还能够通过智能分析帮助企业在竞争激烈的市场中找到盈利的最佳途径，其主要构成如图 7-5 所示。

图7-5 智能运营系统示意

六、充电网的电池安全主动防护

充电网的电池安全主动防护以充电网的实时检测数据和历史大数据为基础，构建了准确的车辆档案和车型档案，通过机器学习算法进行交叉性探索建模，识别出充电过程中电池安全的关键特征，并充分考虑车辆、车型、环境温度、车辆寿命、运营类型等因素，结合电化学机理模型，建立了电动汽车充放电数据的多维度多指标的电池异常检测 AI 大模型。此外，结合充电系统的特征和云边协同技术，实现了基于充电侧和云端大数据侧的两层安全防护。在本书的第十一章和第二十五章中将对此部分内容进行详细介绍。

七、车网互动及能源调度管理

规模化充电网与能源系统构成相互支撑、相互依赖的体系。能源系统为充电网提供能量来源，而规模化充电网则为能源系统提供庞大的移动储能及柔性可调节负荷的资源。两者深度融合，形成物理分布独立、运行协同互动的有机整体。在本书的第十二、十九、三十等章中将对此部分内容进行详细介绍。

八、无人值守的智能化场站

无人值守智能化场站依托于功能强大的设备开放平台，使其具备多元化的设备接入与管理能力，并能进行语音交互、远程升级等操作，支持设备运行数据统计分析、设备健康状态实时监控、历史动作记录追溯等功能。同时，通过与智能设备（如安防监控、智能道闸、地锁车位监控组合、智能摄像头等）深度融合，实现智能开闸、智能降锁、智能摄像头预警、远程监控四大核心服务，如图7-6所示。

图7-6 智能化场站

九、云边协同的信息安全防护

1. 云端服务信息安全防护

充电网通过云防护平台和 IDC 安全管理的双重保障，有效识别并拦截多种网络攻击，如分布式响应攻击（DDoS）、数据库（SQL）注入、跨站攻击（XSS）等。同时，有效应对密码破解、病毒木马入侵等威胁，确保平台安全稳定运行。对于非法数据爬取行为，充电网也具备强大的阻断能力。

为应对获利寄生等威胁，充电网运用大数据技术构建风控体系，并与产业单位建立情报共享机制。云防护平台全量过滤 Web 请求，实现态势判断与智能阻断。云平台还实现身份认证与权限统管分级控制，支持各种互联网应用平台业务场景。

全链路监控诊断系统提供实时、多维度的分析、聚合、诊断功能，确保平台运行稳定可靠。通信链路加密机制采用 HTTPS 协议和数据签名技术，确保数据安全，防止重放攻击等威胁。

充电网的大数据体系为全流程技术支撑提供坚实基础，集群安全访问体系实现分层分角色的安全管理。IDC 安全管理系统结合自研与第三方安全产品，为云平台运行的基础 IDC 设施提供全面防护。

2. 边缘计算安全防护

充电网边缘介质安全监测与防护系统为大量智能设备提供安全防护，对多型多批次设备进行安全加固。充电网能够识别充电场站内部嵌入式系统、充电终端与车辆交互等边缘计算节点的新威胁，并采取有效的防治措施。

在充电行业安全防护方面，充电网数字化平台已完成计费安全、支付安全、电池充电安全、互联互通安全、车充认证安全 5 个充电应用的安全加固、防护。

第五节　常见误区

与传统充电桩相比，充电网具有系统更复杂、功能更强大的需求，是保障数以亿计大规模电动汽车运行的基础设施，对充电及电动汽车安全性和可靠性保障的要求亦极为严苛。简单的充电桩建设思路会产生诸多误区，走出这些误区对建设稳定、高效的充电网具有非常重要的意义。

首先，充电网的技术复杂性不容忽视。它并非仅仅是一个简单的电力供应点，而是由众多技术组件集成的复杂网络。从电源接入、配电系统、充电设备、通信网络到云平台，每一个环节都需要细致的设计和高效的管理。此外，充电网还需要具备强大的兼容性，以满足各种类型电动汽车的充电需求及系统本身的持续迭代升级。因此，对充电网的技术复杂性有清晰的认识，是避免认知误区的第一步。

其次，传统第一特性的软件架构难以支撑充电网的发展。普通软件架构因为无法支持水平扩展，在处理大规模数据和并发请求方面存在严重性能瓶颈；信息化软件架构缺乏实时控制和分析能力，无法满足充电实时控制和优化调度等方面的需求。随着数据量的不断增大，常规软件架构无法承载海量数据存储和挖掘，在智能化、数据价值挖掘存在严重缺陷。

最后，整个充电网的安全性不容忽视。安全性不仅包括电气安全，还包括信息安全。充电网需要防止黑客攻击，确保用户数据、资金和充电过程的安全。此外，充电网的安全性还体现在应对突发情况上，如自然灾害、设备故障等。为此，充电网需要具备强大的故障诊断和自我修复能力。

第八章

充电网设备的高低压、交直流系统集成关键技术

　　充电网设备是支撑整个充电网运行的基础，通过高低压、交直流系统及控制设备的高效集成，实现高低压变换、电能分配、交直流变换、光伏储能接入、车辆信息及能量交互、数据采集及通信、人机交互、车网互动等完整功能。

第一节　概述

　　充电网设备涉及高低压变配电系统、交直流系统及调度控制系统，其典型架构如图 8-1 所示。

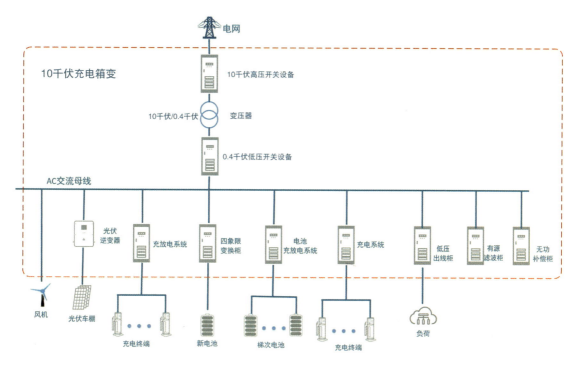

图8-1 充电网设备典型架构示例

　　其中高低压变配电系统包括高压设备〔进线柜、计量柜、母线电压互感器（TV）柜及出

线柜等 1、变压器、低压设备（进线柜、出线柜），负责充电网的 10 千伏高压接入、高低压变换及电能的分配，为交直流系统提供稳定、可靠的电力供应，通过电能质量控制、安全防护、监控及管理等手段，保障交直流系统的高效、安全运行。交直流系统包括交直流充 / 放电设备、DC/DC 双向变换设备及充电终端等，实现交直流的变换、光伏储能的接入、车辆及人机的交互，支撑电动汽车作为可双向充放电的移动储能载体，同分布式光伏、固定储能及大电网无缝衔接、高效互动，通过优化调度和精准控制提升新能源就地消纳、就地平衡水平。

充电网设备运行稳定性、运维便捷性、环境友好性及环境适应性等可靠性参数是支撑充电网设备户外长期稳定运行的关键指标。相应地，高低压变配电系统和交直流系统的集成化技术、模块化技术、高防护技术及热管理技术是保障充电网设备规模化落地、投资成本控制及高效、可靠运行的关键技术。

第二节　集成化和模块化技术

随着电动汽车规模化发展，充电网设备的快速布局与电动汽车增长速度相匹配才能更好地支持电动汽车的发展。其建设速度主要受投资经济性、电源接入成本、占地面积等方面因素影响。而充电网设备高低压交直流系统的集成化、模块化技术可以有效缩小设备体积，减少土地占用面积，降低施工难度，缩减施工周期，同时可以使充电网设备标准化、模块化批量生产，提高生产效率和可靠性，提升交付速度，满足电网接入标准和要求，可以有效支撑充电网设备规模化快速增长的需求。

一、"充电场站"集成化、模块化技术

常规的充电场站，如果采用配电箱变和直流柜分立的形式，配电箱变、直流柜及充电终端均需单独进行基础施工，土建工作量大，建设效率低，占地面积大，经常导致建站投资成本高，工期长等突出问题。

在集成化方面，基于场站级整体设计的预制舱式智能充电箱变，直接将变配电系统（包含高压开关柜、变压器、低压开关柜）、交直流充 / 放电柜等集成在充电箱变内，实现高低压、一二次系统的集成化，如图 8-2 所示。该设备是把高低压变配电和交直流充 / 放电系统融为一体，形成了一个从高压到低压、从交流到直流、从集控到调度、从充电到放电、从光储融合到协同调度的完整系统，可以实现功率模块和网络通信等模块共享，降低设备成本。

充电箱变通过将配电箱变的高压开关柜、变压器、低压开关柜和交直流充 / 放电柜集成在

一个预制舱式箱体内，现场可一次性施工，在节省交直流充/放电柜基础施工的同时，可以有效缩减设备的土地占用面积，缩减建站周期，是支撑充电网设备规模化快速增长落地的重要保障。另外，通过集中智能环控系统，可保证控制模块、充电模块、功率分配模块处于良好的环境中，便于集中运维管理。

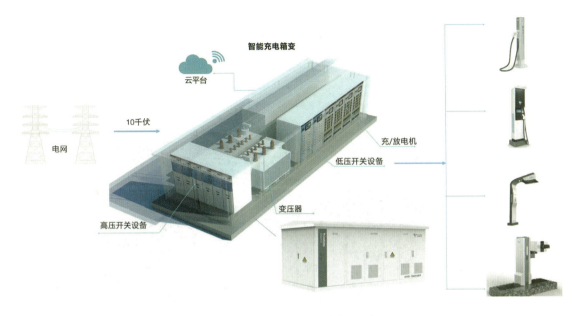

图8-2 "充电场站"箱变设计

在模块化方面，上述集成方案中的高压开关柜、变压器、充电柜及箱体构成了可以批量化生产应用的标准单元；此外，充电终端通过模块化的快速部署组件可以实现低成本快速安装。快速部署组件通过模块化设计，主要由预制基础底座、电缆穿线管和连接件三个标准模块组成，可以实现工厂内预制批量预投，使充电终端的建设可以像拼积木一样快速安装。模块化的设计，不仅能够提高充电站的建设效率，节省施工成本，缩减施工周期，而且还可以使充电站灵活布局，适应不同的建设场景。本书第二十三章将对此进行详细介绍。

二、"充电箱变"集成化、模块化技术

充电箱变是变配电设备和交直流充/放电系统一体的高集成充电设备，既有变配电设备的属性，又有充/放电机的属性。充电箱变主要由箱体、高压开关柜、变压器、低压开关柜、交直流充/放电柜及环控系统等模块化单元组成。

其中箱体主要包括底座、框架、门板及顶盖等，行业发展初期，充电箱变箱体均采用焊接一体式结构，即底座框架和顶盖均采用钣金材料整体焊接、打磨、喷涂，加工工艺复杂，生产

效率低、批量交付能力差。为解决以上问题，充电箱变箱体逐渐向标准化、模块化设计发展，如图 8-3 所示。在标准化方面，充电箱变宽度尺寸和高度尺寸固化为标准尺寸，根据不同的装机容量，仅长度作为变量。在模块化方面，充电箱变框架采用组装式结构，由标准的角立柱、中立柱、横梁及封板等模块单元组成，顶盖由两个模块 A 和若干个模块 B 组成，不同长度尺寸的充电箱变箱体可以像搭积木一样完成快速组装。同时高压开关柜、低压开关柜、充电柜、充放电柜均为标准的模块单元，其中低压开关柜与充电柜、充 / 放电柜的尺寸完全一致，内部骨架模块单元共享复用，可以实现批量预投，规模化生产，提高生产效率。

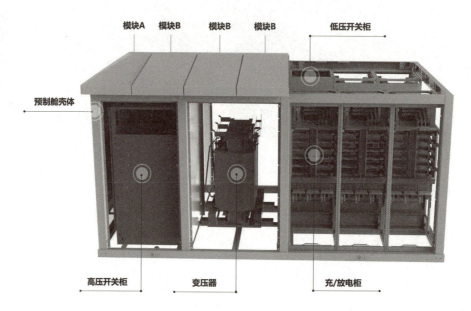

图8-3 充电箱变模块化结构示意

以上集成化和模块化设计方案，可以使充电箱变灵活应对不同装机容量、不同直流出线路数及后期扩容升级等场景的需求。

第三节　热管理技术

在充电过程中，充电模块负责交直流的变换，功率转换效率行业最高在 96% 左右，充电过程中会产生大量的热量，导致设备内部处于高温状态。电子元器件在高温环境下工作会加速老化，从而缩短设备的使用寿命，因此必须进行有效的热管理。同样随着充电电流的快速提升，对充电枪的散热能力、线径及操作体验提出了更高的要求。目前行业主要有两种充电设备散热技术路线，分别是强制风冷散热技术和液冷散热技术。

一、强制风冷散热技术

强制风冷散热技术目前是充电设备最经济的散热解决方案之一，充电模块采用风机进行通风散热，系统风机对充电设备整机进行通风散热，技术方案成熟。强制风冷散热技术的核心主要有两个方面，一是散热风机的选择，二是风道结构的设计。

1. 散热风机的选择

充电设备所使用的散热风机主要有轴流风机（见图 8-4）和离心风机（见图 8-5）两种，在行业发展初期，轴流风机由于其便于安装（尺寸标准化）、对风道设计要求低等优势，得到大范围应用。

图8-4 轴流风机　　　　　　　　　　图8-5 离心风机

随着行业的发展，用户对小体积、高集成化、低损耗等高阶需求更加迫切，离心风机由于其通风量大、可嵌入隐藏式设计、低散热功耗等特点，正被广泛应用。其中离心风机分为 AC（Alternative Current）风机和 EC（Electrical Commutation）风机，两者的主要区别在于其驱动方式和控制方式。AC 意为交流，AC 风机使用交流电源供电，其工作基于固定频率和电压，控制方式相对简单，通常通过调整叶片角度或变速器来调节风量和静压；EC 意为电子换向，EC 风机基于电子控制技术，实现直流电源供电，并通过控制器精确地调整电机的电流和速度，以实现风量、静压和效率的精确控制。与 AC 风机相比，EC 风机虽然成本较高，但可以实现多级调速的智能控制，具有更高的效率，更低的能耗和噪声，寿命更长。基于充电网开发的充电设备，需考虑整体效率、待机损耗、工作损耗，并同时考虑不同场景下的周边环境对低噪声的要求，进而选择合适的风机。

2. 风道结构设计

传统的风道结构如图 8-6 所示，进风口采用百叶窗 + 过滤棉，出风口采用风扇 + 百叶窗的形式，其百叶窗采用钣金加工工艺，存在较多弊端：结构复杂，成本高居不下；喷涂存在漏点，腐蚀问题严重；风阻较高，通风散热效率低；一级过滤，系统防护水平较差等。

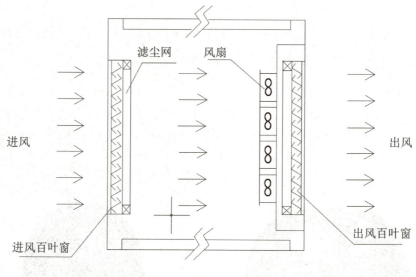

图8-6 传统风道结构设计方案

更为成熟可靠的风道结构是采用多级过滤防护结构，风道结构采用非金属材料，通过模具一体成型，降低加工难度、减小风阻，解决防腐问题的同时，有效提升充电设备的防尘、防水及防凝露能力（本章第四节有详细介绍）。

二、液冷散热技术

随着充电电流需求的不断提升，充电模块功率密度的逐步提升，充电过程发热量急剧增加，散热需求大幅提升，催生了液冷散热技术的应用与发展。2024年4月1日生效的新版标准《电动汽车传导充电用连接装置 第1部分：通用要求》（GB/T 20234.1—2023）及《电动汽车传导充电用连接装置 第3部分：直流充电接口》（GB/T 20234.3—2023）已将充电设备的最高功率从250千瓦（1000伏/250安）提升至1200千瓦（1500伏/800安），大功率充电场景下液冷主动冷却技术的需求更为迫切。

图8-7、图8-8展示了液冷散热技术的工作原理。当液冷主动冷却系统工作时，通过动力泵将满足温度需求的冷却液送入液冷充电枪和充电模块，并在出液口前增加过滤器，过滤掉杂质，以防堵塞或引起未知的化学反应。进入液冷充电枪和充电模块后，低温的冷却液吸收其产生的热量，降低其温度。流出的高温冷却液进入微通道散热器，通过风机与外界环境进行热交换，使高温的冷却液变为低温的液体。低温的冷却液进入储液箱，在动力泵的驱动下，低温的冷却液再次进入液冷充电枪和充电模块，如此循环，从而带走充电枪和充电模块在充电过程中

产生的热量，保证其始终在一个良好的环境下工作。

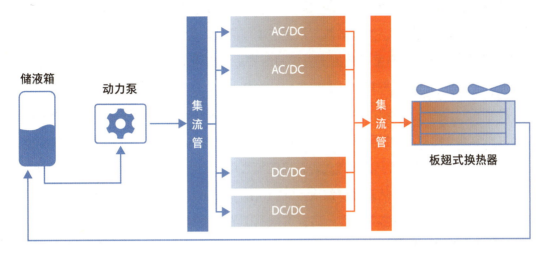

图8-7 液冷充电模块散热原理

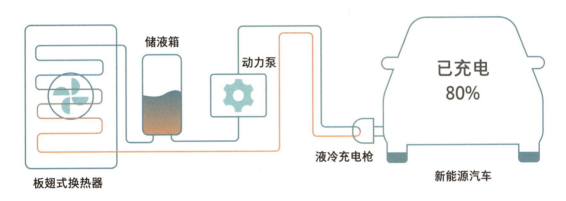

图8-8 液冷充电枪散热原理

液冷散热技术目前主要有两种产品应用路线，分别是半液冷和全液冷。其中半液冷方案充电机部分沿用了传统充电设备的风冷散热技术，选用风冷充电模块，充电终端则配置液冷系统和液冷充电枪。全液冷方案充电机则对充电模块也采用液冷方式。

全液冷方案中，液冷充电模块无风道设计，通过内部冷却管道内循环的冷却液与外界进行热交换带走热量，从而实现功率部分全封闭设计，充电设备内模块、电气配件等与外界无接触，防护等级可达到 IP65。相较于半液冷方案，全液冷具备散热效率高、充电噪声小、故障率低及寿命长等优势，但由于液冷模块及冷却系统的成本较高，导致全液冷方案初装成本大幅高于半液冷，一定程度上制约了全液冷方案的规模化应用。

全液冷和半液冷两种方案中，液冷充电终端都是必需的。液冷终端按照冷却介质有水冷和油冷两种。

水冷方式的冷却介质采用乙二醇＋水，充电线缆内设计冷却管路，通过水泵推动冷却液的循环流动对充电线缆及枪头进行散热，以提升电缆的载流能力。目前水冷充电枪受枪头插针散热技术瓶颈的影响，最高可以支持不超过 600 安培充电电流的载流能力，如果要进一步提高载流能力，枪头插针散热问题是亟须攻关的关键技术。

油冷方式的冷却介质通常采用二甲基硅油，充电线缆将铜导线浸泡在冷却介质中进行散热，通过水泵推动冷却液的循环流动对充电线缆及枪头进行散热，由于冷却液可以流至插针内部，枪头插针的散热能力优于水冷方式，充电电流可以达到短时 800 安培以上，是短期内 600 安培以上充电电流需求的可选方案。油冷方式因系统工作压力相比水冷方式高数倍，渗油问题难以处理，同时油冷系统成本较高，一定程度限制了油冷技术的规模化推广。

采用液冷散热技术可以大幅提升充电枪的换热效率，不但可以让充电枪具备大电流输出的能力，还可以大幅降低充电枪线缆规格和枪线线径，使充电枪更加轻量化，充电枪线的柔软性得到大幅提升，有效提升用户的操作体验。

国内企业较早开展了液冷方案的实践，例如特来电从 2019 年开始液冷充电终端产品的推广应用，经过多年的技术积累和技术突破，完成了风冷式小型化冷源、热容式小型化冷源及液冷充电枪的自主研发及批量应用，有效提升了液冷充电终端的可靠性，缩小了产品的体积，降低了设备制造成本，推动了液冷充电终端的规模化应用与发展。

第四节　适应复杂户外环境的防护技术

复杂的户外环境会影响充电网设备的稳定性和性能，特别是高温、高湿、高盐雾、高粉尘会导致充电设备箱体及内部电气／电子元件出现腐蚀、失效等问题。如何使充电设备在复杂环境下正常工作，并能达到 10 年以上使用寿命，需要在防尘、防水、防凝露、材料、表面处理等技术上有所突破。

一、防尘、防水、防凝露技术

防尘、防水和防凝露主要和系统风冷式散热方式有关。传统充电设备的风冷散热系统大多采用一级过滤，系统防护水平较差，可能造成功率模块、开关电源等关键元器件故障率居高不下，更新的方案采用不锈钢丝滤网（一级过滤）、阻燃尼龙过滤网（二级过滤）、聚氨酯发泡过滤器（三级过滤）的多级过滤技术，如图 8-9 所示。

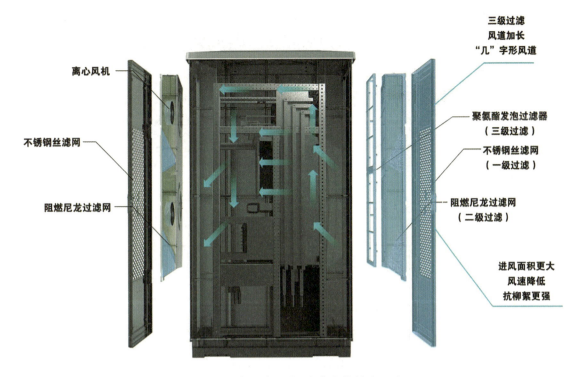

图8-9 充电设备三级过滤防护技术示意

在防尘方面，一级过滤可以阻挡树叶、纸张等大于 2 毫米的异物，二级过滤可阻挡杨絮、柳絮等大于 1 毫米的异物，三级过滤可阻挡大部分 100 微米以上的沙尘，使系统防尘等级达到 IP5X，系统绝缘、内部锈蚀等质量问题也显著减少。

在防水方面，风道采用"几"字形布局，进出风口均为上升通道，有效杜绝雨水进入充电设备，可以使充电设备达到 IPX5 防护水平，同时进出风口采用 120 度斜坡设计，下雨天可以冲刷风道上的尘土及柳絮，达到自清洁的效果。

在防凝露方面，风道及充电设备箱体均采用纤维增强复合材料，其热导率仅为金属材料的 1/1000~1/100，相比金属材料可以有效抑制充电设备内部凝露的产生。

多级过滤技术和复合材料的应用可以使充电设备提升防尘、防水及防凝露的能力，降低其故障率，提升其可靠性，进而延长充电设备的整体寿命。

二、高耐候隔离风道防护技术

高耐候隔离风道防护技术是针对高盐雾、高湿气及高尘土等恶劣环境下充电网设备通风散热特别设计的解决方案。如图 8-10 所示，该方案中，热通道与冷通道完全隔离，热通道为内循环风道，与充电模块、功率分配模块等形成通风回路，将发热器件产生的热量传递至换热器内风道翅片上，内风道翅片跟外风道翅片通过热传导进行热量传递。冷风道为外循环风道，外循环风道通过冷空气强制对流，将外循环风道上的热量带走，降温后的热风道气体流回充电模块、功率分配模块等发热器件，继续带走热量，形成循环。内循环风道与大气完全隔绝，杜绝粉尘、水汽、盐雾进入柜内，使柜内达到 IP65 防护水平，让充电网设备免受户外环境的影响，大幅降低故障率，可以支撑充电网设备在高盐雾、高湿气、高尘土等恶劣环境下长期稳定运行。

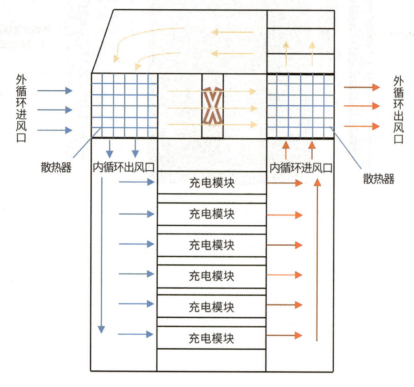

图8-10 高耐候隔离风道防护技术原理

第五节　应用于箱体的非金属材料

充电网设备长时间户外运行所依赖的主要防护是产品的箱体。产品箱体在冲击强度、防腐、耐候、使用寿命等防护方面的要求以及轻量化、高环保、绝缘性、阻燃性、性价比、美观性及环境友好等附加要求促成了非金属材料的应用。

传统充电设备都是直接选用镀锌板、敷铝锌钢板、冷轧钢板等钣金材料作为产品箱体的主要材料。虽然钣金材料在冲击强度方面具有其天然的优势，但充电网设备更多位于高温高湿高热等恶劣环境，钣金箱体的腐蚀问题、加工工艺复杂造成成本高居不下问题、无法模块化设计批量预投问题及生产环保问题让钣金材料的劣势凸显。

近年来，非金属材料的发展为箱体材质提供了新的可能。一方面，大体积充电网设备采用高强度复合材料。高强度复合材料已广泛应用于航空航天、高铁运输、风力发电等复杂户外大型设备产品上，经过配方的适当优化可适应充电网产品的性能要求：强度方面，冲击强度高于每平方米 70 千焦，弯曲模量高于 8000 兆帕，达成 IK10 的防护等级；防腐方面，材料属性可维持 20 年不衰减，使用寿命不短于 30 年；阻燃方面，阻燃等级达到 UL94-V0 等级，即防火的最高阻燃等级；耐候方面，满足高温 90 摄氏度、低温零下 40 摄氏度、高海拔、高紫外线等极限存储及工作环境使用条件。

对高强度复合材料，通过模压成型和拉挤成型等不同的成型工艺还可以进一步细化其性能特点，其中模压成型工艺的优点是产品强度高、质量稳定、可通过模具纹理实现不同的外观效果，便于批量生产；拉挤成型工艺受固定截面积结构和外观存在纤维纹理的限制，主要适用于对外观要求不高的产品，如充电网设备内部组件及支架等产品。此外，小体积终端产品采用高分子非金属材料的材料应用技术路线。

高强度复合材料应用于充电网设备时可体现出多方面的优点。复合材料密度为钣金密度的 1/4，可实现轻量化设计与轻量化组装施工，复合材料不需要喷漆、喷塑等涂装及焊接工作，达成产品加工制造的社会环保责任。复合材料在充电设备中使用可充分发挥其绝缘性的优势，提升充电网设备的安全防护性能。复合材料还可使用模具进行一次性成型，可有效降低产品箱体的加工成本并提高产品箱体的一次性成型质量。复合材料的模具成型为产品的特殊造型外观实现提供了设计支撑，便于设计丰富的产品外观造型，外观更美观。因此充电网设备箱体由钣金类传统材料向非金属材料的转变势必会成为一种趋势。

目前非金属材料已经在多种充电网设备中得到应用，特来电充电网设备中的直流终端、充电机、直流单桩、交流桩支架、受电弓及箱变顶盖等产品已相继完成高强度复合材料的切换，从实际应用效果来看，均以更高的品质实现了更高的综合性能，支持了产品价值的持续提升。

充电网设备的集成关键技术是支撑充电网设备稳定运行及投资经济性的关键，关键技术的不断创新与突破，才能更好地支持充电网设备的规模化落地，支撑电动汽车的规模化快速发展。

第九章

功率高效变换和充放电控制系统关键技术

本章主要阐明功率变换模块相关的拓扑和数字控制设计，介绍功率半导体、磁性元件、电磁兼容、高防护技术的应用情况；分析充电系统相关的拓扑形式，展示充电控制技术在多种充电系统架构中的实际应用，并介绍相关功率分配策略。

第一节　概述

作为充电网最底层的物理设备层级，充电系统的关键核心技术是围绕功率变换、功率分配与控制和车桩交互三方面来实现和应用的。

其中功率变换的载体是功率变换模块，是充电系统的核心，硬件设计、制程工艺和数字控制算法共同决定了功率变换模块的成本、电压范围、功率密度、效率及可靠性等技术特点。

功率分配与控制的关键技术主要由充电控制系统拓扑架构、通信技术和功率分配技术来承载。充电网对充电设备的需求是复合式的，这就需要多种充电控制系统拓扑架构来满足，如群充、单桩、轮充、小功率等；同时需在不同充电系统中应用适配的通信技术；不同的客户有不同的充电时间要求，不同的车辆有不同的充电功率需求，当不同的客户和车辆集中在同一充电场站充电时，就需要复合式的功率分配技术来满足不同的车辆及场景需求，随之衍生出了多种分配模式。

车桩交互主要在国家标准《电动汽车非车载传导式充电机与电池管理系统之间的通信协议》的基础上实现，在保证充放电过程中车辆和充电机之间交互的规范性、一致性及成功率和稳定性的基础上，有良好的兼容性。该标准的最新版本 GB/T 27930—2023 已于 2024 年 4 月 1 日正式生效，但充电系统还需要对既往的版本 GB/T 27930—2015 和 GB/T 27930—2011 提供兼容支持。

第二节　功率高效变换关键技术

功率变换是充电系统的核心，相关核心技术包括主拓扑、数字控制、外围器件、环境防护、电器兼容与抑制等几个方面。

一、功率模块主拓扑

在追求更宽充电电压范围、更高效率、更高可靠性、更高功率密度的过程中，充电系统功率模块主拓扑的迭代升级也从未停止。拓扑即电路结构，是对电路图进行再次抽象、仅由支路和节点构成的一个集合，它讨论的是电路的连接关系及其性质，即支路与节点的连接关系。功率模块中的功率器件、电磁元件、控制功能、采样与保护功能的选择与设计都取决于拓扑。

功率模块一般采用两级主拓扑，第一级为 PFC（Power Factor Correction）拓扑，意为"功率因数校正"，来满足严格的功率因数（PF）标准，以减小对电网的不利影响，并实现 AC/DC 变换；第二级为高频隔离 DC/DC 拓扑，配合广泛使用的切换电路，实现了更宽的输出电压范围。每一种拓扑都有自身的特点和适用场合，本节后续部分将对功率模块主拓扑演变做简单的介绍。

主流的单向充电模块在 PFC 侧多采用三相维也纳 PFC 拓扑（见图9-1）。三相维也纳 PFC 拓扑适用于大功率场合，能够在保证高功率因数的同时，提高电力系统的能源效率，减少电能损失，输入 THDi 指标可以达到满载小于 3%、半载小于 5%，有效降低了电网谐波。维也纳拓扑满载效率达到 97%，峰值效率达到 98%。

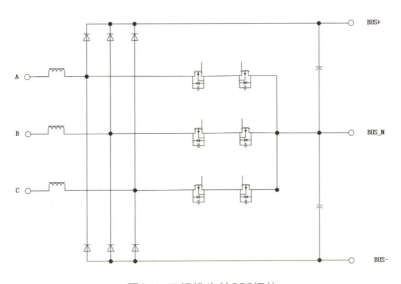

图9-1　三相维也纳PFC拓扑

主流的单向充电模块在 DC 侧使用谐振变换器（LLC）拓扑，图 9-2～图 9-4 展示了 LLC 拓扑常见的几种形式——三电平 LLC 拓扑、半母线输入的全桥 LLC 拓扑、全母线输入的全桥 LLC 拓扑；随着电动汽车动力电池系统电压的提升，最新的充电模块中开始加入切换电路，实现更宽范围的输出电压。

图 9-2 为三电平 LLC 拓扑，其优势为双母线输入，DC 侧不会引起母线偏压；缺点为无法实现输出交错，输出高频纹波较大，且拓扑控制较复杂。

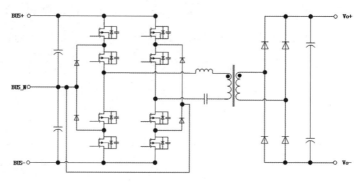

图9-2 三电平LLC拓扑

图 9-3 为半母线输入的全桥 LLC 拓扑，该拓扑分为正负两个谐振腔。其控制方式简单，且正负 LLC 谐振腔交错后可有效降低输出的高频电压、电流纹波。在谐振腔输出整流桥后级添加输出切换电路，通过对两个谐振腔输出的串联 / 并联组合实现 50~1000 伏的超宽范围输出，覆盖全车型的充电需求。

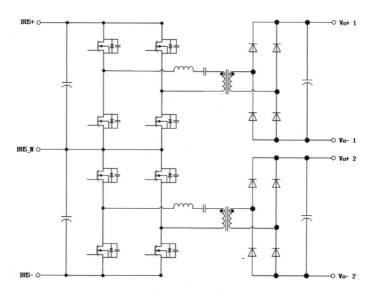

图9-3 半母线输入的全桥LLC拓扑

伴随着碳化硅（SiC）功率器件的发展，应用 SiC 器件的更高效率的充电模块成为行业发展的主流方向。在应用 SiC 器件的设计背景下，DC 侧主要采用全母线输入的全桥 LLC 拓扑，由正负母线输入的两个串联谐振腔，更改为全母线输入的两个并联谐振腔，如图 9-4 所示。

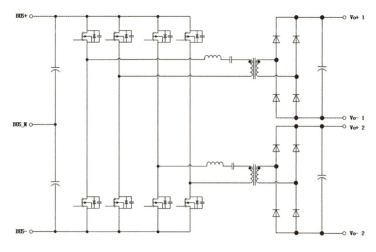

图9-4 全母线输入的全桥LLC拓扑

除上述拓扑外，行业内还有使用交错维也纳、三相六开关、移相全桥、三相 LLC 等拓扑，除主功率拓扑的选型差异外，不同产品在拓扑的交错方式、输出的切换电路上都有不同的处理方式。

常见的双向充放电模块主要使用双向 PFC 拓扑 + 双向 DC/DC 拓扑，PFC 侧常见拓扑有 T 字三电平、I 字三电平、三相六开关等，DC 侧使用闭环双向 LLC 拓扑或开环双向 LLC+ 双向 BUCK BOOST 拓扑，实现 AC/DC 双向功率变换，做到了充放电一体，既满足直流充电需求，又具有反向放电能力和无功输出的能力。新的双向变换需求为充电模块技术发展注入新的活力，成为未来技术创新的方向。

二、功率模块的数字控制技术

传统的开关电源通过模拟电路实现对电能的控制，其输出范围往往比较窄，并存在功率因数相对较低、控制参数调整繁琐、电压电流控制不灵活等问题。充电模块是一种特定应用场景的开关电源，其输出电压范围更宽、电能质量要求更高，控制保护功能要求更高，控制保护逻辑更复杂，且需要接受充电控制器的控制调度。传统的模拟控制方式不能满足充电系统的功能及性能要求，必须采用数字控制技术。数字控制技术可以全面监控电源的内部状态，通过内外部通信实现全面的监测和控制，也更容易实现内部参数及控制策略的调整。

功率模块的数字控制通常需要实现与充电控制器进行通信交互，实现泄放控制，模数转换，故障检测与保护，电压、电流及功率控制环计算，发波与驱动控制，软起控制，输出均流，远程升级，智能运维等功能。电压、电流、功率等的控制采用经典的闭环反馈控制，其核心环节包括模数转换、控制环路计算、发波与驱动控制。

数模转换的作用是将模拟量转换为数字量，方便处理器进行处理和计算，其分辨率及性能直接影响甚至决定了模块的控制精度及性能。

控制环路计算的作用是根据系统反馈的信息对控制信号进行调节，以使系统的性能达到预期水平。具体到功率模块，每个控制周期中，根据系统电压电流给定值及电压电流反馈值，计算出相应的发波量，驱动开关管进行开关动作，从而实现对电压、电流、功率等输出量的控制。常用的控制器结构有电压外环、电流内环的嵌套环和电压环、电流环并行的竞争环。开关电源中恒压源一般采用单电压环控制，恒流源一般采用单电流环控制。充电模块中既要对电压进行控制又要对电流进行控制，因此一般采用双环嵌套或者双环竞争的控制方式。

发波与驱动控制用于将环路计算的结果转化为具体的开关频率、占空比、移相角度等（由采用的硬件拓扑决定），控制开关管的导通与关断，驱动硬件电路进行工作，从而实现功率变换。常用的驱动控制方式有脉冲宽度调制、脉冲频率调制及脉冲宽度和脉冲频率混合控制。

数字控制技术的实现需要主控芯片作为载体，如图 9-5 模块控制架构所示，以 AC/DC 充电模块为例，充电模块一般采用双主控芯片的架构，即图中的 DSC1 和 DSC2。作为功率模块大脑中枢的主控芯片选型非常重要，可选的控制芯片有带有 PWM 模块的单片机、带有 PWM 模块的数字信号控制器、现场可编辑逻辑阵列以及上述芯片的组合等。业内通常选用专为控制及数字运算设计的数字信号控制芯片作为主控芯片，相较于单片机，其总线结构、指令周期、数据处理能力性能更优，实时性更好。现场可编辑逻辑阵列因成本相对于数字控制芯片、单片机等更高，一般不在充电模块中使用。

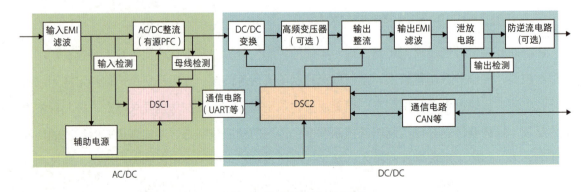

图9-5 模块控制架构示意

三、关键器件应用技术

众所周知，几乎所有电源产品中均会用到功率半导体和磁性元件。特别是在充电模块中，功率半导体和磁性元件的成本占总成本的40%以上，且随着产品防护技术的不断升级，针对二者的最优化设计和应用将决定产品的性能和可靠性。

1.功率半导体应用技术

充电模块多由前级AC/DC电路和后级DC/DC电路组成，功率半导体器件在这两级电路中应用广泛。主要应用的器件包括绝缘栅双极晶体管（IGBT，Insulated Gate Bipolar Transistor）、超结金氧半场效晶体管（MOSFET，Metal-Oxide-Semiconductor Field-Effect Transistor）、碳化硅（SiC）MOSFET、快恢复二极管、整流二极管和碳化硅二极管等。

前级AC/DC电路中如果追求成本，多采用IGBT和快恢复硅二极管；如果追求效率，多采用超结MOSFET和碳化硅二极管的方案。此外，如果选用三相六开关的拓扑，则主要采用SiC MOSFET。

后级DC/DC电路中原边侧多采用超结MOSFET和SiC MOSFET，副边侧采用快恢复硅二极管，DC端口采用整流二极管实现输出反堵功能。

随着国内碳化硅产业的发展，第三代功率半导体器件质量和成本已取得明显改善，因此采用第三代功率半导体器件将成为主流方向。

2.磁性元件应用技术

根据磁性元件在功率高效变换器中实现的功能和成本占比来看，主要有共模电感、PFC功率电感、谐振电感、谐振变压器四种。

共模电感是一种利用磁性材料特定的绕制方式，滤除电路中共模和差模噪声的器件，是构成功率高效变化器EMC电路的组成部分；磁芯多选用锰锌铁氧体和纳米非晶材质。

PFC功率电感是实现功率因数校正功能的核心器件，在电路中起升压和滤波的作用，其特性取决于磁芯和线包的绕制工艺。PFC电感磁芯多选用粉芯类材质，该材质磁芯具有均匀分布式气隙、高饱和磁通密度和良好的温度特性，能满足高频应用中低损耗的需求，并具有出色的直流偏置特征。线包绕制工艺有铜箔卷绕、漆包线绕制和扁平线立绕等。目前扁平线立绕方案最为常用，该工艺具有散热效果好、自动化程度高、高频特性优等特点，图9-6所示为扁平立绕工艺电感和全自动化生产工艺电感。

LLC电路的磁性元件主要包括谐振电感和谐振变压器，它们和谐振电容一起工作，可实现高效的能量传递和原副边的高频隔离。LLC磁性元件多采用高频软磁铁氧体磁芯。由于LLC磁性元件的感值参数要求在整个频率、电流范围内保持不变，故铁氧体磁芯无直流偏置的特点刚好满足 LLC 拓扑的需求。工作在高频开关状态下的 LLC 电路，由于磁性元件的高频损耗会限制磁通密度的摆幅，工作磁通密度远小于饱和磁通密度，因此其磁通密度低的缺点显得并不重要。

（a）扁平立绕工艺电感　　　（b）全自动化生产工艺电感

图9-6　PFC功率电感绕制工艺示意图

作为主电路中的谐振电感和谐振变压器，线包的绕制和放置方式需要充分考虑到磁性元件的散热而预留独立风道，以一定程度上减小线包的温度。

磁集成设计方案作为磁性元件新的研究方向，应用在功率变换电路中，既可减小磁性元件的磁芯体积，也可解决分立磁性元件占板空间较大的问题。LLC 电路中的谐振电感和谐振变压器，既可采用共轭磁芯（同磁芯同绕制）的方式，也可利用变压器漏感来充当谐振电感的方式（即一个变压器等效为一个变压器和一个谐振电感）。PFC 三相功率电感可采用共轭磁芯（同磁芯同绕制）的方式来实现。

四、模块高防护技术

充电设备运营的基础在于设备的可靠运行，全生命周期内的正常运转需要充电模块的高效、稳定和安全运行保障。如果不进行专门的考虑，充电模块很可能成为故障高发部件，并成为影响充电站运行的主要因素之一，将这直接影响到充电运营商盈利水平和用户的使用体验。

充电模块故障率高发的原因何在？市场上主流的充电模块产品为直通强制风冷模块。传统风冷模块空气由前面板吸入，尾部排出，从而带走散热器及发热器件的热量；但是充电设备多处于室外环境，如果缺少有效的防护，空气中夹杂的灰尘、盐雾及水汽，就会被吸附在模块内部器件表面，导致系统绝缘变差、散热变差、充电效率低、设备寿命减少；遇到雨季或潮湿环境，积尘吸水后会发霉、腐蚀器件，进而会产生短路等问题，导致模块和设备故障。

风冷模块对于印制电路板和器件的保护常采用三防漆喷涂方案。三防漆是一种涂层材料，可以在产品表面形成一层具有防水、防尘功能的保护层。三防漆的保护机制是通过对产品表面进行覆盖，让表面完全不受外界的环境影响，从而起到保护作用。但是传统三防喷涂工艺受限于设备喷头的问题，无法将三防喷到插件器件根部及其他一些受限于物理空间的地方，无法在元器件焊腿尖端、元器件棱角位置形成有效的防护层；虽然可以采用人工补喷等补救措施，但是无法做到百分百防护；而且三防漆防护耐候性较差，遇到长时间潮湿或者水汽及凝露会局部剥落，导致防护功能失效。

在风冷方案不变的前提下，行业内一直在寻求比常规三防漆防护更好的解决方案。例如，特来电通过技术升级，于2019年正式推出行业首创的全灌胶工艺技术模块，有效提升了模块产品的稳定性和可靠性，降低了故障率。

灌胶工艺采用高度绝缘的双组份胶代替传统的三防漆，完全将印刷电路板和其他介质隔绝，形成完整的防护层；能有效避免湿气、灰尘等污染物附着在印制板及器件管脚，避免电源内电压通过介质引起的电弧放电，特别是在高湿、高盐、高海拔及灰尘污染颗粒重灾区效果明显。灌胶工艺还具有抗老化能力强、耐候性好、抗冷热冲击能力强等优点。

在有效汲取灌胶产品优点的基础上，还可同时采用高防护风机。例如，特来电推动风扇厂家将三防和镀膜工艺升级为灌胶工艺，防护等级升至IP68，可将风机故障率由200PPM❶降至20PPM以下，显著降低风机故障率。

五、电磁兼容与抑制

功率变换模块作为高频工作部件，是充电系统中主要的电磁噪声源。电磁兼容处理的水平，决定了充电系统是否能够在不同的自然电磁环境中稳定可靠充电。

电磁兼容即EMC（Electromagnetic Compatibility），其定义是各种用电设备在有限的时间、空间和频谱资源条件下可以共存，并不引起性能等级的下降。EMC包括电磁骚扰和电磁抗扰度两个方面。

电磁骚扰即EMI（Electromagnetic Interference），其定义是处在一定环境中的设备或系统，在正常运行时，不应产生超过相应标准要求的电磁能量。

电磁抗扰度即EMS（Electromagnetic Susceptibility），其定义是处在一定环境中的设备或系统，在正常运行时，设备或系统能承受相应标准规定范围内的电磁能量干扰。

功率变换模块EMC指标相关的主要标准是国家标准《电动汽车传导充电系统　第2部分：非车载传导供电设备电磁兼容要求》（GB/T 18487.2—2017），标准根据应用场景、输入输出电

---

❶ PPM，百万分率。

压制式、功率大小和端口线缆长度三个维度共同确定了功率变化模块的 EMI 发射限值和 EMS 要求，如表 9-1 所示，其中性能判据 B 相较于判据 A 允许次要功能在试验中降级、在试验后恢复到初始状态。

表9-1 EMI发射限值和EMS要求

项目名称	等级指标	性能判据
传导骚扰	交流输入端口：Class A 直流输出端口：GB/T 18487.2—2017 表 9	N/A
辐射骚扰	外壳端口：Class A	N/A
低频磁场	详见 GB/T 18487.2—2017 表 11	N/A
谐波电流	详见 GB/T 17625.8—2015	N/A
电压波动与闪烁	详见 GB/T 17625.7—2013	N/A
静电放电抗扰度	等级 3：空气放电：±8 千伏 接触放电：±6 千伏	B
射频电磁场辐射抗扰度	等级 3：10 伏 / 米	A
电快速瞬变脉冲群抗扰度	等级 4： 交流输入端口：±4 千伏，5/100 千赫 直流输出端口：±4 千伏，5/100 千赫	B
浪涌抗扰度	等级 4： 交流输入端口：共模，±4 千伏 差模，±2 千伏	B
射频场感应的传导骚扰抗扰度	等级 3：所有端口：10 伏	A
工频磁场抗扰度	等级 5：100 安 / 米	A
电压暂降和短时中断抗扰度	详见 GB/T 18487.2—2017 表 3	B/C

为了保证功率变换模块满足标准的要求，电磁兼容中对电磁骚扰的抑制技术不可或缺，抑制技术通常包含屏蔽、滤波和接地三个方向。

屏蔽是对两个空间区域之间进行金属的隔离，以控制电场、磁场和电磁波由一个区域向另一个区域的感应和辐射。屏蔽通过涡流效应、能量反射和场能抵消三种方式对电磁噪声进行损耗或者抑制。在大部分产品应用中，能量反射的方式起主导作用。

滤波常用的器件有电阻、电容、电感、铁氧体磁环、磁珠和滤波器。其中滤波器是至少由电感和电容组合而成的一种二端口网络，它具有选频特性，既可以让某些噪声频率顺利通过，又对其他频率加以阻拦。电磁噪声按照性质可划分为共模噪声和差模噪声，共模噪声为任何载流导体与大地之间的噪声，差模噪声为任何两个载流导体之间的噪声，滤波器需要根据共模噪声和差模噪声的幅度和频谱特性进行详细设计。

接地的主要作用有三：一是接地可以使整个电路系统中的所有单元电路都有一个公共的参考零电位，保证电路系统稳定工作；二是接地可以为共模电磁干扰能量提供泄放通道，同时与屏蔽相互配合，达到良好的屏蔽效果；三是接地可以保证设备和人员的安全。

一款电磁兼容性能合格的功率变换模块往往同时应用到以上三种抑制技术，即完整的电磁屏蔽结构设计、充足的端口滤波和低阻连续的接地路径。

需要注意的是，功率变换模块在充电系统中工作时的环境温度非常高，应考虑高温对产品EMC性能的影响，同步设计开发高温环境下产品 EMC 性能的测试技术。

第三节　充电控制系统关键技术

一、充电控制系统拓扑形式

充电控制系统作为充电设备内部及与车辆之间监视和控制等信息交互的纽带，充电控制系统拓扑形式的合理性设计很大程度上决定了充电系统是否可靠和稳定，是充电控制系统设计的基础。主流充电控制系统拓扑形式根据群充系统、一体化系统、轮充系统等不同场景分别设计。

1. 群充系统拓扑形式

群充系统拓扑的核心是能实现功率高效变换模块的矩阵式调度，如图 9-7 所示。

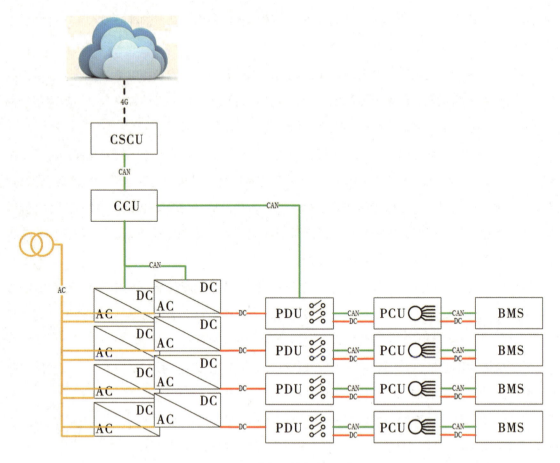

图9-7 群充系统拓扑形式

群充系统的功率回路上主要包含功率模块、功率分配单元（PDU）、终端控制单元（PCU），其中PDU是和控制相关的核心组件。PDU的功率回路一端连接功率高效变换模块，另一端连接PCU再到充电枪头，同时受充电控制单元（CCU）管控。

PCU主要负责与车辆充电系统的交互和充电操作的人机交互，PCU通过PDU的通信链路中转实现与CCU的交互并和CCU、PDU协同实现完整的充电过程，并上传电池管理系统（BMS）充电交互数据信息。

通信链路上主要包括充电系统控制器（CSCU）、CCU、功率模块、PDU、PCU等。CSCU对上与云平台进行通信，对下通过控制器局域网（CAN，Controller Area Network）与一个或多个CCU进行通信，单个CCU又分别与功率堆中的功率模块和PDU进行通信，实时检测模块和PDU的状态并根据运行策略进行控制。

2. 一体化系统拓扑形式

一体化系统的典型拓扑形式如图 9-8 所示，功率分配功能由一系列接触器完成。

通信链路上，依旧是由 CSCU 通过网络和云平台交互，通过 CAN 与 CCU 实现交互，CCU 与 BMS 建立通信后，控制接触器进行功率输出。

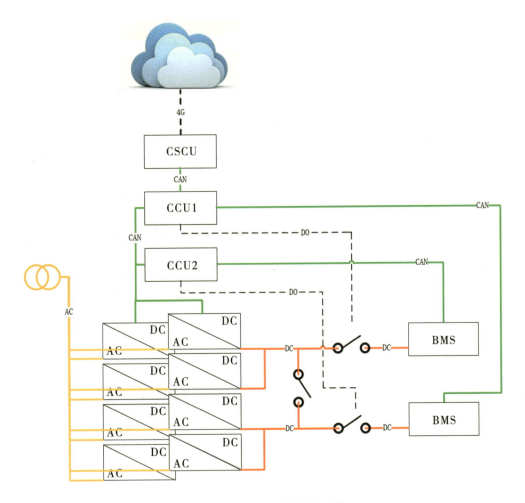

图9-8 一体化系统拓扑形式

3. 轮充系统拓扑形式

轮充系统是特来电首次提出和设计的架构。如图 9-9 所示，此类型充电产品是由一个功率高效变换模块输入，多路充电枪输出实现的。功率复用单元（PSU）内部的复用开关电路实现一个功率变换模块轮流给多辆车进行充电，该功能依靠 PSU 轮循充电的分配调度策略来实现。通信链路上，由上向下分别为 CSCU、PSU、PCU，PSU 通过 CAN 交互控制功率模块，实现稳定的轮循充电功能。

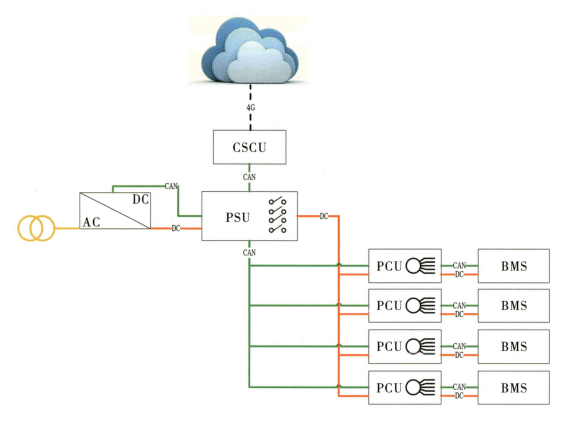

图9-9 轮充系统拓扑架构图

二、充电控制系统通信技术

通信技术在充电控制系统中的应用非常重要，直接决定了充电控制系统运行时是否高效可靠。目前，充电网中应用到的主流通信技术有 CAN 通信、串口通信、以太网通信、蓝牙通信、Wi-Fi 通信、4G/5G 无线通信等。

早期充电系统内部通信主要应用的是 CAN 通信和串口通信，随着充电网的推广和充电数据的快速增长，以太网技术得到了越来越多的应用。

鉴于 CAN 通信的稳定性、可靠性和实时性良好，充电设备各个核心组件间充电关键数据的交互一般是由 CAN 通信实现的，而其他非关键数据，若数据量较大，则由以太网技术来实现交互。串口通信技术作为系统内主干通信的补充得以应用，主要用来实现和交直流电表、刷卡器、UI 屏幕等组件的交互。除此之外，为实现云平台管理、OTA、智能运维、远程配置、负荷调度、群管群充等充电网基本功能要求，充电系统现场收集到的设备信息和充电信息上传给云平台，并接受平台的指令，这时就需要一种远程通信技术来实现，比较常用的是 4G/5G

无线通信，也可以通过有线或 Wi-Fi 接入互联网。近些年来，随着智能手机的普及，蓝牙技术作为一种成熟技术得到广泛应用，也可以用于运维工程师与充电设备之间的连接，实现充电系统调试、配置和监测等运维工作。表 9-2 列出充电系统常用通信方式特点和应用场合。

表9-2 充电系统常用通信方式特点和应用场合

通信方式	特点	应用场合
CAN 通信	数据量小、可靠性要求高	充电系统内关键组件之间
串口通信	数据交互频率低	充电系统内辅助组件之间
局域以太网通信	数据量大、可靠性要求不高	软件升级、日志上传
蓝牙通信	数据量小、短距离、无线	手机 App 控制、信息获取、配置等
广域网络通信（4G/5G、有线、Wi-Fi 等）	长距离、高带宽	远程升级、远程控制、远程监测、远程配置等

三、充电系统功率分配策略

前述群充架构中的功率分配单元（PDU）负责实现一组功率模块的容量在多个充电终端之间高效共享复用和分配。

不同的电动汽车电池容量不同、充电倍率也可能不同，充电时的功率需求差异很大，需要高效的功率分配策略。这里简要介绍特来电实际应用的两种矩阵配置形式和其中主要的功率分配策略。

1. 矩阵配置形式

（1）全矩阵调度。全矩阵调度策略是指在充电控制系统内，任一充电终端，都可调用系统内部任一功率变换模块，且功率调度的颗粒度可低至单个模块，实现了系统功率的全矩阵调度。

（2）功率级联调度。功率级联调度支持多个充电控制系统间的功率模块复用。该种形式中，通过系统功率线和信号线的跨接，使得不同充电控制系统柜中的 PDU 可以同时接入同一终端，该终端可直接调用所接入系统柜中的所有模块，实现了功率级联式调度。该调度的优势是任一终端有权限调度级联充电柜中的所有功率模块，理论上终端输出功率可实现无限扩容。

2. 调度策略

（1）均分调度。当充电系统配有多把充电枪时，所有充电枪同时开始充电，此时充电功率大概率会高于单个充电系统柜的额定功率，充电控制系统可调配同等数量的模块给所有充电枪，实现均分调度。

（2）按需分配调度。当充电系统内多把充电枪同时充电时，随着电池充电状态（SOC）的提升，BMS 需求会有所降低，此时依旧按照均分调度策略已无法实现充电系统功率输出的最大化，就需要充电控制系统通过收集到的不同 BMS 需求，动态调整单个充电枪的输出功率，实现按需分配。

（3）系统功率最大化调度。在大功率充电应用场景下，即包括多枪、充电弓、自动充电、液冷充电等场景，需要多个充电系统级联或多把充电枪同时充电，大多数情况下存在 BMS 需求功率与充电系统额定功率不能完全匹配的情况，会出现充电系统内所有模块全被调用，一部分充电枪能满足车辆需求，但所占用的模块无法满功率输出；同时由于模块有限，另一部分车辆又无法满足需求，就出现了系统功率无法最大化输出的情况。此时，调度算法在尽可能满足需求的前提下，微调不同充电枪的输出功率，以此来实现所有功率模块的输出功率最大化，进而保证充电系统的输出功率最大化。

（4）系统效率最大化调度。功率模块在不同的电压水平和不同的负荷程度下工作效率存在差异。在充电系统有充足模块的前提下，通过调整模块的投入数量，可控制功率模块的负荷百分比，以此可实现各个模块效率的最优，进而提升整个充电系统的运行效率。

（5）指定优先级调度。单个充电系统或级联式充电系统，一般都配有多把充电枪，所有充电枪同时充电时，往往充电系统额定功率无法满足。但存在有的用户要求较短时间内实现快速补电，而有的用户又不急于用车的情况，此时就可通过人机交互工具，让充电控制系统按照外部指定给需要快速补电的车辆增加功率模块投入数量，实现高优先级充电。

（6）模块寿命均衡调度。本调度策略就是在参考模块功率既往总工作时间的基础上，实现模块的均衡调度，即优先调用既往工作时间最短的模块，进而实现充电系统中模块工作时间的均衡。

（7）轮充形式中的轮循调度。针对图 9-9 所示的轮充系统，单个充电枪充电时，充电控制系统控制功率变换模块可进行连续功率输出，充满停止；多个充电枪充电时，充电控制系统控制功率变化模块轮循式地给有充电需求的充电枪充电，即每个充电枪充一段时间，停一段时间，轮循式充电，复用充电系统内的功率变换模块。多车轮循充电中，调度策略可以结合车辆出需求、SOC 水平等进一步优化分配各车辆获得的充电时间比例。

第四节　充电到充放电的转变

电动汽车作为移动储能实现双向充放电已得到越来越多的关注。在技术标准层面，《电动汽车传导充电系统　第1部分：通用要求》（GB/T 18487.1—2023）《非车载传导式充电机与电动汽车之间的数字通信协议》（GB/T 27930—2023）和《电动汽车传导充电用连接装置　第4部分：大功率直流充电接口》（GB/T 20234.4—2023）都针对双向充放电做出了适应性修改，其中，GB/T 27930—2023 的"预充与能量传输功能模块"章节中明确规定了放电功能块的数据和控制流程。

随着电动汽车动力电池特性的快速提升，电动汽车充电向双向充放电转变的外部条件也基本满足，未来充放电系统需要重点关注以下两个方面：一是能量调度系统，电动汽车什么时候充电什么时候放电，如何参与电网调度已成为未来需要集中力量去探索和落地的方向；二是充放电系统内部功率分配、功率双向调度安全、用户充放电计划和体验等功能将成为关键。充放电系统主要变化点包括：一是系统增加能量管理系统（EMS）；二是单向功率变化模块更换为双向功率变换模块；三是终端控制器实现全新的 GB/T 27930—2023 通信协议与导引电路。

未来电动汽车充放电、车网互动、以电动汽车支撑新型电力系统方面的全面应用将形成电动汽车行业新的爆发式增长点。

第十章

充电网工业互联网数字化平台关键技术

工业互联网作为近年来技术革新的前沿，正以物联网、云计算、大数据、人工智能等关键技术为驱动力，深度整合传统工业与现代信息技术。充电网广泛、深度互联人、车、电池及电力能源系统，将是工业互联网最大应用场景之一。数字化平台是充电网工业互联网的关键支撑。

第一节　工业互联网数字化的典型应用场景和技术挑战

一、工业互联网数字化的典型应用场景

在工业互联网的数字化进程中，众多行业正在经历一场深刻的技术革新和数字化升级。这场变革通过设备互联、数据深度分析和流程精细优化来转型，旨在提高企业运营效率和增强最终用户体验。典型的应用场景如下。

（1）智能制造场景，其中自动化和智能化的生产流水线致力于最大化生产效率，减少由设备故障引起的停机时间，并通过集成的质量控制系统提升产品的质量标准。

（2）供应链管理场景，通过运用尖端数据分析工具，实现对供应链的全面透明化，从而在库存管理和物流运输方面实现最优化。

（3）智能运维场景，在能源、采矿和公共设施管理等领域，采用先进的远程监控系统，实现设备故障的预测和实时监测，这有助于降低维护成本并提升设备的整体运行效率。

（4）电动汽车充电网场景，该网络连接亿级智能充电设备、电动汽车及其用户，实现全天候不间断的充电服务。数字化技术彻底改造了充电基础设施的管理模式，显著提升了运营效率。

二、工业互联网数字化的技术挑战

在现代工业发展的数字化浪潮中，工业互联网的数字化转型已经成为推动产业进步的关键驱动力。这一转型不只是一种趋势，而是集成了众多尖端技术的综合体，涉及一系列复杂且深

远的技术挑战。这些挑战覆盖了兼容性、可靠性、实时性、安全性和智能化等众多领域，旨在实现工业生产的高效率、智能化和可持续性。

（1）兼容性挑战。面对亿级工业智能设备接入的需求，工业互联网平台必须展现出卓越的兼容性和适配性，以适应多样化的设备和接口。同时，平台需要具备快速接入能力，确保设备能迅速集成入智能生产网络中。

（2）可靠性挑战。在高并发和高可用性方面，以电动汽车充电网为例，预计特来电的充电网络至 2028 年需要支持日均 1 亿次充电活动及 1000 万笔充电订单。在这种规模下，确保服务水平协议（SLA，Service Level Agreement）至少达到 99.99%，对系统的稳定性和响应能力提出了极高的标准。

（3）实时性挑战。实时数据处理的挑战在于高效地收集和处理海量用户行为数据、工业数据和能源数据。这不仅需要极高的计算能力，还依赖于先进的数据处理算法，以保证数据能即时转化为有价值的信息和洞见。

（4）安全性挑战。数据与信息安全方面，必须在云服务、边缘计算以及特定行业（例如充电行业）中实施全面的安全防护措施，建立起多层次的防御体系，确保整个充电网络的信息安全得到坚固的保护。

（5）智能化挑战。高效智能化则依赖于人工智能技术和先进算法，以优化工业互联网的运营决策支持和工作流程。智能化手段能够提升运行效率，减少成本，并增强用户体验。

（6）迭代速度挑战。应用快速开发迭代方面，考虑到工业互联网业务场景的多样性和用户定制化需求的增长，敏捷的市场响应和支持创新应用的快速定制开发成了关键能力。开发团队需能够迅速构建和迭代新服务，以适应不断变化的市场和用户需求。

鉴于此，构建一个功能强大且可靠的工业互联网数字化平台显得尤为关键，充电网的数字化平台亦是如此。

第二节　充电网工业互联网数字化平台的架构规划与设计原则

充电网工业互联网是一个实时交互的超大规模物联网平台，还同时集成了人工智能（AI）、大数据以及云计算等前沿技术。如图 10-1 所示，整个工业互联网数字化平台面向设备侧提供了一个智能设备中台，实时接入千万级智能设备。在架构上，采用多云混部、多地多活的容灾架构，以保证整个工业互联网的并发能力和高可用性。基于云原生技术中台、大数据中台、公共业务中台和低代码平台，构建工业互联网创新应用和服务。

图10-1 工业互联网数字化平台

一、充电型工业互联网数字化平台的架构规划

规划工业互联网数字化平台的架构，需要优先设计各类工业化设备的接入和管理。工业互联网的基石是物联网智能设备平台，它结合了人工智能与物联网（IoT）的技术。通过在各个设备上安装传感器和 AI 芯片，数据可以实时收集并传输至中央处理平台，从而实现设备的智能管理和优化运行。

考虑到充电网的规模和复杂性，采用分布式架构是必然选择。采用分布式微服务架构，能够将大型应用分解为独立且松耦合的微服务，每个服务都围绕业务能力构建，可以独立开发、部署和扩展。微服务架构使得工业互联网能够灵活地处理新的业务需求，并快速适应市场变化，同时具备横向扩展能力，以支持超大的系统负载。

分布式架构的引入会同时带来系统稳定性挑战，需要采用成熟的高可用性技术和多云混合部署技术。高可用性技术主要包含容错降级、故障转移、失败重试、弹性伸缩等常见实现方案。多云混合部署技术可以大大提高云服务的灵活性，使应用能够在不同的云环境中无缝迁移和扩展，同时降低云服务大规模宕机带来的影响。

工业互联网产生海量的工业级大数据，在架构设计时必须考虑大数据的采集、计算和分析。通过收集和处理来自智能设备、用户交互、能源供应商和环境传感器的海量数据，平台能够分析用户行为模式、能源消耗趋势以及设备性能状况。这些数据经过精细的分析后，可以转化为智能决策支持。此外，数据分析还能帮助平台运营商识别潜在的市场机会和运营效率提升点，如通过用户反馈数据优化服务流程。Hadoop 和 Spark 等大数据技术的应用为处理这些复杂的数据集提供了必要的计算和存储能力，确保了分析的实时性和准确性。

人工智能在工业互联网数据化平台的架构设计中扮演着关键角色。AI 的应用不仅限于优化整个设备交互过程，还在提升用户体验、设备预测维护和能源管理等方面发挥作用。例如，通过机器学习算法，平台能够根据历史数据预测个别设备的故障，从而实现预测性维护，减少意外停机时间并延长设备寿命。同时，AI 技术可以用于个性化服务，如根据用户历史操作行为和偏好，智能推荐最佳的使用时段和地点。AI 还能够分析用户充电习惯，为运营商提供定制化的营销策略和优化用户体验的建议。

另外，工业互联网数字化平台在架构设计时，需要考虑业务快速创新的能力需求。可以引入一个数字化应用开发平台，通过拖拽的方式快速完成应用的快速开发，产品经理、需求分析师等非技术人员也能参与到应用构建中，这种方式可以显著缩短开发周期，降低研发成本，并加速创新。

二、工业互联网数字化平台的设计原则

工业互联网数字化平台的构建是一个复杂的系统工程，它要求我们在设计时考虑到众多因素，明确设计原则。

架构设计原则方面，首先建议采用模块化与松耦合的理念，引用软件工程的经典原则——"关注点分离"，将平台分解为模块化的组件。每个微服务都是独立的模块，负责特定的功能。这种松耦合不仅提高了系统的可维护性和可扩展性，而且允许团队并行工作，提升产品开发交付效率。

其次，采用弹性/反应式设计，遵循反应式系统的原则，如软件业内维护和广泛接受的《反应式宣言》（Reactive Manifesto）所述，平台应该是反应性的、弹性的、消息驱动和可伸缩的。反应式设计确保系统在面对高负载或失败时，仍然能够保持高性能和快速响应用户的需求。

在分布式系统中，数据一致性是一个挑战，可遵循 CAP 定理［即一致性（Consistency）、可用性（Availability）和分区容错性（Partition tolerance）在分布式系统中不可能同时满足］，在一致性、可用性和分区容错性之间做出权衡。

为了提高用户体验，平台应具备良好的用户界面和操作流程。通过提供详细的操作指南和培训，使用户更容易掌握平台的操作和使用。

工业互联网数字化平台需要充分考虑数据安全和隐私保护。通过实施严格的网络安全策

略，加密技术，以及身份验证和访问控制机制，确保数据的安全传输和存储。此外，应对潜在的攻击和威胁，建立完善的安全防护和安全态势感知体系，实时监控和预警，确保系统的安全稳定运行。

综上所述，工业互联网的数字化平台需要在架构设计方面，充分考虑各方面的因素。通过创新的技术手段，实现充电过程的智能化、高效化和安全化，为用户提供优质的服务。

第三节　充电网工业互联网数字化平台的关键技术

在上一节中，我们讨论了工业互联网数字化平台的架构规划与设计原则。本节将延续这一主题，进一步详细探讨工业互联网数字化平台的关键技术。

一、人工智能物联网（AIoT）设备智能平台技术

在工业互联网的构建中，海量智能设备的快速接入、高效稳定运行以及智能化的运维管理，要求我们构筑一个更为先进的设备智能平台。本节将详细探讨如何利用 IoT 技术，打造一个集成化、可规模化扩展、系统化，并具备优秀架构设计的工业互联网 AIoT 设备智能平台，如图 10-2 所示。

图10-2 AIoT设备智能平台

AIoT 设备智能平台具备高效的设备适配接入能力，能够灵活支持多种智能设备的快速接入。平台支持 MQTT、TCP、UDP 等主流的通信协议，以及数据格式和接口规范，如 JSON、XML 等，以便于在不同设备之间进行数据的传输和交换。同时，全面的设备管理功能，包括设备的注册、认证、授权、通信、监控、远程升级和固件更新等，实现了设备的全生命周期管理。

安全性方面，AIoT 设备智能平台采取多层次的安全防护措施，确保设备和数据的安全，包括加密传输、权限控制、数据备份与恢复、入侵检测等。通过这些措施，平台可以有效抵御各种安全威胁，保护用户的数据和隐私。

高可用性方面，通过采用分布式无状态服务架构和多地多活技术架构，可以确保即便单个节点发生故障，不会影响整个系统的稳定运行。

AIoT 设备智能平台充分利用大数据与人工智能技术。处理海量数据，提供智能决策支持，实现工业互联网的智能化运维和服务优化。例如：通过对充电设备的使用模式、性能日志和故障历史进行分析，人工智能算法可以预测设备可能出现的问题并提前进行维护，系统可以自动检测并诊断是硬件故障还是软件配置问题，并指导维护人员快速解决。

综上所述，一个优秀的 AIoT 设备智能化平台应具备多样化的接入协议、强大的设备管理功能、丰富的应用服务、高安全性和高可用性等特点。通过这些特点，AIoT 设备智能化平台可以更好地推动工业互联网的大规模应用，实现智能化、数字化转型。

二、分布式、高并发和高可用技术

工业互联网数字化平台采用分布式、微服务、云原生、多地多活等设计理念和技术，满足了工业互联网高并发、高可用、弹性伸缩、快速迭代等关键技术要求。

图 10-3 展示了分布式、微服务、云原生和多地多活等关键技术的技术架构，在流量接入层支持数据中心级的流量智能调度，每个数据中心有多个服务单元，每个服务单元承载了不同的业务，每个服务单元内单独部署服务网关、微服务、中间件和数据库，实现业务隔离的同时，全面提升业务的并发能力和吞吐能力。同时分布式弹性伸缩管理，支撑数据中心、服务单元级的横向弹性部署，通过多地多活的多云混合部署技术，实现多数据中心级的高可用。

服务单元化、微服务、分布式中间件、数据库分片拆分等关键技术的应用，全面提升了系统的并发能力、吞吐能力和性能，可以支撑工业互联网亿级设备的实时通信和交互。

流量调度、多地多活、多云混合部署等技术的应用，实现了多云数据中心级的高可用，降低单个云服务厂商、单数据中心宕机带来的不可用问题。通过流量调度技术，在数据中心级故障时，实现将流量快速转移到可用的数据中心。

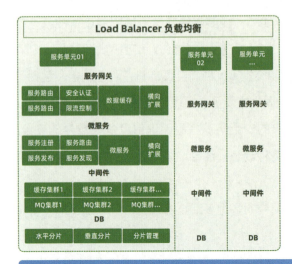
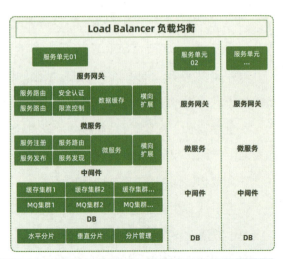

图10-3 分布式、微服务、高并发、高可用技术架构

容错降级、失败重试、故障转移、双通道模式、定时补偿等技术的应用，实现功能模块级的高可用性。

以上整个技术架构满足了工业互联网高并发、高可用、弹性伸缩、快速迭代等关键技术要求。

三、工业大数据和人工智能技术

工业互联网产生的数据具有海量、高速、多样化的特点，这些数据对于企业的运营决策、产品优化、故障预测等方面都具有极高的价值。然而，传统数据处理方式在面对如此大规模和复杂的数据时，往往面临存储成本高、集群管理复杂、计算任务多样性等巨大挑战。因此，工业大数据的采集、分析和处理成为工业互联网数字化平台的关键技术之一。为了解决这些问题，工业互联网数字化平台采用了先进的大数据技术和人工智能技术。

具体来说，工业大数据的分析处理包括数据清洗、数据整合、数据挖掘和数据可视化等步骤。数据清洗旨在消除数据中的噪声和异常值，提高数据质量；数据整合则将不同来源的数据进行融合，形成统一的数据视图；数据挖掘则通过算法和模型对数据进行深度分析，发现数据中的规律和趋势；数据可视化则将分析结果以直观的方式呈现给用户，帮助用户更好地理解和应用数据。

在人工智能技术方面，工业互联网数字化平台通过引入机器学习、深度学习、大模型等先进技术，实现了对工业数据的智能分析和预测。关于人工智能技术的详细内容，将在第十一章中进行详细阐述。

四、平台智能监控运维技术

基于 AI 的智能监控运维体系采用多种监控分析控制手段，实现对工业互联网的全方位、立体化、360 度无死角监控和运维保障。

如图 10-4 所示。智能监控提供主动监控和被动监控功能，实时收集指标数据、链路数据、日志数据。通过流计算进行实时分析，将聚合存储到时序数据库中，实现监控的可视化。智能分析支持预警分析、异常检测、异常聚类、日志检测、变更评估、根因分析等功能。通过流计算技术实时分析异常数据、日志数据，通过机器学习技术，结合多种机器学习算法进行实时异常检测及变更评估，能够及时发现业务运行的健康状况。智能运维提供自动运维、看板运维、手动运维、本地运维、变更中控、ChatOps 等功能。通过自动化手段及严格的管控能力，实现特定场景事前、事中、事后的故障发现、定位、诊断分析、自动处置等闭环管理，能够有效降低系统故障时间，实现分钟级快速定位故障原因和恢复时间目标（RTO，Recovery Time Objective）小于 10 分钟，全面支撑工业互联网数字化平台的智能化运维和稳定性保障。

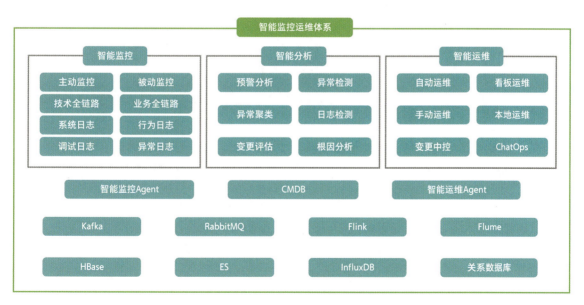

图10-4 智能监控运维体系

五、工业互联网数字化应用低代码开发技术

低代码开发技术作为工业互联网数字化应用的重要支撑，通过提供可视化的开发环境、预

置的组件和模板，以及强大的后端逻辑处理能力，使得开发者无需编写大量的代码，即可快速构建出功能强大的数字化应用，这大大提高了工业互联网应用的开发交付效率。

随着工业互联网的快速发展，数字化应用快速迭代的需求日益旺盛，而低代码开发技术则成为满足这一需求的有力工具。首先，低代码开发技术通过预置的组件和模板，开发者可以快速搭建出应用的界面和逻辑，无需从零开始编写代码；其次，低代码开发技术可以降低开发门槛，使更多的业务人员可以参与到应用的开发中来。通过简单的拖拽和配置，业务人员可以快速构建出符合自己业务需求的数字化应用。

六、泛人机交互技术

工业互联网数字化泛人机交互技术，是指通过多种交互方式，实现人与工业互联网系统之间的自然、高效、智能的交互。这种技术能够极大地提升用户体验，提高工作效率，推动工业互联网的普及和应用。

工业互联网数字化泛人机交互技术中，使用自然语言处理（NLP）和语音识别技术，用户可以通过语音或文字与系统进行交互，使得交互更加便捷和自然，并可基于工作中心的用户交互模式，实现一个端到端业务流程的闭环操作。用户在工作中心可以一目了然地查看当前系统的关键指标数据，查看各类待办任务，发起各类业务操作。同时，工作中心还提供了丰富的可视化图表和报表，帮助用户更直观地了解系统的运行情况和业务数据。此外，工作中心还支持多种终端设备的接入，包括 PC、手机、平板等，使得用户可以随时随地进行交互操作。

七、信息安全保障技术

在云端服务安全防护方面，工业互联网数字化平台通过 WAF 防火墙和 IDC 安全管理系统，具备识别并拦截包括分布式响应攻击（DDoS）、数据库（SQL）注入、跨站攻击（XSS）、扫描器攻击、黑客工具攻击、文件注入等多种攻击的能力。充电网能够识别针对 IDC 的密码破解、病毒木马入侵、提权入侵等攻击，规范内部操作，有效防止跨权操作、违规操作、匿痕访问等安全风险，快速判断风险级别并作出响应。

平台能够识别并阻断通过手机 App 破解、WebAPI 接口爬取等手段非法爬取数据的行为，通过内部业务系统的安全自加固，采用全链路跟踪的方式对访问进行可视化跟踪并具备阻断的能力。同时，WAF 防火墙对 HTTP/HTTPS 协议发送的 Web 请求进行全量过滤，能够识别并阻断 Web 攻击、CC（Challenge Collapsar）攻击、数据库注入等恶意访问，全方位保障工业互联网的信息安全。

第四节　面向充电网的工业互联网数字化创新应用案例解析

电动汽车充电网是一个典型的工业互联网应用场景，充电网的数字化平台在工业互联网数字化领域，做了大量的创新应用案例。如图10-5所示，整个充电网面向设备侧提供了一个智能设备中台，实时接入千万级智能充电设备。在架构上，充电网采用多云混部、多地多活的容灾架构，以保证整个充电网的并发能力和高可用性。基于云原生技术中台、大数据中台、公共业务中台和低代码平台，充电网构建了安全充电云、生态运营云、支付结算云、智能运维云、能量云、互联互通云等工业互联网创新应用和SaaS服务。

图10-5　电动汽车充电网的数字化平台

以下结合特来电的实践，介绍和分析这些创新应用案例。

1. 设备智能运维与故障诊断

电动汽车充电网的数字化平台不仅关注充电效率和用户体验，更重视设备的持续稳定运行。因此，设备智能运维与故障诊断成为平台创新应用的重要组成部分。通过AIoT设备智能平台和大数据分析，充电站可以实时监控充电设备的工作状态，收集各种运行参数和性能数据。这些数据经过处理后，可以通过AI机器学习算法构建预测模型，预测设备可能出现的故障。当异常情况发生时，平台能够迅速发出警报，并自动或半自动地启动故障诊断流程，快速定位问题原因，提供针对性的解决方案。智能运维系统还可以根据设备的运行历史和使用情况，进行预防性维护。通过预防性维护，可以在设备出现故障前进行维护，避免设备停机带来的损失。同时，智能运维系统还可以优化设备的运行参数，提高设备的运行效率，延长设备的使用寿命。此外，通过与其他系统的集成，如能源管理系统、智能调度系统等，智能运维系统可以实现更高级别的设备管理和优化。

2. 充电网智慧运营

充电网的智慧运营主要是基于对用户、行业的数据分析，结合充电网近十年的运营经验实践以及人工智能技术，实现从充电设备接入、充电站建设到充电站运营，以及支付结算和设备智能运维，最终实现整个充电网的智慧运营。

首先，智慧运营的核心在于数据驱动决策。通过收集和分析用户充电行为、设备运行状态、充电站流量等多维度数据，平台能够洞察用户需求，优化资源配置，提升运营效率。其次，智慧运营还体现在充电站的智能化管理上。通过 AIoT 设备智能平台，平台可以实时监控充电站内的设备状态，预测设备故障并进行自动修复。这不仅降低了维护成本，还提高了充电站的可靠性和稳定性。同时，平台还可以根据充电站的历史运营数据和预测模型，智能调整充电站的运营策略，如调整充电价格、优化充电站布局等，以最大化充电站的收益。

3. 充电智能调度与优化

通过分析历史充电数据、用户行为数据以及电网负荷数据，利用机器学习和人工智能技术，对充电需求进行预测，并进行智能调度。这可以实现对充电资源的优化配置，提高充电效率，降低电网负荷，为用户提供更加稳定、高效的充电服务。基于充电设备的实时数据和预测故障，研究智能调度和优化策略，以提高充电系统的利用率、降低运营成本和优化用户体验。

4. 电池充电安全与隐私保护

电池充电安全与隐私保护在电动汽车充电网数字化平台中具有至关重要的地位，首先，电池充电安全是电动汽车充电网数字化平台运行的基础。在充电过程中，涉及电流、电压失常，温度失控等高风险因素，一旦出现故障或安全隐患，后果不堪设想。因此，平台需要采用先进的安全技术和管理措施，确保充电过程的安全可靠。例如，可以通过智能监控系统实时监测充电系统的运行状态，及时发现异常情况并进行处理；同时，还可以采用多重安全防护措施，如过流保护、过压保护、漏电保护等，确保充电过程的安全性。其次，隐私保护是电动汽车充电网数字化平台可持续发展的重要保障。在平台运营过程中，涉及用户个人信息、充电记录等敏感数据的收集和处理。如果这些数据泄露或被滥用，将对用户的隐私权益造成严重侵害。因此，平台需要采取严格的隐私保护措施，确保用户数据的安全性和隐私性。同时，还需要建立完善的数据管理制度和隐私政策，明确用户数据的收集、使用、存储和共享等方面的规定，保障用户的合法权益。

5. 充电网行业大模型的应用创新

电动汽车充电网的数字化平台在充电网行业大模型的应用创新方面，也展现出了巨大的潜力和价值。例如充电过程电池安全防护、充电需求预测与智能调度、充电站规划与优化布局、充电站运营等应用场景。详细内容将在第十一章中阐述。

电动汽车充电网是工业互联网领域中的一个重要应用场景。其数字化平台在工业互联网数字化领域中，积极推动了众多创新应用案例的实施。通过对这些案例的深入研究与分析，我们可以清晰地洞察到充电网在工业互联网领域的广阔发展前景。

第十一章

基于充电网海量数据的AI大模型关键技术

基于深度学习的人工智能技术在过去十年中发生了研究范式的重要转变——从依赖标注数据的监督学习转向大规模无标注数据预训练的大模型策略。AI大模型已被视为未来人工智能应用的基础设施，犹如PC时代的操作系统，赋能百业，向上带动上游软硬件计算平台的革新，向下打造"AI大模型+应用场景"的下游应用生态，对经济、社会和安全等领域的智能化升级形成关键支撑。AI大模型+充电网可以实现充电场站的无人化值守、充电设备的预测性维护、充电车辆的安全防护、充电客户的个性化推荐等应用，能显著提升充电网智能化水平，优化客户的充电体验。

第一节 概述

AI大模型技术的发展驱动着人工智能迈入了一个新的发展阶段。人工智能本身是一个宽泛的概念，包括所有旨在模拟人类智能的理论体系、实践方法和技术应用。"人工智能"的概念最早是在1956年美国达特茅斯学院举行的第一次人工智能研讨会上由麦卡锡首次提出，被认为是人工智能诞生的标志；人工智能的发展史是一部充满挑战与创新的历程，主要经历了如下五个阶段。

（1）起步期（20世纪60年代）。人工智能开始从理论走向实践，尝试使用自然语言处理技术来让计算机理解人类语言，标志性的成果包括：自然语言处理、专家系统、感知机与神经网络；其中由于感知机在处理非线性问题时存在局限，导致神经网络研究陷入低谷。

（2）低谷期（20世纪70、80年代）。计算机硬件性能的限制、数据不足以及算法的局限性，使得人工智能在很多领域的研究进展缓慢。许多研究项目无法取得预期的成果，导致资金和人才的流失。这一时期被称为"人工智能的寒冬"。

（3）复苏期（20世纪80年代至21世纪初）。随着计算机技术的进步和数据的积累，人工智能迎来了第二次春天。机器学习的概念开始流行，神经网络的研究也重新获得了关注，这个时期出现了很多经典的人工智能程序和算法。人工智能技术开始从实验室走向市场。

（4）加速期（21世纪初至2020年）。互联网的普及为人工智能研究提供了丰富的数据资源。大数据技术的发展，使得计算机可以处理和分析海量数据，为人工智能研究提供了新的机遇。深度学习技术的出现，使神经网络研究取得了突破性进展，里程碑事件包括人脸识别技术的普及应用，AlphaGo战胜人类围棋冠军等。

（5）爆发期（2020年至今）。随着计算能力的飞速提升和数据集的大规模增长，人工智能领域迎来了一个前所未有的爆发期。在这一时期，大模型的概念开始引领人工智能的发展，它们凭借庞大的参数数量和复杂的网络结构，在多个领域取得了突破性的进展。

如图11-1所示，机器学习是实现人工智能的一种方法，深度学习是机器学习的一个分支，而大模型则是深度学习领域中的一种特定类型的模型，也是深度学习发展历程中出现的一个重要突破，它充分利用深度学习的优势，在大数据支持下实现了更为强大的功能和更广泛的适用范围。

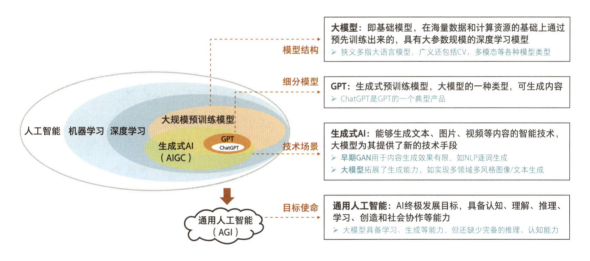

图11-1 人工智能概念

（来源：中国信通院《工业大模型技术应用与发展报告1.0》）

大模型通常是指参数规模巨大的深度学习模型，以GPT系列为代表，其训练数据来自互联网上多样化的图像资料和海量文本信息等；这类模型由于其庞大的参数量和先进的训练方法，具有强大的泛化能力和多任务处理能力，适用于各种跨领域的应用场景，包括但不限于自然语言处理、图像识别、智能决策等。

2017年Google研究团队的论文 *Attention is All You Need* 中开创性地提出了基于自注意力机制的神经网络结构——Transformer算法。该算法取代了循环神经网络（RNN）和卷积神经网络（CNN）在处理序列数据时所面临的复杂依赖挑战，奠定了大规模预训练模型架构的基础。

2022 年美国 OpenAI 实验室基于 Transformer 算法发布了搭载 GPT3.5 的 ChatGPT，凭借逼真的自然语言交互与卓越的内容创新能力，一经推出迅速引爆互联网，将深度学习推向了以大模型为主导的新时代，树立了人工智能发展历程中的一个关键里程碑。

工业大模型是指专为工业应用场景而设计或优化的大规模人工智能模型，训练数据更加垂直，来源于传感器数据、设备状态信息、生产工艺参数等；这类模型将大模型的技术理念和方法应用于制造业、能源、物流等工业领域，用来解决复杂的工业问题。工业大模型技术体系包含基础模型架构、数据集成与处理、模型训练与优化、应用服务、工具与生态等核心组成部分，使用的技术和方法包括但不限于：增强学习、边缘计算、云计算、工业物联网等。

随着电动汽车的规模化发展，充电网连接的设备、用户、数据指数级大规模增长，拥有高效、实时、安全的数字化平台是建设和发展充电网的基础，利用人工智能大模型等技术来改变由传统经验驱动决策的管理模式，以数字预测来实现科学决策是推动充电网智能化升级的核心要素之一。

第二节　充电网大模型架构及关键技术

算力、算法和数据是构建大模型的三大核心要素，分别是大模型的动力、引擎和燃料。充电网海量的多维数据为大模型的训练提供了丰富的燃料，以 GPU/TPU 为核心的高效计算芯片赋予了模型训练和推理强大的动力，以 Transformer 为代表的先进算法为大模型提供了坚实的引擎，这三者结合有效支撑并提升了充电网复杂多变应用场景下的智能化水平。充电网大规模架构如图 11-2 所示。

（1）算力层：采用容器化技术为工业大数据平台和工业 AI 平台提供可弹性伸缩的计算能力。

（2）数据层：基于工业大数据平台建立统一的数据标准和规范体系，通过数据清洗、标注等预处理为模型训练提供高质量的数据集。

（3）算法层：将算法库、开发框架、开发工具进行扩展封装后集成至可视化的 IDE 环境，提供从模型训练、评估、管理到发布部署等环节一站式的开发工具，简化开发过程。

（4）模型层：分为通用大模型与充电网大模型两类，其中通用大模型适用于自然语言处理、视频图像分析、智能决策等应用场景；充电网大模型主要应用于充电网特定的应用场景，如：电池充电安全、充电网 + 微电网 + 虚拟电厂智能调控、设备智能运维等。

图11-2 充电网大模型架构

充电网应用大模型架构涉及的关键核心技术如下。

一、充电网多元异构的海量数据集成与清洗技术

充电网的数据主要来源于充电设备及内置的小微传感器、汽车与电池，场站配套的道闸、地锁及安防摄像头，IT 系统运行时的埋点与日志、企业管理数据及从第三方获取的数据等；充电网的核心物理行为是电动汽车充放电过程，它把充电设备、车、能源、人、数据、支付交织在一起，产生了包括充放电数据、汽车工业数据、智能硬件数据、图像视觉数据、订单数据、能源交易和结算等多源异构的海量数据，需要通过具有规模化、高性能的大数据基础设施支撑，建立一套成熟的大数据技术体系来实现数据的实时高效处理。如图 11-3 所示。

充电网的数据在来源、结构、产生时间、使用场所、代码协议等方面存在巨大的差异性，通过大数据采集引擎底层封装，实现多端口、多设备、多类型的原始数据实时采集。借助大数据平台提供的分布式计算能力与算法协同实现对不同结构数据的融合及标准化处理。设计时借助统一元数据管理来配置不同存储集群下数据的分区、分桶存储策略；运行时借助后台调度与存储引擎，实现数据的热冷分层与自动迁移。一方面提升集群性能、降低数据存储成本，另一方面通过数据中台的数据标准和规范体系，梳理企业数据资产，实现数据协同变更。采用湖仓

一体（Lakehouse）的技术架构，巩固了数据的底层基础设施，为大模型开发应用提供了坚实的数据支撑。

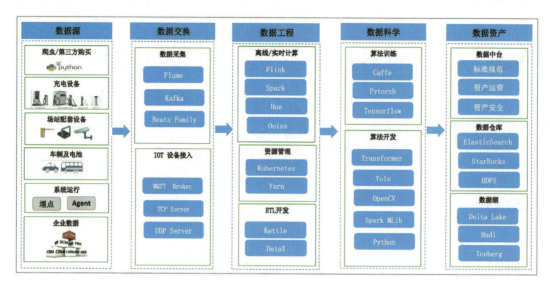

图11-3 多元异构数据处理示意

二、大模型训练、微调、部署与推理应用技术

充电网大模型主要服务于场站、客户、车辆、能源、数据、充电网平台六大核心要素的经营需求，如图11-4所示，包含以通用大模型为主导的场景化应用及特定领域如电池安全防护的专用大模型。

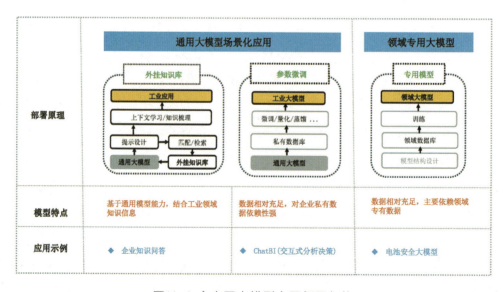

图11-4 充电网大模型应用部署架构

主要技术包含基于通用大模型的提示学习、适配微调以及大模型的开发训练与推理部署。

1. 大模型的提示学习

通用大模型具备了作为通用任务求解器的潜在能力，但这些能力在执行充电网特定任务时并不会显式地展示出来。在通用大模型输入中设计合适的指令提示通过外挂充电网面向不同主题的知识库，激发模型对充电网知识的认知能力，该技术称为模型提示技术。代表性的提示技术有指令提示和思维链提示。

指令提示（Instruction Prompt）也称为提示学习。其核心思想是避免强制大模型适应下游任务，而是通过提供"提示（Prompt）"来给数据嵌入额外的上下文以重新组织下游任务，使之看起来更像是在大模型预训练过程中解决的问题。指令提示有三种形式：少样本提示、零样本提示及情境学习。面临的主要挑战是如何设计合适的提示来提升模型的泛化能力。

2. 大模型的适配微调

通用大模型的预训练数据一般来源于通用领域的知识，通过适配微调即可以帮助模型更好地适应特定场景，也可以提高部署效率、减少计算资源需求。适配微调的关键技术有参数高效学习和指令微调。

参数高效学习：指通过微调少量参数实现大模型在下游任务上获得全参数微调效果。目前的参数高效微调方法大致可分为三类：增加额外参数、选取一部分参数更新、引入重参数化。参数高效微调通常具有微调参数规模小、增量式微调参数、即插即用等特点，这种技术也统一成技术框架 Delta Tuning；围绕参数高效微调有代表性的开源工具和方法有：LoRA、OpenPrompt、OpenDelta 等。

指令微调：是一种通过在由指令和输出对［形式为（指令、输出）］组成的数据集上进一步训练大模型的方法。指令微调涉及指令理解、指令数据获取、指令对齐等内容。指令理解指大模型准确理解人类语言指令的能力。指令数据获取指如何构建包含多样性的任务指令数据，常用的三种构建方式包含：基于公开人工标注数据构建、借助大模型的自动生成构建、基于人工标注方法。指令对齐指大模型在预训练时未涉及人类的价值观或偏好，为实现模型输出与对人类价值的对齐，InstructGPT 提出了一种基于人类反馈的微调方法，利用了强化学习技术，将人类反馈纳入模型微调过程，以确保产生高质量且无害的输出。

3. 大模型的开发训练

模型的参数规模越大，对计算资源和存储空间的需求也随之提升。大模型的高性能开发训练旨在通过对模型计算、显存、内存和通信的系统级优化，在保证模型收敛性的前提下，提高训练吞吐量，实现在有限资源下高效训练的目的。系统级优化方法主要从两个方向实现：一是设备内优化方法，包括降低浮点数冗余表示的半精度浮点优化、混合精度浮点优化等方法、降低梯度计算过程中冗余表示的梯度检查点方法等；二是多设备优化方法，也称分布式优化，即将分布在不同计算节点上的多个 GPU 一起用于训练单个模型，这类方法主要有数据并行、张量并行、流水线并行、分组参数切片并行等多种并行加速策略，对于这些基础并行策略，不同深度学习框架的实现方法不同，有的是基于 PyTorch 进行进一步封装形成单独的工具，如微软的 DeepSpeed-Megatron、NVIDIA 的 Megatron-LM、清华大学的 BMTrain 等；飞桨 PaddePaddle 框架支持四维混合并行技术，可将基础的并行策略组合使用。

4. 大模型推理部署

大模型推理通常面临显存占用过多、计算规模庞大、输入输出变长等挑战；在充分考虑大模型结构特性基础上，可以从模型压缩、模型推理和服务部署三个关键环节，开展全方位的协同优化，在降低时延提升用户体验的同时，最大化提升服务吞吐，做到低时延、高吞吐。

模型压缩。常规的模型压缩方法有模型稀疏化、权重矩阵分解、模型参数共享、蒸馏和量化。目前量化技术在大模型压缩时被广泛应用，然而很多量化算法难以做到模型效果无损，主要是因为大模型存在激活分布异常值较大，难以量化的问题。自适应 Shift-SmoothQuant 大模型量化方法可以使激活分布更加平滑，提升量化效果。此外对于超大模型精度无损的压缩，可以采用多策略组合压缩方案。通过组合使用模型稀疏化、蒸馏和参数共享等压缩技术，可以在精度无损的情况下，将模型参数量压缩至百分之一，甚至千分之一左右。例如，组合使用低比特量化和模型稀疏化，同时从数值和结构两个维度对大模型的冗余信息进行精简，协同优化计算和访存算子，可以进一步提高压缩率。

模型推理与服务部署。推理引擎通用的技术是使用自动计算图融合优化和自动混合并行推理，实现对模型结构和计算硬件的自动感知，协同优化模型推理效率。自动计算图融合优化指以非侵入的方式自动匹配高性能融合算子，通过降低算子数量、减少访存次数，获得自动化推理加速能力。自动混合并行推理指通过自动感知部署硬件的存储、带宽、算力等特性，对模型进行自适应切分，将大模型切分到多个部署硬件上，进行分布式并行推理，尽可能减少卡间通信和跨机通信数据量，从而实现大参数模型推理部署。

三、一站式充电网AI研发平台

大模型的开发和应用涉及数据处理、模型训练、模型优化、模型评估、服务部署、服务监管等多个环节，需要大量的专业知识和技术积累，给技术开发人员带来了较高的挑战。一站式 AI 研发平台基于对主流的算法和工具进行扩展后集成，旨在降低技术门槛、实现资源的共享

电动汽车充电网——技术、产品、平台及运营

与复用，提高开发效率。

如图11-5所示，平台主要由三部分组成，分别是资源层、技术层、IDE 开发环境。

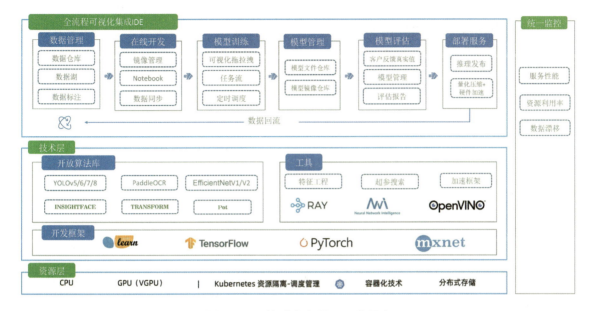

图11-5 一站式充电网AI研发平台

资源层：通过容器化技术提供可弹性伸缩的算力。

技术层：内置 TensorFlow、PyTorch 等主流的深度学习开发框架，支持 Transformer、CNN、集成学习等模型架构，基于插件的开发模式实现与开源算法库对接，集成模型加速、超参搜索、分布式训练、模型部署等中间件。

IDE 开发环境：对算法、引擎和工具进行可视化封装，提供集中的开发环境，通过拖拽式操作来实现从数据准备到模型部署全流程的研发；核心优势在于屏蔽底层复杂的技术细节，让开发人员能够更加专注在模型应用层面的创新与研发。

第三节　充电网大模型的应用实践

面对充电网业务的多样化和复杂性，由业务需求来驱动模型的定制或迁移，已在多个场景中得到成功应用，包括充电站的无人值守监管、车辆充放电的安全保护、充电设备的智能维护、调度机器人智能泊车、自动化充电指引、人工智能助手及运营动态调价等。这些应用为企业数字化全方位感知、分析和决策提供了技术支持，不仅连接了物理与数字世界，还实现了线上与线下服务的对接，赋能企业管理和日常运营。本节结合特来电的实践，介绍如下核心应用场景。

一、电池充电安全防护大模型

电动汽车电池的充放电过程是一个复杂的过程，包含了电化学机理、用户充放电行为、充放电设备、电网、环境等因素，目前电池的安全保障和风险评估仍然是产业面临的重大难题，其安全性主要依赖电池的 BMS 来保证。

为了提升充放电过程的电池安全，结合特来电充电网积累的海量充放电数据，基于机器学习和大模型技术构建电池安全防护大模型，大模型不仅考虑了电池的材料类型、化学特性、充放电历史，还结合了温度、电流和电压等多种因素，可适用于不同类型的电池，实现在线异常检测、故障预警、风险评价、充电策略推荐等多种任务。

如图 11-6 所示，电池充电安全防护大模型支持云边端多形态部署，通过 IoT 平台，可以实现云端与边缘侧的知识协同，在充电设备侧与 BMS 高频交互过程中，实现对单车、车系、BMS 配置参数等多个模型的检测结果进行综合分析，以提高整体的预测精度，支持异常结果实时预警与阻断充电等处理策略。根据车辆风险评估结果，实现对亚健康及高危车辆的分级管控，通过充放电启动前预警、充放电过程中限充、禁充、限流，充电后检修提醒等策略与工单服务系统联动，由专员进行跟踪与反馈信息录入；云端接收到新的充放电数据或工单反馈信息后，定时启动模型的自动化训练、校验、发布，形成模型"自适应、自学习"的循环迭代优化，实现车辆充放电安全闭环管理。

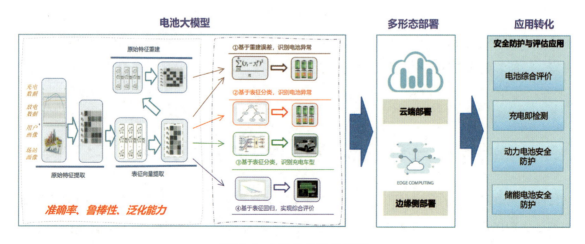

图11-6 电池安全防护模型

二、电池健康状态评估大模型

大规模电动汽车的发展，利用电动汽车电池的富余寿命储能，以及梯次利用电池储能是必然趋势，对于提升电池经济性和环境友好性至关重要。在这一背景下，建立电池健康状态（SOH）评估大模型，用于准确评估 SOH，成为研究重点。图 11-7 展示了特来电充电网电池健康状态评估大模型。

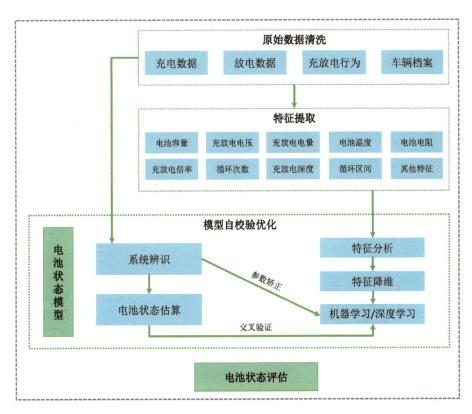

图11-7 特来电充电网电池健康状态评估大模型

特来电充电网积累了包括不同品牌、不同车型的海量充放电数据，以及完整的车辆档案和电池档案，为 SOH 评估奠定了数据基础。这些数据来源于类型各异的设备和系统，存在广泛的噪声、错误和不一致性。通过数据清洗和算法拟合，为每辆单车建立精准的标称容量库，排除 BMS 上报或爬虫获取的异常数据干扰，确保模型输入数据的准确性和可靠性。

通过特征工程，提取与电池状态相关的特征变量，包括电池材料类型、温度、内阻、充放电倍率、充放电深度、循环区间、荷电状态（SOC）、充放电电量、电压等。这些特征变量反映了电池的工作状态和性能，通过实例化特征权重，可以更准确地理解各因素对电池状态衰退的影响程度。

将机器学习模型与机理模型相结合，以获得具有物理意义的模型参数变化趋势。机理模型通过电化学原理描述电池工作机制，而机器学习模型则从数据中学习复杂的因果关系，两者结合，可以构建更有效的电池健康状态评估模型。为不断提高模型的精度，基于 AI 平台对不间断接入的增量数据集进行循环训练与调优，持续提升模型的认知能力，来适应不断变化的电池工作状态和环境条件，为汽车电池富余寿命和梯次储能的高效利用提供有力支持。

三、设备智能运维大模型

充电基础设施具有高度分散分布及户外运行的特点，建立设备的实时监控、在线检测、远程升级和预测性运维是提升设备运行效率，降低运维成本的重要途径。

设备智能运维大模型如图 11-8 所示，其核心数据来源于海量的小微传感器，设备运行过程产生的数据包括：电压、电流、电阻等电气数据，离网、故障、空闲等设备运行状态数据，以及温度、湿度、海拔等环境数据。利用 IOT 和大数据平台来实现数据的采集与预处理，结合设备的设计参数和运维知识库构建完整的运维知识图谱，引入大模型的理论和技术建立设备异常检测大模型，反演出传感数据背后所代表的设备和系统运行状态，直接作用于设备的异常检测和故障预警。

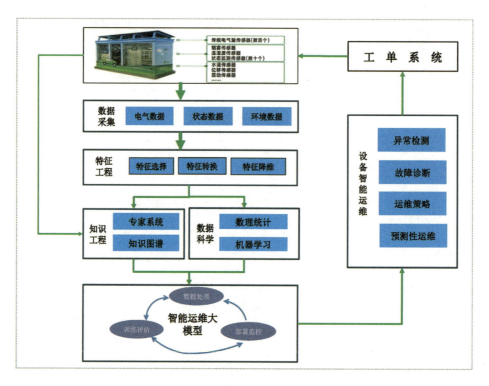

图11-8 设备智能运维大模型

为提高运维工作效率，基于设备运行的历史数据建立设备故障预测模型，预测部件在未来可能出现故障的时间和可能发生的故障类型，提前做出维护作业计划，实现由故障引起的被动维护向主动运维升级；结合社会化运维系统，提高设备可用率，降低运维成本。

四、用于场站无人值守管理的CV大模型

CV（Computer Vision）大模型是指采用 Transformer 架构，在大规模图像数据集上进行预训练的计算机视觉模型。它不仅继承了 Transformer 的全局上下文捕获能力，还针对视觉任务进行了特定优化，从而在多种计算机视觉任务如目标检测、图像分类和图像分割等方面表现优越，同时大模型自监督学习的能力赋予了模型强大的泛化能力，使其能够更好地适应新任务和新场景，随着技术的进步和硬件的发展，基于 Transformer 的模型及其衍生品正在逐步改变计算机视觉领域的研究方向和技术格局。

用于充电站无人值守管理的 CV 大模型应用如图 11-9 所示，其监控数据来源于安防摄像头采集的视频流，在边缘侧部署轻量级小模型实现高频次检测与初步筛选过滤，云端部署高精度 CV 大模型对上传的异常视频进行二次检测分析，通过云边端模型集成学习提升检测结果的精度。

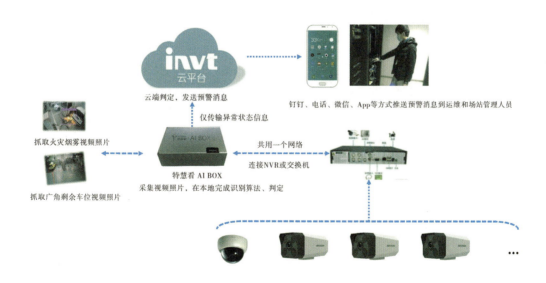

图11-9 用于充电站无人值守管理的CV大模型应用

如图 11-10 所示，模型提供的服务能力涵盖了烟雾、火情等安全隐患预警，设备损坏、充电枪未归位等设备状态监控，油车占位、停车不规范等异常行为提醒；在公司自营场站应用过

程中显著增强了充电场站的安全保障能力和日常运营效能，大幅削减了运营成本。

图11-10 无人值守场站能力图谱

五、服务于场站运营的动态调价大模型

充电的需求具有灵活特征，电价都是波动的，通过动态调整场站服务费价格能够引导用户的充电行为，综合考虑提升资产利用水平和降低电能成本，实现社会价值的最大化。

动态调价大模型是电站资产运营的核心组成部分，是充电运营商掌握市场动态，制订价格策略的重要工具，构建模型的主要思路如下。

价格影响因素分析与量化。充电单价受到多种因素的影响，包括本站因素（如规模、硬件、配套、位置、周边环境等）、运营成本、附近电站竞争因素、客户群体、服务的车辆属性以及更广泛的环境因素（如电站所属城市的电动车辆保有量、节假日、天气、政策与特殊事件等）。为了更精确地制订调价策略，需要量化各类因素对定价的影响权重。基于电站历史运营数据，通过机器学习算法，对电站所属城市、区域、单站的价格影响因素进行探索分析和量化，结合经济学量价成本理论计算出最优的弹性区间，为动态调价大模型提供高质量的量化数据。

服务费单价预估模型。动态调价模型分为定性和定量两个模型。定性调价模型：主要基于机器学习算法建立单价预估模型，通过预估值与实际值的对比，确定在电站当前价格的基础上需要涨价或降价。定量调价模型：对于需要价格调整的电站，在价格弹性区间内，以价格、充电量、收入三者的关系为依据，预测在尖、峰、平、谷、深谷不同时段价格调整的幅度来实现资产运行效率的最大化。

六、智慧助手多模态应用大模型

智慧助手以通用大语言模型为底座，注入充电网特定的语料知识，利用模型微调技术实现模型与应用程序和用户的交融，通过交互式聊天界面，提供了实时、智能化的应用和数据交互体验。智慧助手在企业级知识问题、ChatBI/OCR、视觉分析、数据洞察等多个领域展现出良好的便捷性和实用性，其架构如图11-11所示，主要功能如下所述。

图11-11 智慧助手多模态应用大模型架构

1. 企业知识问答

基于通用大模型构建企业内部的知识问答系统，首先需要策划并构建高质量的产品帮助文档和知识库；将文档化或结构化的语料数据通过嵌入技术（Embeddings）存储于向量化数据库；结合大模型和定制化的提示流（Prompt Flow）来实现精确的问答推理和信息整合，采纳用户实时反馈，形成闭环的持续优化学习机制。

2. 数据洞察应用

用户可以通过交互式聊天界面查询和查看各类数据。数据洞察功能将数据中台的能力与通用大模型结合，其中数据中台负责提供各类数据指标和查询服务。大模型文本到数据库

（Text2SQL）能力，能够将用户的自然语言输入转换为数据库查询请求或 SQL 命令。查询返回的数据通过聊天界面以图表或 Markdown 格式直观展示。这种交互方式相较于传统的报表和看板菜单，更简洁、直观和智能。

3. 视频与图片分析

视频和图片分析相当于给计算机装上了眼睛，能让它"看到"和"读懂"图片的文字和视频的内容，大模型实现了对图片理解的全面重塑，包括对象检测、图片描述、数据分析和光学字符识别（OCR）等。应用场景包含：统计图片中目标对象的数量和关系，行人检测、车辆检测、动物检测等领域均适用；深入分析复杂图像，理解图像所代表的深层含义，提取有用信息，输出内容描述；对书面文本进行自动识别和转换，比如将扫描的文档、照片中的文字转化为电子文本等。

第十二章

充电网可调负荷、移动储能聚合调控和虚拟电厂关键技术

随着电动汽车的迅速增长，电动汽车充电负荷对电网的影响日益显著。尽管电动汽车充电有较高的灵活性，但受限于其单个容量小且接入分散、数量大，使得这些资源的调节潜力难以充分释放。充电网可以通过虚拟电厂参与电网调控和电力市场，将充电网的可调能力充分发挥出来，为电网提供灵活性资源，获得收益的同时降低充电成本。有效聚合分散的电动汽车充放电设施是虚拟电厂的前提，对充电负荷、电量以及市场价格的预测是虚拟电厂调控和交易的基础，不同场景和市场条件下的交易和运营策略决定了虚拟电厂的收益和风险。

第一节　大规模电动汽车充放电配电网友好接入和聚合控制技术

一、电动汽车充放电配电网友好接入技术

随着电动汽车的普及和大功率充电的发展，配电网面临着前所未有的挑战，在探讨大规模电动汽车充放电对配电网的影响及管理时，有序充放电技术显得尤为重要。有序充放电旨在有效管理电动汽车的充放电过程，防止电网"峰上加峰"，发挥电动汽车作为移动储能的灵活性，为电网运行提供支撑。

电价作为电网调节供需平衡的有效手段，对电动汽车充放电行为有很大影响。电动汽车通过智能充放电管理，在电价低谷期多充电，在电价高峰期少充电甚至放电，既有助于缓解电网运行压力，也为电动汽车用户带来了显著的经济收益。通过这种互动方式，电动汽车与电网构建了一种互补与协同的合作关系。

对于运营规律性较强的车辆如公交车，通过分析车辆的历史行驶数据和充电记录，能有效计算车辆用电特性，结合车辆未来的行驶计划，可以准确估算所需电量及电费。综合考虑诸多因素，如车辆的充放电特性、电池的状态与耗损成本、充电设施的功率和数量等，我们可以构建一个以电费成本最小化为目标的优化模型，从而高效规划公交车的运行排班计划和充放电计

划，实现成本节约。

如图 12-1 所示，某公交站使用有序充电策略前后的分时电量及平均电价发生显著变化。2020 年 5 月 7 日实施调度后，峰时电量显著减少，谷时电量增加，平均电价每千瓦时降低了近 0.3 元，提升了用电的经济性。

图12-1 某公交站分时电量和平均电价

对于家用汽车等其他类型车辆，通过设定用车时间和用车时电池充电状态（SOC），调度系统将依据未来各时段电价、初始 SOC 及车辆充电特性等数据，合理安排充放电时间，以实现满足用户需求的同时降低充电成本。

此外，还有一种典型场景，充电的电力容量是有限的或变化的（比如受同一台变压器的其他非充电负荷大小的影响），需要及时调整充放电功率，防止负荷超供电能力而导致跳闸、引发设备安全事故等。这种有序充电设备拓扑如图 12-2 所示。

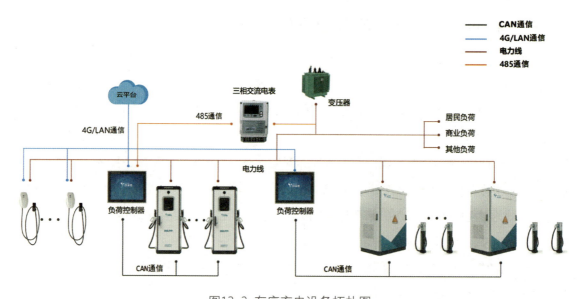

图12-2 有序充电设备拓扑图

该设备拓扑分为三层：平台层、控制层和设备层。通过直接采集、对接平台等方式获取电表的实时数据，云端的应用根据配置的调度策略，动态地计算并控制各桩的充电功率，在保证不超过容量限值的前提下，充分利用可用的容量。特来电已将该技术应用到2000多个充电站，避免了变压器的增容，每年节约数百万的设备投资，并充分利用了空闲时段的变压器容量，提高了变压器的设备利用率。

二、资源建模聚合和协同控制技术

1. 资源建模聚合技术

资源建模聚合技术分为资源建模和资源聚合。

资源建模是资源管理和优化调度的关键步骤，通过资源建模可以全面描述资源特性，反映资源的物理属性和运行行为，为后续的资源聚合和调度提供基础数据。资源建模大致分为两类方法：物理建模与数据建模。物理建模侧重从资源的基本物理属性出发构建模型以反映其内在特性。相比之下，数据建模则主要依赖资源的历史运行数据，运用统计学方法和人工智能技术等手段来刻画资源特性，从而提供更精准的数据支持。

资源聚合则是在资源建模的基础上进一步实现的。它根据特定的调度目标或需求，将分布式资源按照不同的空间维度进行有效整合，形成一个大规模、可调度的资源集合。这种聚合不仅优化了资源配置，还增强了对分布式资源的控制与管理能力，是实现高效能源管理和优化调度的关键环节。通过这种聚合方法，可以更好地实现资源的优化配置和高效利用。比如参与华北电网调峰辅助服务市场的时候，将所有参与的充电终端聚合为一个负荷，而参与上海需求响应市场的时候，是按户号（充电站）聚合。

2. 协同控制技术

协同控制技术是一种高效的资源管理方法，主要用于高效地协调和控制多个资源单位以实现整体的控制目标。在此技术中，核心环节是针对特定控制目标将控制指令细化并分配给每个资源单元。具体来说，这一过程首先需定义清晰的控制目标，随后根据这些目标，协同控制技术将控制指令分解并下达至每个单独的资源。在分解控制指令时，这一技术不仅考虑到了当前电动汽车的具体需求，如充电状态、电池容量等，也考虑到整体的控制目标。

通过这种方式，协同控制技术能确保各个分散的资源能够有效地协同工作，同时满足各自的需求和整体的目标。这种技术在资源管理和优化领域尤其重要，因为它提供了一种灵活而高效的方式来应对复杂和动态变化的控制场景，最终实现资源的最优利用。

第二节 多时空尺度需求和可调度空间预测技术

虚拟电厂在参与电网的调度和电力市场时，需准确把握其资源的未来运行状况。因此，准确的预测对于制订有效的调度方案和市场策略至关重要，它直接关系到虚拟电厂能否在电力市场中做出精准的决策和响应。以充电网和微电网为主体的虚拟电厂预测任务主要包括充电负荷预测、可调空间预测以及市场相关的预测。

充电负荷预测包括充电电量预测和充电功率预测。如表 12-1 所示，不同时间粒度，不同空间维度的预测对应不同的应用场景。充电负荷预测主要有如下作用：为调峰、需求侧响应等电力辅助服务提供预测数据；为参与电力交易市场提供数据支持；为充电站的选址定容提供数据支持；为有序充电、智能充电调度等功能提供数据支持。鉴于预测有如此多的应用场景，需要针对不同的场景设计不同粒度和周期的预测。

表12-1 常用预测粒度及周期的应用场景

粒度	周期	应用场景
场站级	超短期	实时滚动优化调度、需求侧响应
场站级	短期	日前优化调度、调峰、需求侧响应等
场站级	中长期	中长期电力市场交易、场站定容
公司级	短期、周	月度电力市场交易
公司级、地区级	中长期	中长期电力市场交易、场站选址定容

可调度空间预测解决了充电网型虚拟电厂在什么时段能够提供多少灵活性的问题，直接关系申报策略的制订，此外，虚拟电厂需要向调控中心报送调节能力，以备电网在有需求时进行调用。

市场相关的预测主要是对电能量和辅助服务等交易价格的预测。对交易价格的准确预测是虚拟电厂在市场交易过程中进行精准申报报价、实现利润最大化的基础与前提，依据预测的时间尺度不同，可分为中长期预测、短期（日前）和超短期（实时）预测；依据预测的内容不同，可分为确定性预测和概率性预测，前者预测结果为确定的价格数据，后者则同时给出价格的取值及其概率分布情况。由于交易价格受多种因素影响，具有明显的时变特性和不确定性，相较于确定性预测，概率预测能够为虚拟电厂提供更多参考信息，降低决策风险。

经过长时间的实践，特来电形成了如图 12-3 所示的架构。主要包括数据集成、算法库和应用层三部分。

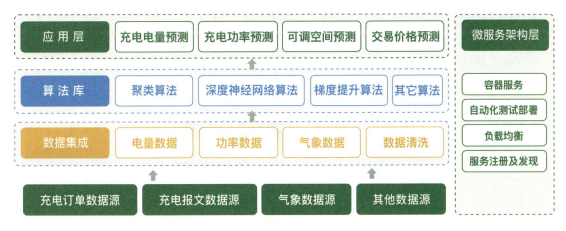

图12-3 预测应用架构

在数据集成方面，建立包括充放电的电量数据、充电功率数据、气象信息数据等系统运行所需全周期、全要素、全拓扑数据的存储、查询和维护的综合性数据维护模块，实现充电网海量数据的分类存储、便捷化检索和导出，以及高效、准确的多元数据清洗和修复。

在算法库方面，由于需要开发多种粒度和周期的预测应用，为减少重复开发、降低开发新应用的难度，该层提供预测所需的各类算法公共服务。支持人工智能聚类算法（双向夹逼的多层次聚类算法、基于支持向量机的聚类分析、模糊 C 均值、FCM、CCFKMS、SKMEANS 等）、深度学习算法、梯度提升算法、线性回归算法、频域分量预测算法、误差分析算法等。

在应用层方面，包含充电电量预测、充电功率预测、可调空间预测、交易价格预测。调用数据层和算法库完成相应功能的实现。

第三节　大规模电动汽车参与电网互动和虚拟电厂运营技术

一、充电网和电网安全交互技术

为了应对电网调度中心和充电网间通信协议的多样性和复杂性，可采用辅助服务网关（见图 12-4）作为一个中间节点，这种方法的核心在于利用网关作为一个统一的接入点，来适应和整合各种不同的对接协议，这不仅大大降低了业务侧的逻辑复杂性，还为系统的稳定运行提供了坚实基础。

此外，安全性在这一体系中也至关重要。为确保数据通信的安全性和可靠性，辅助服务网关采用了多重安全措施，包括：加密技术，以保障数据传输过程中的机密性和完整性；认证机制，确保所有接入系统的身份得到正确验证；访问控制策略，对接入网关的请求进行严格管理。这些措施共同构成了一个强大的防线，有效防范了未授权访问和各类安全威胁，为系统的平稳运行提供了强有力的保障。

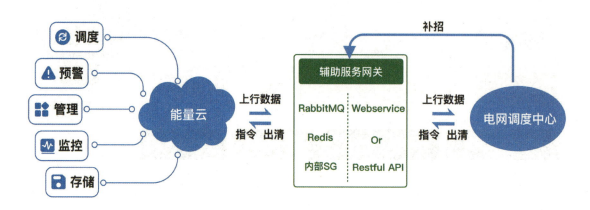

图12-4 辅助服务网关示意

二、面向交易的优化调控技术

面向交易的优化调控是充电网型虚拟电厂的一个重要环节，它主要包括三个核心部分：市场侧的优化申报策略、用户侧的优化定价策略以及资源优化调度。这三部分相互配合，旨在提高充放电参与电力交易的效率和收益，同时为电力系统提供灵活性支撑。

1. 市场侧的优化申报策略

在电力市场侧，根据先进的预测技术预测市场需求和价格变化。这需考虑多重不确定因素，如市场价格波动、用户响应行为、天气变化等。在此基础上，利用大数据分析和机器学习算法，制订出高效的申报方案，以实现成本最优化和收益最大化。

2. 用户侧的优化定价策略

可以用价格来引导电动汽车的充电行为。电动汽车充电负荷在短时间尺度具有较大的弹性，这是优化定价时要考虑的重要因素。通过对电动汽车负荷的常规需求价格弹性和时间价格弹性进行解耦，可以估计价格弹性矩阵，基于解耦的结果，分别对常规需求价格弹性和时间价格弹性进行预估。

充电用户侧的优化定价策略主要是通过灵活的定价机制来激励用户参与。这包括需求响应机制，通过设置充放电动态电价，鼓励用户在电价较低时增加用电，而在高峰时段减少用电。

同时，通过智能合约和区块链技术，可以实现充电网更加透明和高效的电力交易，提高用户参与感和满意度。

3. 资源优化调度

资源优化调度关注的是充放电容量的有效分配和使用。主要是根据市场出清结果，充电用户的充电需求，以及未来负荷的预测，对电动汽车的充放电功率进行优化调度控制，从而在达成交易收益的同时，降低运营成本和对充电用户的影响。

虚拟电厂是车网互动的重要载体，虚拟电厂运营方面的关键技术包括用户联动、补偿结算、效益评估等。

在充电用户联动方面，这一技术的核心在于如何有效地将需求传达给潜在用户，并鼓励充电用户参与到虚拟电厂的交易中。通过分析用户的充放电偏好以及响应弹性，制订差异化的策略，利用优化定价策略激励充电用户参与，通过动态定价机制引导充放电，保证虚拟电厂响应电网调控的高质量达成。通过自动化的手段，将差异化的定价通过多途径发送给目标充电用户，提高用户触达率，提升运营效率。

在补偿结算方面，该技术关注于如何公平、合理地将虚拟电厂参与市场交易所获得的收益分配给参与者。这包括开发和执行明确的收益分配规则，以确保所有充放电参与者的利益都能得到体现。此外，补偿结算还需要考虑到不同用户的贡献度，如调节量、负荷调节能力等因素，以及市场价格波动对收益的影响。

在效益评估方面，这是对充电网型虚拟电厂单次市场交易后综合效益的量化评价。首先，需要从技术层面评估调节目标完成度，比如需求响应的执行情况。其次，从经济层面进行效益分析，包括成本节约、收益增加等。这个评估过程对于识别改进点、优化响应策略至关重要。通过总结反馈，虚拟电厂能不断提升其市场响应度和外部特性表现，为未来的电力市场竞价和交易奠定坚实基础。

第四节　展望

截至 2024 年年初，特来电已经与 26 个网省地级电网调控中心 / 负荷管理中心实现信息交互，聚合资源容量超过 3500 兆瓦，负荷预测准确率超过 97%，调度控制速率超过 20%/ 秒，控制精度大于 97%。2023 年通过电网互动获得数百万元收益。若要充分发挥电动汽车充放电资源为主体的虚拟电厂对电力系统的支撑作用、在电力市场中获取理想收益，需要在虚拟电厂控制、交易、运营等关键技术上继续展开深入研究。

在聚合调控技术方面，需要持续优化虚拟电厂建模聚合、调控优化、分析预测等方面的核心技术，如可调资源可信调节能力等关键技术参数辨识、多重因素的可调资源柔性控制策略、常态化参与多品种交易场景下的负荷和可调能力预测等。

在市场交易技术方面，辅助服务新品种（如调频、备用、爬坡、转动惯量等）的增加及现货市场的全面推进将改变市场主体的技术准入条件、参与机制、调用机制、考核机制等，需要设计新的商业模式，完善聚合响应和优化调度等技术，发挥虚拟电厂应有的价值和作用。

在电碳联合市场交易的背景下，虚拟电厂需要具备考虑碳排放的优化运营技术、分析其碳减排效益与核算其碳资产的能力，以进一步挖掘虚拟电厂的绿色低碳价值，丰富虚拟电厂的商业模式，提升新能源消纳水平，促进节能减排。

第十三章

面向无人驾驶电动汽车的自动充电关键技术

自动驾驶是当前热门的话题，电动汽车自动驾驶场景下必然需要自动充电。自动充电技术，顾名思义，是指电动汽车在无需人工干预的情况下，能够自动完成充电过程。与此相关的关键技术包括自动连接技术、功率接口设计和安全保护机制等。

第一节　自动连接技术

自动充电是融合物联网、无线通信、信息传感、机器学习、激光视觉、机械运动、物理材料的多元性集成技术，是传统充电方式的进化升级，无需人工干预即可完成充电的整个流程，其中最重要和最基础的技术是自动连接技术。自动充电技术架构如图 13-1 所示。

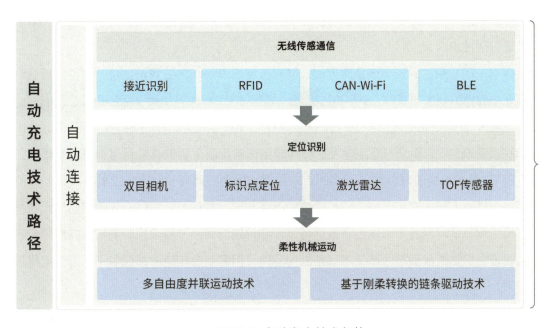

图13-1 自动充电技术架构

在自动连接技术架构的设计上，车辆行驶到自动充电设备附近时，采用无线传感通信技术，交互数据信息。停车到位后，定位识别传感器读取车辆充电接口的位置信息，并输出给机械运动组件，带动充电线缆及接口运动，实现充电接口的自动连接，如图 13-2 所示。

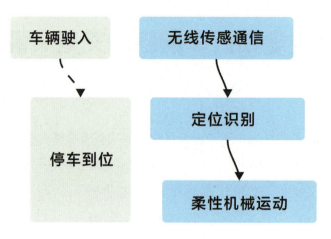

图13-2 自动连接流程

一、无线传感通信技术

无线传感通信技术是自动充电的前提，集成了接近识别系统与无线通信，使自动充电设备与电动汽车之间无缝对接。当车辆靠近自动充电设备时，接近识别系统会最先检测到车辆的存在，并读取车辆的身份信息。

1. 接近识别技术

接近识别是指车辆达到充电设备附近时，采用传感器识别车辆的身份信息。目前的接近识别方案有无线射频识别（RFID）、超声波、红外、超宽带（UWB，Ultra-Wide Band）等技术。

在电动客车的自动充电上，RFID 技术较为成熟。RFID 装置由读写器与标签两个部分组成，安装在设备端的 RFID 读写器定向发送超高频电磁波读取车辆的标签信息。根据现场的使用反馈，RFID 技术识别的准确性与天线的定向角度、识别距离有关。市场上的天线定向角度较大，多台车辆同时驶入充电区域，容易造成错误信息输入的情况，单纯的依赖定向性无法满足应用。通过调节读写器的功率输出，进而可以控制识别的距离，将识别距离与定向性同步判断，可大幅提高识别的准确性。该技术目前较为成熟，但需要在车辆上贴装电子标签，使用场景相对局限。

在其他技术研究上，车牌识别也可作为接近识别的有效方式，但考虑到车辆充电接口在侧面，车辆识别的摄像头需要安装在车辆后端或前端，自动充电设备与车牌识别无法集成到一体。随着车辆技术的进步，UWB、蓝牙低功耗（BLE，Bluetooh Low Energy）等定位技术已在车辆智能钥匙上成熟应用，未来的自动充电将会深度融合到车辆的系统中。

2. 无线通信技术

在接近识别技术获取车辆信息后，自动充电设备会解码密钥，自动建立无线通信，传输双方数据信息。在自动充电上应用的无线充电方式有电力载波、Wi-Fi、BLE等。

（1）基于电力载波的无线通信技术。电力载波是电力系统特有的通信方式，它利用现有电力线，通过载波方式将模拟或数字信号进行高速传输。在公交车充电弓的应用中，电力载波技术可以被用来在充电终端和电动车辆之间进行数据传输和通信。但电力载波需要在车辆与设备连接之后才能通信，只依靠电力载波无法实现充电弓的降落。另外，电力载波技术在充电弓中的应用可能会受到一些限制和挑战，例如电力线的传输距离、信号干扰等问题。

（2）基于Wi-Fi—CAN转换的无线通信。Wi-Fi传输的数据量较大，速度快，车辆端与充电设备端采用Wi-Fi—CAN的转换模式，将国标《非车载传导式充电机与电动汽车之间的数字通信协议》（GB/T 27930）定义的数据信息采用Wi-Fi的方式传输。为保证Wi-Fi空中传输的数据的可靠性，在多地区、多车辆、多工况条件下进行了分析，深入Wi-Fi模块底层驱动，优化相关配置，解决Wi-Fi通信与设备安装、AP频段、电磁干扰、天线匹配度、周围AP密度等因素干扰，目前，Wi-Fi—CAN在自动充电上应用较为稳定。

（3）基于BLE的无线通信。BLE技术也可应用到自动充电上，该技术协议统一，不同厂家的模块可以兼容使用，且连接距离比较远，传输的数据量大。且蓝牙可以实现MESH组网，在后期场站调度，充电功能扩展上有更多探索的可能。

二、定位识别技术

定位识别是自动充电设备的"眼睛"，当车辆与自动充电设备无线连接完成后，定位识别传感器精准读取车辆充电接口的位置信息，引导机械运动对接插枪。目前自动充电的定位识别技术有激光雷达线扫识别、单目相机与飞时（TOF，Time of Flight）传感器结合定位、双目相机识别、标识点识别等。

1. 双目相机识别技术

在自动充电发展的初期，设备具有一定的演示示范性，可采用双目相机。技术相对成熟，识别精度较高，算法开发周期较短。但双目相机成本较高，不适应后期自动充电设备的大批量推广。

2. 标识点识别技术

随着车辆智能化的发展，在封闭区域和固定场景下，无人驾驶车辆会最先被推广应用。在专用场景下，车辆相对固定。鉴于批量应用的考量，充电设备端采用成本较低的视觉定位，车辆充电接口周围增加标识点，如：反光条、二维码、指示灯。视觉算法采用 AI 学习训练，前期需要采集大量的图片，进行机器学习，以提高定位的准确度。目前该技术在应用过程中，受户外光线、雨雪天气的影响，技术的成熟度需要进一步提高。

3. 激光雷达线扫识别技术

在港口、矿区等污秽程度较高的场景下，自动充电定位识别需要考虑到环境的适应性，尘土、风沙、雨雪是否会影响识别的准确性。兼顾成本与准确性，专用场景下的自动充电接口末端具备柔性被动矫正机构，使定位识别的精度降低至厘米级别。定位识别组件选用单线激光雷达，扫描车辆充电接口的轮廓，与数据库中定义的图像轮廓对比，激光测量出与目标轮廓的距离信息，进而提取坐标数据。采用波长为 1550 纳米的激光，在太阳强光照射，汽车尾灯照射，户外恶劣环境下，识别的精准性达到 99.99%。该技术与自动驾驶车辆的识别技术具有一定的相似度，目前已成熟地应用在专用场景下的自动充电设备上。

4. 单目相机与 TOF 传感器结合的定位技术

对于国标充电接口，插头与插座配合间隙较小，定位识别的精度要求较高。考虑到后期批量化推广使用，需要降低组件成本。选用单目摄像头结合视觉学习算法，既可满足低成本要求又可实现高精度定位。单目相机类似于手机的摄像头，尺寸较小，安装在充电枪的中间，车辆端依靠 DC+、DC-、PE 插槽，实现三点定位。单目识别容易受户外光线的影响，识别速度相对较慢。可外部加装低成本 TOF 传感器，通过识别车辆充电接口的轮廓来定位。TOF 不受光线的影响，当初次识别时采用 TOF 传感器快速粗略计算坐标信息，当枪头移动到车辆充电接口前端距离较近时，采用单目识别进行高精度定位。该技术融合单目相机与 TOF 传感器，既能保证识别精度，又提高了识别的速度，同时还兼顾批量应用的成本。但该技术方案需要全新开发定位算法，前期在开发资源上投入较大。

三、柔性机械运动技术

在自动充电设备中，柔性机械运动技术相当于"手臂"，动作的灵活性与自由度关系到自动充电的顺畅性。目前较为成熟的运动技术为六轴机械臂，运行灵活、速度较快、精度较高。行业内少数的自动充电产品应用机械臂，但受制于成本没有大批量推广应用。

1. 多自由度并联运动技术

柔性机械运动技术的设计难度取决于需求的动作维度。调研充电接口在车身的位置信息，即使同品牌的车辆，充电接口在车辆前后、左右、上下的位置均不统一。且充电口的角度大多上扬 20 度，车辆停车还有一定的角度偏差，这就需要五个维度的机械动作。充电插头与充电插座的配合间隙较小，对于机械运动的精度要求在 0.5 毫米以下。基于此，研发多自由度并联运动技术。该技术主要由多个电动伸缩杆、万向铰链和上下平台组成。下平台固定在运动底座上，借助多个电动伸缩杆的运动，完成上平台在空间多个自由度的运动，从而模拟出各种空间运动姿态，如图 13-3 所示。

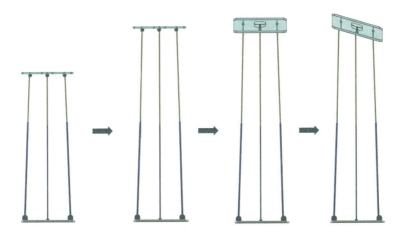

图13-3 多自由度并联运动平台结构

在运动算法上，采用机器人逆运动学方法，给定末端动平台的期望输出，求解驱动电机的输入量。如图 13-4 所示的机器人结构简图，已知动平台的坐标数据（u，v，w），求解（a，b，c）的伸缩距离。

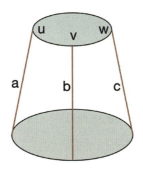

图13-4 多自由度并联运动原理

多自由度并联机器人技术可以实现多自由度运动，且电动伸缩杆产品成熟，目前在其他工业自动化场景下已批量应用。

2. 基于刚柔转换的链条驱动技术

电动汽车自动充电的接口位置可能在车身的侧面、顶部、底部。不同的接口位置，对自动充电设备的空间有不同的要求。车辆端的充电接口在侧面，会占用车位的空间，自动充电设备的宽度需缩小；考虑到车辆底盘的高度，在底部的自动充电设备高度需小于车辆底盘高度。基于设备尺寸的考量，研发基于刚柔转换的链条驱动技术。该链条由多个带齿的链片拼接而成，通过齿轮驱动链条伸缩，当伸出时，链片相互咬合，呈现刚性状态。当齿轮反转，链片呈现柔性状态，并卷曲折叠到链条箱中，如图13-5所示。通过链条的刚柔转换特性、正反转驱动特性、多级链片紧密咬合，实现运动机构的大伸缩比，减少对空间的占用。同时链条组合后，采用中空的结构设计，内部空腔可以放置线缆，优化走线路径。实现机械运动的高度集成、深度融合和大伸缩比。

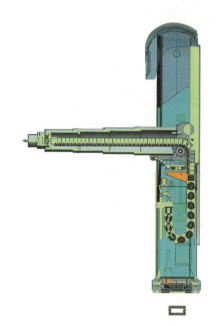

图13-5 刚柔转换链条示意

第二节 自动充电功率接口设计

自动充电功率接口连接充电设备与电动汽车，实现电能的传输。接口的设计需要考虑安装尺寸、载流能力、对位精度、标准规范、互操作兼容性。市面上的自动功率充电接口有常规的国标接口，还有适应大功率充电需求的充电弓接口和双回路接口。

一、基于宽范围搭接技术的充电弓接口设计

充电弓接口的设计突破传统充电枪固定限制，进行颠覆性设计，依靠四根电极十字交叉方式进行宽范围的触指搭接充电，如图13-6所示。在电极尺寸的设计上，为确保功率电极完全搭接，功率电极（DC+、DC-）与接地保护电极（PE）的长度为560毫米，控制导引电极（CP）长度为440毫米，电极宽度均为60毫米。功率电极的长度为控制导引电极长度与两倍电极宽度之和。在充电过程中，只有检测到控制导引电极导通后，才能启动充电，且由于控制导引电极长度较短，当控制

图13-6 充电弓电极设计

导引电极接触后，功率电极可确保完全搭接。

研究电极表面高防护、耐灼烧的镀层材质，可解决电极户外恶劣环境下腐蚀以及电极拉弧灼烧使用问题。同时，为增加电极的通流能力，使其可以传输 1200 安的电流，在电极表面镶嵌高导电性的表带触指技术，增加电极之间的接触点数量和接触面积。

充电弓电极等导电组件安装在电动汽车顶部，距离地面有一定的安全距离，可大胆探索主动式散热技术与宽体式电极设计，电极直接利用空气流动实现主动式散热。在线缆载流上，研究耐高温柔性线缆与贯穿式透风结构，使载流导体可以快速散热，在兼备充电安全、车辆安全，跨阶梯性的同时提高充电电流，进而保证充电温升系数维持在安全区间。

在对位精度上，探究车辆顶部的安装空间与接口的尺寸，增大电极的对位范围，降低对位精度。目前对位精度在 ±220 毫米，依靠车位线、倒车器、反光镜等停车辅助器件，司机基本可以一次停车到位。

二、基于双回路的大功率充电接口

在电流的传输上，目前充电接口的电流设计越来越大，但电流增大的同时，需要兼顾直流导电回路的安全性。借用目前的双枪充电逻辑，研究新一代的双回路大功率接口，输出电压 50~1000 伏，电流达 1200 安，可以利用车辆停车间隙，秒速给车辆补电。

在接口的设计上，考虑到安全系数，单个直流触点承载 1000 安的电流比较危险，发热严重。且车内的直流元器件很难承受 1000 安的电流，发生短路时，短路能量（I^2t）大幅提高。在兼顾充电安全又提高充电电流的同时，创新设计双回路接口，由之前的一条直流回路输出电能改为两条独立的回路传输电能，采用集中控制器统一调度两个独立的回路，使其输出的电压相同，电流可不同。

调研国内外的插接导电方式，比如：弹簧触指、表带触指、梅花触头等方案，在兼顾大电流传输与长寿命两个要求上进行设计。在大电流传导方面，需考虑接触导体的耐磨程度、表面镀层、弹性力等因素。经实际测试与研讨，枪头端选用镀银圆环，插座端采用弹簧触指，插枪到位后，弹簧触指紧扣在枪头的电极圆环上。圆环与电极为多个线接触，接触压力大，载流能力强。当插枪到位后，充电的控制导引回路检测插枪到位信号。如果充电过程插头松动，信号回路的阻值会发生变化，后端的充电机器人会灵活移动，保证接触的可靠性。

该充电连接接口以其大功率、安全性、灵活性，开始在市场上小批量推广，随着大型自动驾驶车辆的普及，该技术会进一步发展。

第三节　基于自动充电的安全保护机制

相比于传统的人工充电，自动充电的整个过程是全程无人参与和干预的，需完全依靠设备本身来实现充电的可靠稳定。保障充电安全可靠是整个系统的基础，建立多级保护、压力跟随、超温报警、车充互锁、生物监测、扭矩检测等保护体系，进而打造多重防护策略，做到对位精准、稳定连接、充电可靠，实现异常预警，保障充电安全。

一、微型压力跟随技术

在充电过程中，由于车辆上下人或装载货物等异常情况，导致车辆高度变化，影响自动充电接口连接的可靠性。基于微型压力传感器与毫米级压力跟随系统，在充电过程中实时检测插头与插座的接触压力，以动态地弥补车辆高度的变化，进而保证对接可靠，保证搭接压力满足正常充电需要。

二、车充互锁策略的应用

考虑到充电过程中车辆误动作、人员误操作、机械机构运动导致的电极带载分断，车桩损坏。基于无线通信与设备状态的交互信息判断，研究适合自动充电系统的车充互锁策略，在车辆与设备内部增加数字锁定逻辑，在插枪前车辆与充电设备相互锁定，确保只有对接成功才能启动充电，只有回路没有电流才能机械运动。保证车辆与充电设备的安全。

三、温度检测技术

为确保充电线路与电极的充电安全，研究应用温度监测与动态功率调整技术，在充电电极与线缆接头处增加温度传感器，充电过程中温度实时监测，温度过高时动态调节输出功率，进而实现温度超出允许阈止时，快速切断充电回路，实现超温报警和断电。以消除在自动充电过程中电流较大造成温升相对较高的状况，防止电缆、电极烧毁等事故的发生。

四、生物监测

在自动充电的机械运动过程中，为防止枪头与枪座中间有人体、动物等，在枪头前端增加红外生物识别功能，以毫米级的动态响应速度检测到枪头前端有生物体时，可自动停止运动，并进行警示。选择合适的安装位置、调整探测灵敏度、加装滤光片、优化软件算法来降低传感器的误识别概率。

五、扭矩检测

为提高设备的稳定性，缩短维护周期，设备内部增加有扭矩检测功能，当设备内部运行异常或需要维护上油时，依靠电极的扭矩检测，可精准预测。

六、安全绝缘技术

自动充电设备设计要求全工况下都能正常运行，在台风、暴雨、大雪天气下，更需解放人工，依赖于自动充电。在表面材料上提高疏水性，在基体材料上增强介电强度，在结构上设计断层疏水机构，以确保设备的绝缘阻值达到标准要求，满足雨中充电的需求。

自动充电技术是多元化、多场景、跨学科的集成体系工程，需要电动汽车深度融合，以实现车桩联动、接近通信、无感交互、精准对位、灵活插枪、智能检测、安全充电。随着车辆无人驾驶技术的成熟，自动充电技术也会进入新的阶段。

04

第四篇

充电网产品

面向车辆便捷、高效补能的基本需求，充分考虑充电网运营、运维的需要以及充分发挥电动汽车为新型电力系统提供关键灵活性资源潜力，一系列关键技术落地为产品组件、充电系统、运营平台、能碳管理平台等体系化的充电网产品。

第十四章

充电网产品体系和关键组件

充电网作为新能源汽车领域的关键基础设施，正在构建一个日益完善的产品体系。充电网产品体系中充电系统和充电服务平台等多个环节协同运作，为用户提供安全、高效、便捷的充电体验。在这个体系中，关键组件的选取与配合至关重要，它们共同构成了充电网产品的核心竞争力。

第一节　概述

充电网的产品体系是一个涵盖了不同层级、不同维度的综合系统，如图 14-1 所示。针对不同的应用场景，从大功率充电，到小功率充电，到特种场景的充电，不同的集成设计，组成了横向的产品体系。从末端的应用设备，到分层的控制设备、管理系统，纵向上包含一系列的关键组件。

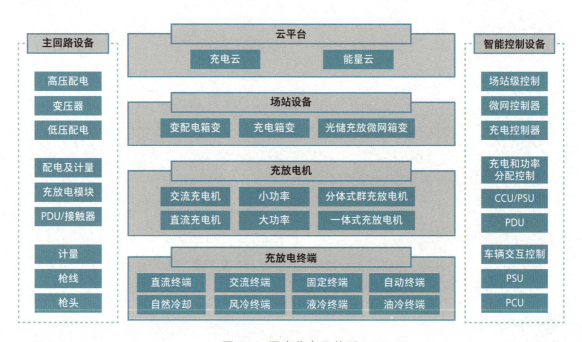

图14-1 层次化产品体系

一、纵向分层的产品体系

充电网产品是一个集成的产品体系，包含了不同功能的硬件和软件。所有的组成部件按照功能进行分类和分级。从应用的层面，部分部件可单独组合形成单一功能的集成产品（如终端、群充电机），从技术层面可形成专业化的功能产品（如重要的控制器、云管理平台）。进而形成纵向的产品体系，其中核心的产品如下。

（1）与车辆直接交互的充电终端产品，主要实现充电设备与电动汽车的电气连接、物理连接、车机交互控制。按不同维度可分为直流终端、交流终端；自然冷却终端、液冷终端、风冷终端；固定式充电终端、自动充电终端等产品。

（2）进行交直流电能转换的功率变换模块和充放电控制的充电机集成产品，主要实现交流电能转换为直流电能，并集成本地的硬件系统和软件控制系统，实现电网与车辆的交互。主要包含功率模块、群管群控充放电设备、一体式交直流充放电设备等产品。

（3）电网、充电机、终端、电动汽车之间进行能量与数据交互的本地控制设备。安装于充电机中，主要实现充电控制和功率分配，主要包含功率智能控制单元、功率智能分配单元、功率复用单元、车辆交互控制单元等产品。

（4）充电场站系统控制器。一般安装于充电机中，主要实现充电场站的集中控制、云边协同的数据转接处理、智能运维等功能。主要包含充电集中控制器、微网控制器等产品。

（5）充电网云平台。基于云数据的充电网操作管理系统，包括移动端充电管理 App，充电运营综合服务后台。

（6）能源管理云平台。基于云数据的充电网综合能源管理系统，包括面向用户的充电运营平台和工业互联网为基础的技术支撑平台。

二、与场景适配的产品体系

充电网的应用场景复杂多变，单一的产品显然无法支撑所有场景。在实现核心的充放电功能的基础上，从电气参数、机械结构选型、调度控制逻辑等方面均可进行定向的开发，设计不同的集成产品，进而形成不同应用场景下的横向产品体系。

（1）家用私人充电场景。该场景主要需求是一户一桩，白天用车、夜晚充电。对充电速度的敏感度小，对产品购买成本的敏感度高，并且由于一个小区、或一个社区的总供电负荷有限，难以支撑单台设备的大功率配置。因此，该场景下适用小功率充电产品，常用的产品包括 7 千瓦小功率交流充电产品，3~20 千瓦小功率直流充放电产品等。

（2）灵活充电需求的公共充电场景。需要在公共场站充电的用户有很多种，如需要在白天进行快速补电的出租车／网约车／物流车、无家用充电桩的私家车等。对产品的核心要求是快速补电，需要配置大的充电功率，以及应对各种车型同时充电时合理的功率分配。该场景下常用的产品包括 240~600 千瓦群管群控大功率充放电产品、120~600 千瓦一体式大功率充放电产品、250 安分体式充电终端、400~800 安液冷充电终端、变配电及充电高度集成化的预装式充电箱变等。

（3）高度自动化需求的特殊充电场景。随着技术的进步和时代的发展，各行各业对自动化的需求在不断地提升，充电网也存在同样的场景。目前有自动化需求且应用较多的充电场景包括无人码头的无人驾驶配合自动充电、私家车自动泊车配合自动充电、公交车快速停靠过程的自动搭接充电等。以上场景下常用的产品包括电动重卡自动充电及受电产品、乘用车自动（底充、侧充）充电及受电产品、公交车充电弓及受电弓产品等。

（4）多种能源互补、新型能源运营需求的微电网应用场景。随着技术的进步和新型电力系统的构建，充电网不再是单一的从电网取电，再充到汽车里这么简单。新型的多能互补充电场景，需要将光伏、储能、车网互动（V2G, Vehicle-to-Grid）等元素与充电产品进行有机结合，进而衍生出新的产品需求。主要包括智慧光伏车棚产品、一体式分布式储能产品、20~480 千瓦群充放电产品、基于直流母线的光储直柔集成产品、动力电池梯次利用储能产品等。

三、关键组件简述

不同的充电网产品包含很多标准化的通用组件，其中一部分组件是通用材料、成熟元器件的选型与应用，具有一定的通用性，如电气开关、仪表、风机等。另有一部分更核心的组件与充电网技术息息相关，一般和特定的关键技术相关，且技术迭代更新速度较快。是否具备关键组件的自主研发能力、对各种关键组件的研发涵盖范围、关键组件的工艺制造水平及量产规模、市场的应用情况及评价等，是评估充电网产品集成企业的重要标准。根据充电网的技术特性，产品的关键组件包括：充放电功率模块、充放电过程控制和功率分配装置、充电系统控制器、微网控制器等。本章第二至五节将对这几种关键组件进行详细阐述。

第二节 充放电功率模块

功率模块是充电网体系的核心部件，应用电力电子变换技术实现电能转换，是决定系统成本、转换效率、整体性能、运行稳定性和安全可靠性的关键因素。根据不同的应用场景，功率模块主要分为单向 AC/DC、双向 AC/DC、单向 DC/DC 和双向 DC/DC 模块四大类。

一、单向AC/DC功率模块

单向 AC/DC 功率模块是充电网系统中应用最广泛的组件。在政策和市场的指引及上下游行业技术更新的驱动下，充电模块朝着高功率、高效率、高频化、小型化、宽电压范围等方面持续发展。

在单模块功率方面，充电模块功率密度持续提升、输出电压范围不断拓宽。2020 年前后开始，行业内将输出电压提高到 800 伏超级快充架构下，市场上纷纷推出 300~1000 伏的宽恒功率充电模块。就充电模块效率而言，随着第三代半导体器件等电子元器件的发展，最大峰值效率由 96% 提升至 97% 以上，全输出范围内提升 1% 左右。此外，液冷模块和灌胶防护的风冷模块也成为充电模块技术发展的重要方向之一。

以特来电为例，目前的主流充电模块产品的参数如表 14-1 所示，其中，20 千瓦模块〔见图 14-2（a）〕具备全兼容功能，通过与监控配合，可实现对历史存量的多种型号产品的替代，实现充电模块平台的统一；40 千瓦模块〔见图 14-2（b）〕具备远程升级、运行时长记录、故障预警、最优工作点跟踪、静音模式、故障录播、电容寿命预警等智能化功能，提升了产品全生命周期的维护效率。

表14-1 特来电主流充电模块技术参数表

产品名称	20 千瓦充电模块	40 千瓦充电模块
输入交流电压（伏）	260~456	
输入 THDi（%）	≤ 3	
输入功率因素	≥ 0.99	
输出直流电压范围（伏）	50~1000	
恒功率输出直流电压范围（伏）	300~1000	
最大电流（安）	66.7	133
效率（%）	峰值效率 ≥ 96 满载效率 ≥ 95	峰值效率 ≥ 96，高效版 ≥ 97 满载效率 ≥ 95，高效版 ≥ 96
工作环境温度（摄氏度）	−40~75，55 以上功率线性降额至零	
待机功耗（瓦）	≤ 6	≤ 7.5
重量（千克）	< 15	< 20
外形尺寸（毫米 × 毫米 × 毫米）	83 × 219 × 500	84 × 360 × 459

（a） 20千瓦充电模块　　　　　　　　　（b） 40千瓦充电模块

图14-2　充电模块实物

二、双向AC/DC功率模块

V2G 技术的应用，可使电动汽车成为分布式移动储能单元功能。在用电低谷时充电，在用电高峰期时向电网放电，减轻电动汽车对电网的影响，实现削峰填谷的功能，也给电动汽车用户获得一定的收益，将是充电网的关键演化方向。双向 AC/DC 模块则为 V2G 技术中的核心电能转换单元。

双向 AC/DC 模块在业内尚未形成系列化产品，独立的充放电模块功率等级主要有 15、20、30 千瓦，直流侧最高电压等级有 750、850、950、1000 伏等。

特来电在 2022 年向市场推出 20 千瓦双向 AC/DC 功率模块，并在充放电柜系统、梯次储能系统、回馈式电子负载等产品中成功应用。基于该模块实现的产品主要特性有：支持充放电实时切换，切换时间不超过 20 毫秒；支持四象限工作，在充电、放电、待机模式下，容性无功和感性无功输出均可达 20 千乏，支持容性和感性无功实时切换；直流电压范围 50~950 伏，恒功率范围为 300~950 伏；交流侧电压范围为 260~456 伏，其中 323~260 伏电压范围内线性降额至 50% 功率。

三、单/双向DC/DC功率模块

为了配合光储充一体化、直流母线等微电网系统的推广应用，业内陆续推出了单向 DC/DC 和双向 DC/DC 功率模块。

在光储充一体化系统内，单向 DC/DC 模块实现光伏组件与储能电池或电动汽车电池的能量转换，因此其必须具备光伏组件绝缘检测、最大功率跟踪（MPPT, Maximum Power Point Tracking）的功能，同时需实现对电池的恒流、恒功率等充电的控制，此外还需实现光伏组件与电池之间的高频隔离以保证人身安全。

直流微电网是以直流配电的形式，通过直流母线将各分布式电源融合起来进行协调控制，同时又能将直流电输送给对电能质量要求高的直流负荷。在直流微网系统中，双向 DC/DC 模块主要实现直流母线与储能电池或电动汽车电池之间能量的双向转换。因此，双向 DC/DC 模块要求具备能量实时双向流动的功能，且切换时间应尽可能短；同时需支持双端口启动，端口防反接检测及保护功能，保证系统的安全稳定运行。表 14-2 为特来电 DC/DC 功率模块技术参数。

表14-2 特来电DC/DC功率模块技术参数表

产品名称	15 千瓦单向 DC/DC 光充模块	15 千瓦双向 DC/DC 模块
输入 /A 端口		
直流电压范围（伏）	200~950	
恒功率直流电压范围（伏）	420~950	
电流范围（安）	0~40	± 40
MPPT 数量	1	/
MPPT 追踪精度（%）	≥ 99	/
输出 /B 端口		
直流电压范围（伏）	50~750	300~950
恒功率直流电压范围（伏）	375~750	720~950
电流范围（安）	0~40	± 20.8
其他		
最高效率（%）	≥ 96.5	≥ 97
待机功耗（瓦）	≤ 15	≤ 25
工作环境温度（摄氏度）	−40~+75（−40~+55 满载）	
外形尺寸（毫米 × 毫米 × 毫米）	83 × 219 × 534.5	
重量（千克）	≤ 13	≤ 11

第三节　充电过程控制和功率分配装置

一、充电过程控制和功率分配装置概述

充电过程控制与功率分配装置是充电系统的核心组件，相关技术已在上一篇介绍过。整个充电过程由充电过程控制装置主导，配合功率分配装置，实现充电设备和电动汽车的信息和能量交互。充电过程控制装置由 CCU 和 PCU 组成，功率分配装置主要由 PDU 组成。CCU 的主要功能包括功率模块分配、PDU 控制、设备管理、充电控制、故障管理、系统管理、远程升级等。PCU 主要功能包括车辆 BMS 交互、充电主动防护、充电故障管理、充电流程控制、人机交互、远程升级等，PDU 主要功能包括功率继电器检测与控制、故障管理、人机交互、远程升级等。整个充电过程由 PCU 发起，并与车辆进行信息交互，在充电交互过程中 CCU 会根据 PCU 传递的充电信息进行模块分配，同时按照充电时序控制 PDU 对应的通道闭合或者断开，并控制模块进行功率输出，从而完成整个充电过程。CCU、PDU、PCU 在整个充电系统中的位置如图 14-3 所示。

图14-3　充电过程控制和功率分配单元位置

二、关键功能

1.CCU

CCU 的主要功能分为通信类、控制类和管理类等几类，具体如图14-4所示。

图14-4 CCU基本功能

2.PDU

PDU 内部由很多开关切换器件组成，其主要功能是根据外部的指令和当前运行工况，安全、高效地完成相应的开关状态的切换，具体功能如图14-5所示。

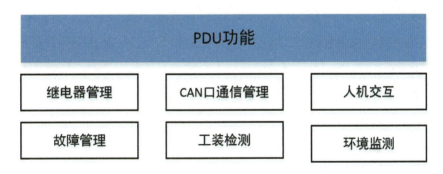

图14-5 PDU基本功能特性

3.PCU

PCU 的核心功能是和车辆交互信息并协同完成充电过程。其他的功能包括通信、检测控制、安全防护等几个方面。

三、相关产品介绍

1.CCU 控制装置

CCU 控制装置体积较小、待机损耗低、外部接口资源丰富、支持功能丰富、环境适用性强，广泛应用于群充系列产品、单桩产品中。常用接口包括 UART、RS485、CAN、网口、SPI、IIC、ADC、DI/DO 等。

2.PDU 控制装置

PDU 控制装置体积较小、外观新颖、人机交互友好，产品核心组件采用全灌胶、免维护设计、环境适用性强、功率输出范围更宽，通过应用智能风机调控技术有效降低噪声和损耗，广泛应用于群充系列产品。

3.PCU 控制装置

PCU 是充电系统中直接与车辆进行信息交互的装置，具有超低的待机功耗、丰富的接口资源及高可靠性的防护性能，适应耐高低温、超时、盐雾等恶劣环境，具备多重充电防护措施，包括电池充电安全防护、输出短路或反接防护及枪线过温保护等，保障整个充电过程更安全、更可靠、更经济。

第四节　充电系统控制器

充电系统控制器（简称集控器）是一个智能设备，作为充电产品的管理单元，旨在实现对充电设备的集中管理，对多个充电设备或充电站进行监视、调度和控制，为充电产品与充电云的信息化互联提供通信及安全服务，为能源管理提供数据支持，提高充电设备的利用率和效率。集控器提供图形化界面，实现充电设备与人之间交互控制，使用户能够实时查看充电过程、操作充电设备并获取相关信息，提升用户的充电体验。集控器提供一系列充电和运维应用，实现对充电过程及充电设备数据的采集、处理、传输、存储、就地控制等，保障充电网安全、可靠、智能和经济运行。

一、通信技术应用为充电和运维业务提供技术基础和保障

集控器负责将现场采集的数据传输到云端，接收云端指令并传达给相应的设备，实现对充电设备的监视和控制。其外围电路提供了丰富的通信接口，支持 4G/5G、网络、CAN、RS485等多种通信方式，它连接着多种设备，实现充电和环控信息采集、票据打印、电表抄读等功能，满足不同场景下对现场总线的应用需求。支持 TCP/MQTT 等传输层和应用层协议，实现

了多种设备与云端互联协议，在数据传输过程中采用数字证书及 TLS 加密通道的身份认证和数据加密技术，保障设备与云端之间的通信稳定安全。集控器通信架构如图 14-6 所示。

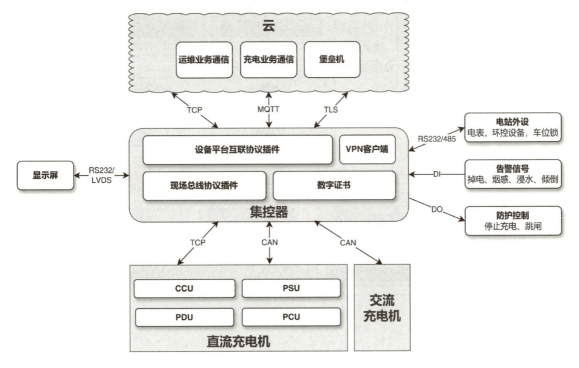

图14-6 集控器通信架构

二、面向用户和系统的充电应用功能

集控器为用户提供了便捷的充电功能，为充电业务的管理和运营提供了支持，为充电过程中的关键环节提供服务，包括为用户提供充电方式选择、对充电进行授权、控制充电启停、调节充电速率以及监控充电状态、生成计量计费账单等，使用户及时了解充电情况并可做出必要的调整。通过与云端智能调度协同作业，实现对充电设备的实时和动态管理，最大程度提高充电效率，降低充电成本，使充电网能够更加智能、高效地运行。集控器充电业务架构如图14-7 所示，主要功能介绍如下。

1. 为用户提供丰富的充电功能和运营模式选择

根据用户联网运营和个人充电桩使用的不同需要，集控器支持联网和私享运营模式，联网模式下支持刷卡充电、验证车辆识别码（VIN）充电、扫码充电等国内主流充电方式，支持 POS 机充电等海外用户惯用方式。私享模式下支持密码充电、屏幕按钮、插枪立即充等充电方式，满足用户在不同场景下的充电体验。

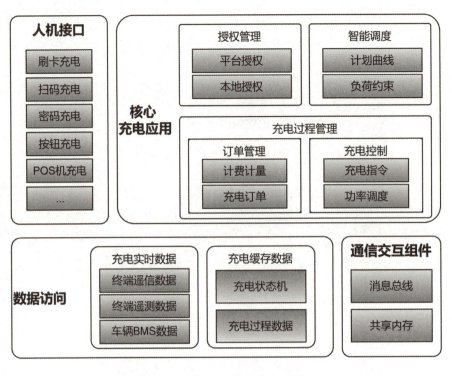

图14-7 集控器充电业务架构

2. 对用户充电进行鉴权授权，保障充电安全

充电前对用户身份进行鉴权是确保充电安全和管理充电站的重要步骤，集控器支持向云端申请授权或集控本地鉴权两种方式。在网络良好的情况下优先使用云端授权，在云端故障或离网情况下通过储存在本地的白名单鉴权，有效降低对网络和中心服务器的依赖性，持续为用户提供充电服务。

3. 对充电过程准确计量计费

计量计费通常需要计费模型，计费模型一般包含时长、电费、服务费价格等信息，由运营用户在云端制订，充电开始时平台将计费模型下发至集控器，在私享运营模式下也可通过集控器人机接口设置计费模型。充电开始后集控器按照计费模型记录用户充电电量明细，同时还会持续监控用户的充电行为和费用情况，当费用不足时发出通知或停止充电，充电完成后向用户展示充电账单明细并将计量计费数据上报云端。

4. 协同云端实施智能调度

云端根据电动车充电需求、电网负荷情况以及能源价格等因素优化生成充电计划并下发至集控器，充电计划通常包含时长、功率或 SOC 限值等。充电开始后集控器按照充电计划调节充电功率，同时向云端上报充电数据，为云端智能调度系统提供数据和反馈信息，云端根据反馈实时修正充电计划，从而实现充电资源的智能管理和优化利用，达到最佳的充电效率和成本效益。

三、智能运维应用保障充电设备稳定安全运行

集控器支持对充电设备实施实时监控、远程升级、参数配置、远程控制等远程化运维方法，实现对现场设备的监控、管理和预警，提高运维效率和节约人力成本。通过智能运维应用的支持，设备运维人员可以及时、准确地监控和管理设备的运行状态，预防和解决设备故障，提高设备的稳定性和维护效率，保障设备持续提供高质量的服务和性能。

1. 实时监控现场设备及就地处理

集控器收集设备的运行、性能数据和状态信息，包括设备运行状态、量测数据、告警数据等；收集环境信息，包括温湿度信息、烟感、浸水、倾倒告警信息等，并在本地进行数据预处理和初步分析，将重要数据和信息发送到云端，减少网络传输的负荷和延迟，提高数据处理效率。在检测到异常情况时，立即发出警报或采取预设的响应措施，如自动重启设备、调整运行参数等，以保证充电设备的安全、稳定运行。

2. 安全管理集控器资源

当管理、调试或维护集控器时，需要确保作业用户得到授权及远程访问的链路安全。通过云端堡垒机访问设备内部资源是一种常见的安全实践，堡垒机在用户与集控器之间建立安全隧道，通过堡垒机的认证、监控、审计等功能，记录用户的所有访问活动，包括登录、命令执行等，确保所有的访问是合法和安全的。

综上所述，集控器提升了充电产品的智能化水平，为充电产品安全稳定运行提供了保障，为充电产品的市场应用和充电网高效运营提供了关键业务支持。

第五节　微网控制器

上一节提到的充电集控器的主要功能是对充电场站内设备进行集中管理和监控，为充电产品的信息化互联提供服务。但是，电动汽车的动力电池在作为移动储能应用时也能以电源的形式向电网馈电，实现能源存储、应急备用、电网支持、能量平衡等诸多功能。通过在充电场站加装光伏、固定储能等新能源设施，就可使充电场站变为一个微电网系统。而负责微电网系统安全、稳定运行的主要设备就是本节所要介绍的微网控制器组件。

一、微网控制器概述

微电网起源于多种能源结合的分布式发电技术 DG（Distrubuted Generation），即通过在配电网建立单独的发电单元对重要负荷进行供电，并可和外界电网进行能量交换，简称微网。

国际上对微电网的定义各不相同，结合我国行业发展情况，可以这样理解：微电网是一种将分布式电源、负荷、储能装置、变流器以及监控保护装置有机整合在一起的小型发配电系统。图14-8为典型的基于电动汽车的交直流混合微电网一次拓扑。

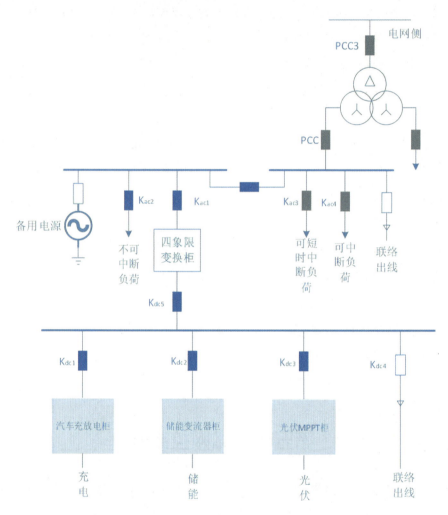

图14-8 基于电动汽车的交直流混合微电网一次拓扑

从图 14-8 中可以看出，交流侧主要有各类负荷单元以及功率变换装置；直流侧母线挂载有电动汽车充放电柜、储能变流柜以及光伏 MPPT（Maximum Power Point Tracking）柜和相关直流负载。微网控制器为该系统的核心控制保护设备，通过对系统内各组成设备的调度控制，保证微网系统可以自动或者联合电网协同运行，实现和电网现有保护方案协调，并实现电力交换和辅助服务。在满足第四节充电集控器的功能外，还具备以下主要功能。

（1）频率控制：微网控制器负责平衡电网中发电和负荷，从而维持频率的稳定。

（2）电压控制：微网控制器可以调节并网点电压在指定范围内。

（3）并离网控制：包括主动离网控制、被动离网控制和同期并网控制三种基本类型。

（4）能量管理：微网控制器参与微网运营，通过相应的最优投标实现电力市场活动。

（5）微网保护：配置不同类型的保护，监测故障并隔离。

二、微网控制器架构

4U 整层全量微网控制器面板对外接口能力如图 14-9 所示：以 CPU 所处位置为界，左侧主要功能为模拟量采样，右侧为开入开出和通信扩展，CPU 自身部件提供以太网、CAN、RS485 和 RS232 等接口功能。

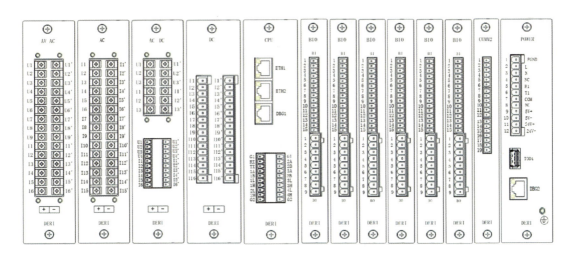

图14-9　4U典型接口能力

上述微网控制器整体上采用分层设计，分层架构如图 14-10 所示，主要包括硬件层、系统层、平台层和应用层。

1. 硬件层

（1）三遥输入输出：包括交直流采样信号输入、信号开入、控制及其保护的开出。

（2）多核同构架构的 CPU，通信扩展板单片机以及 GPU 等外设。

2. 系统层

（1）裁剪的 Linux 操作系统。

（2）操作系统驱动。

（3）RTOS 及各种开发环境。

3. 平台层

共享内存以及基于元件系统的组态管理、通信链路管理、任务管理和信号系统等。

4. 应用层

应用层包含的功能比较繁杂，按照应用的差别可以分为基础应用和高级应用两部分。

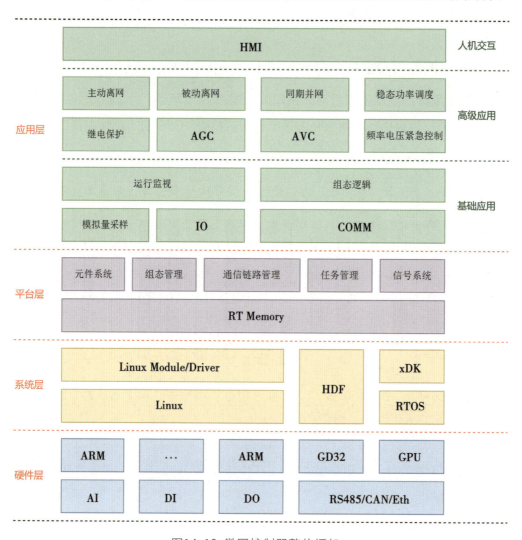

图14-10 微网控制器整体框架

三、微网控制器硬件架构及功能

微网控制器的硬件设计采用"典型应用低成本、复杂应用高性能"的思路，同时遵循模块化设计原则，充分考虑总线数据传输要求、通信接口配置等因素，采用插件化设计方案，主要插件包括电源板、CPU 板、开入开出板、模拟量采样板、通信板和背板等。

（1）电源板。电源板将外部 220 伏 /380 伏外接供电电源转化为装置使用的工作电源和开入电源。

（2）CPU 板。采用核心板加底板模式，支持不同架构形式的 CPU 内核。

（3）开入开出板。提供 IO 输入和输出功能，为保证出口动作可靠性，所有开出采用直驱方式。

（4）模拟量采样板。包括交流采样和直流采样多种类型的插件，可按需求灵活组合和配置。

（5）通信板。自带 CPU，满足不同工况下对不同类型通信方式的差异化需求。

（6）背板。与各个板件采用 96 芯端子连接，综合考虑不同速度信号类型的布线处理。

第十五章

群管群控充放电系统

充电桩类似加油站的加油机，最早以一体式充电机形式出现，将功率变换单元模块、充电终端等组成部分放置于一个柜（箱）内，在结构上合成一体的充电机。而群管群控充放电系统产品（简称群充产品），俗称功率共享分体式充电机（简称充电机），是指将功率模块集中管理，与充电终端在结构上分开，二者通过电缆连接，可灵活部署。更重要的是，功率模块通过功率分配单元，可在多个终端之间灵活分配，显著提升功率模块的利用效率。群管群控充放电系统产品是支撑大规模电动汽车充电网运行的重要基础设施。

第一节　概述

可以把群充产品想象成一个共享的功率"水池"，充电终端都从池子里取用功率。这样一来，根据每辆车的需要，就能更灵活地分配功率，群充产品就像是一个智能调度员，确保每辆车都能按需充电、功率模块资源高效利用。

群充产品主要由功率池与充电终端组成。功率池主要由功率变换单元、功率分配单元及控制系统等组成，是群充产品的核心，具体在第十四章中有详细介绍。充电终端是与用户交互的直接媒介，功能丰富程度、外观设计的精致度、操作的便捷性和整体的易用性等方面的使用体验直接影响用户对充电设施的认可度。

群充产品能够节省电力容量资源，同时最大化满足电动汽车大功率充电需求。基于群管群控技术，功率模块可以实现共享，减少模块投资，可以设置不同功率组合的充电车位，充电功率柔性可调。在对汽车群充电时将进行统一调度、统一管理，结合电动车辆不同优先级的需求和接入点电网负荷，对电动汽车充电进行优化调度，最优化满足不同的充电需求，同时减少对电网冲击。

群充产品能覆盖私人领域电动汽车充电应用、公共领域电动汽车充电应用、特种车辆电动化充电应用等场景；可以满足不同类型车辆的电能补给需求，同时参与电网削峰填谷、调峰调频等电能互动，成为电动汽车与电网、分布式能源网的耦合节点。

第二节　群管群控充放电系统产品关键特性

随着市场需求和技术的演进,群充产品不断发展,形成了丰富的产品系列。群充产品的诸多关键特性使其逐步成为行业发展的主流选择,具体特性如下。

一、动态分配、功率共享

群充产品能够根据电网负荷及客户需求实现均充、轮充、保障充等多种充电策略,具体策略如第九章第三节所述。图 15-1 展示了功率池通过动态分配满足不同需求的充电车辆。

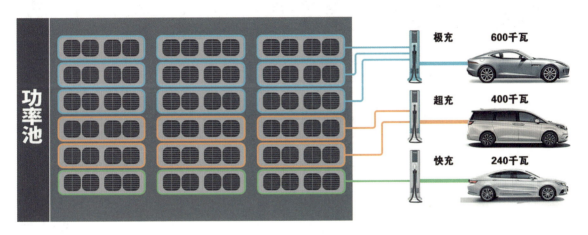

图15-1　功率共享

各种充电策略灵活组合,可为用户提供高效便捷的充电方式,提高客户充电效率及体验认可度。

二、灵活扩展、动态演进

群充产品将功率变换单元和充电终端从物理结构上分开的特性,使其天然具备了灵活扩展的优势。可以保持功率池不变,根据不同的充电场景,配置不同规格和形态的充电终端,这不仅能够实现不同的功率输出,也可以根据不同场景和车辆需求配置不同的充电终端。例如常规公共快充场景,大部分车辆充电功率较低,配置普通快充终端即可满足充电需求。部分专用场景下车辆的载重量较大,装载的电池也较多,采用大功率超充终端可缩短充电时间,提升运营效率,这时候就可以配置液冷大功率超充终端,满足大功率充电需求。面对复杂充电场景,也可以同一个功率池同时搭配普通快充终端和液冷大功率超充终端,同时满足不同用户车辆充电需求。对无人驾驶场景,可以采用自动充电终端产品满足无人化、智能化充电,如第十七章中介绍的充电弓、充电机器人等产品。

　　群充产品还能以最低代价的升级改造支撑充电技术及标准的升级，面向未来技术升级迭代，无须拆除重建，可连接光伏、储能、V2G灵活升级为微电网等，如图15-2所示，车棚顶部集成了光伏板，另外还配置了储能电池箱。

图15-2　匹配不同充电终端和扩展光储充放

三、智能调度、柔性充电

　　群充产品的另外一个重要优势就是便于集中管理，实现智能调度、柔性充电。这为充电设备集群的组网通信、通信设备的数量优化提供了有利的条件；还可实现充电负荷与电网其他用电负荷的物理网络分隔，简化了电力接入，并为充电负荷优化调度提供良好的条件。

1. 负荷调度

　　充电负荷调度的基本原则是，以居民用电（包括其他传统用电的一级负荷）优先，利用剩余电力容量供电动汽车充电。负荷调度的控制目标是，总用电负荷的削峰填谷，降低电网峰谷差。该功能的效果是，可以在不增加原配电容量基础上，满足电动汽车充电，并且有效地将电网峰谷差降低。

　　负荷调度功能非常适合小型充电场站进入社区，解决电力负荷不足问题，避免充电设施与原有负荷争抢电力需求，充分利用现有电网容量，接入充电负荷。

2. 低谷充电

　　通过智能调度，可以实现低谷充电，大大优化充电场站的电费成本，享受大工业用电中的低谷费率，不仅能改善电网的运行方式，同时为充电场站节约大量运行成本。通过充电设备集成化建设、模块化设计等技术体系的综合应用，才有条件实现充电负荷对电网的削峰填谷，其综合性效益是十分明显的。

3. 柔性充电

群充产品可实现电网柔性、设备柔性、电池柔性的三重柔性充电。

电网柔性是群充电系统柔性充电技术的内容之一，建立在设备模块化群管群控的硬件基础上，实现对电网柔性调控的功能。在车辆数量比较多的情况下，群充系统会根据客户的充电需求和电网需求排列出优先顺序，依次满足车辆充电需求。

设备柔性即通过设备智能管理系统及充电云平台的统一调度，充电系统内部可以实现功率模块的实时调度与分配。根据不同的充电策略，系统可实现功率模块的按需分配，当车辆功率需求降低，电源模块空闲时，可实时将空闲电源模块分配给下一辆需要充电的车辆，提高设备的整体利用率；同时，当车辆总功率需求固定，不需要所有模块同时工作时，系统会调度空闲模块进行休眠，还会根据运行模块的使用频次，调度使用频次较低的模块进行使用，达到平衡各模块工作强度的目的。设备柔性的实现，将提高群充电系统整体的使用效率，有效保障了设备的使用寿命。

电池柔性。电池的充电化学反应过程与许多环境因素相关，比如充电电流、SOC 的工作范围、电池环境温度的差异、成组后电池间的不均衡性、电池老化后特性的差异、电池寿命与续驶里程的矛盾平衡等。柔性充电的最终目的是综合电池当前的特性的差异、客户需求（充电时间以及要求的汽车续驶里程等），云平台对汽车历史充电数据进行分析，制订出最适合电池寿命的充电方法，使电池在充电时尽可能延缓其老化，提高电池寿命。

第三节　群管群控充放电系统典型产品

市面上有各种各样的群充产品，叫法也多种多样，有的公司产品叫充电机，有的公司产品叫充电堆，但是其核心架构都是一样的，即将功率变换单元与充电终端在结构上分开，二者通过电缆连接。按分类维度不同，其主要产品如下。

一、不同接入电压等级

按照不同接入电压等级，可以将充电机分为高低压一体化群充产品和低压接入的群充产品。

高低压一体式群充产品，接入电压为 10 千伏及以上高压，由高压室、变压器室、低压群充电机一体化集成，无需单独规划配电室，具备运行可靠、维护方便、交付快速、故障率低、土建费用低等特点。将变配电系统、电力电子装备、储能系统，以及分布式能源接入系统等模块化设计、工厂化预装或预留接口，达到一二次系统集成化。该产品是把交直流充电系统和变配电设备融为一体，人机互动和业务管理通过云平台及监控软件控制，形成了一个从高压到低压、从交流到直流、从集控到调度、从充电到放电、从光储融合到协同调度的大系统。可根据不同地区要求和应用场景需求，选择变压器容量和充电机功率，灵活选配快充、超充、极充终端或大功率自动充电终端。图 15-3 为高低压一体式群充产品系统示意。

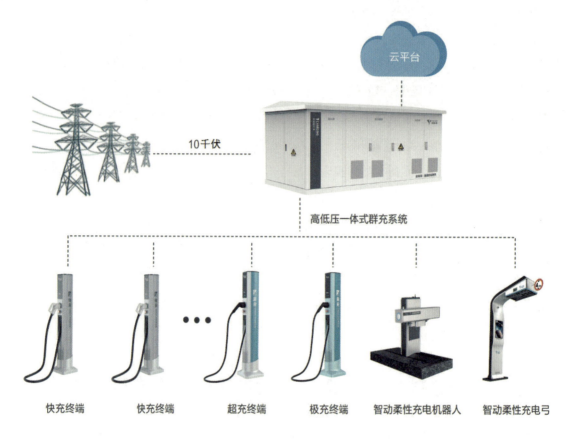

图15-3 高低压一体式群充产品系统示意

低压接入的群充产品是指采用 380 伏交流电源接入的产品，同高低压一体式群充产品的区别是从外部变压器室接入电源，一般都需要单独规划建设配电室，相比高低压一体式产品，会增加场站建设费用及周期。

二、不同散热方式

按照散热方式不同，充电机主要分为强制风冷充电机和液冷充电机，采用的技术路线为第八章第三节中介绍的强制风冷散热技术和液冷散热技术。

强制风冷充电机，即功率模块采用风冷散热，同时采用系统风机对整机进行通风散热的充电机。如图 15-4 所示。

强制风冷充电机成本优势明显，配置灵活度较高，适用范围较广。但风冷充电机一般需要定期清理或更换过滤器，内部环境空气与外部环境联通，灰尘、水汽都比较容易进入充电机内部，造成内部电器件腐蚀、短路等故障，降低产品整体使用寿命。

液冷充电机所用液冷模块一般功率更大，具有更高的能量密度，常见的为 40 千瓦 /60 千瓦液冷模块。与风冷模块相比取消了模块风机，有效降低了产品噪声水平。封闭外置的液冷散热系统，将充电机内外环境有效隔离，提高产品的防护性能。更高功率密度的模块，也大大缩减了充电机的结构尺寸，体积优势明显。散热器一般布置在充电机顶部，采用顶出风形式。液冷散热充电机如图 15-5 所示。

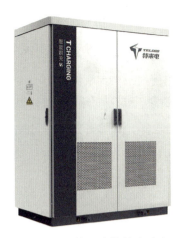

图15-4 强制风冷散热充电机

三、不同防护等级产品

从防护性来说，分为常规户外防护等级充电机和应对高尘、高污染环境的高防护总控箱产品，常规户外使用条件的产品防护等级为 IP54，但是难以应对特殊高粉尘环境。

采用相变换热、独立风道等技术的高防护总控箱（见图 15-6）则能够将防护等级提升到 IP65，提供高度的防护性，可以防止灰尘、水分或其他外部物质进入箱体影响电气设备的安全运行。

图15-5 液冷散热充电机

四、不同类型充电终端

充电终端主要是根据输出电流的大小进行区分。目前市场上的充电桩主要使用的是 2015 年发布的充电接口标准《电动汽车传导充电用连接装置　第 3 部分：直流充电接口》（GB/T 20234.3—2015），接口最大电流只有 250 安，但是随着电池技术的发展及用户对于充电时长需求越来越短，2023 年发布的充电标准《电动汽车传导充电用连接装置　第 3 部分：直流充

图15-6 高防护总控箱

电接口》（GB/T 20234.3—2023），电流已经可以支持到 600 安及更大的电流。

对于 250 安电流充电终端，采用自然冷却方式（见图 15-7），在充电过程中不需要额外增加散热；大功率超充终端，电流高达 600 安（见图 15-8）及以上，采用自然冷却方式，线缆会非常重，难以操作，同时充电枪头结构也无法支持大电流充电时产生的热量，因此行业内基本上都会采用液冷冷却的主动冷却方式，不仅能够支持大电流充电，缩短用户充电等待时间，同时也能减轻充电枪线重量，带来更好的用户操作体验，技术路线在第八章第三节中的液冷散热技术中有详细介绍。

图15-7 自然冷却250安充电终端　　图15-8 液冷600安大功率终端

第四节　群管群控充放电系统其他产品

群充产品除了前面介绍的典型产品外，还有针对特定场景使用的产品，如适用于居民小区和园区的小功率直流分时充放电系统产品及微电网系统产品等。

一、小功率直流分时充放电系统产品

随着新能源车辆的增多，私家车销量也在不断地提升，需要更多的充电设施来满足电动汽车充电使用，最佳的充电体验就是可以利用客户在家休息或上班工作时间为车辆充电。

满足这种体验的场景就是居民小区、企事业园区，这种场景下用户日常出行的里程较为固定且车辆长时间停放，此类场景我们称之为"驻地站"。在驻地站建设大功率直流产品会产生许多弊端，包括对电网的冲击、投资回报的不经济等因素，同时考虑到未来场景能够进行车网互动时需要将车辆放出的电转化为可以和电网同频的交流电，现有的交流产品也无法满足使用，因此仍然需要直流系统来满足此种需求，至此，基于群管群控架构衍生出小功率直流分时充放电系统（见图15-9）就应运而生。

典型系统为1个充电机带6个终端，将功率、控制等价值较高部件安装在充电机内部，计量、车辆交互部分置于终端内部，在运行过程中系统可以根据需要充电的车辆数量、电网负荷情况等多种因素动态调整充电功率，轮流给车辆进行充电，以此最大化地满足用户充电需求，同时降低设备投资成本。同时当驻地站场景中的车辆有放电的需求时，只需将设备内部的模块进行简单更换，即可将设备由仅支持充电功能更换为支持充放电功能。基于平台的智能调度，根据电价、园区负荷、用户充电需求等多方面因素做到在电价低谷时为用户进行轮流充电，在电价高峰时根据用户需求将电动汽车中的电释放到电网。

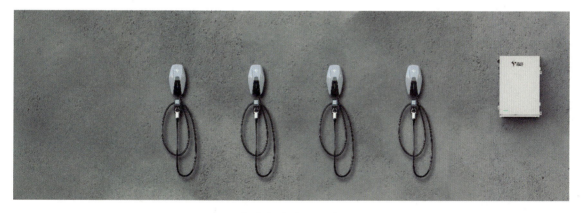

图15-9 小功率直流分时充放电系统

二、微电网系统

把群管理的模块拓展到双向及连接其他光、储等元素，即可构成微电网系统。

微电网系统是一种集成光伏发电、储能、充放电控制、电网交互等功能的综合能源系统。在提供电力供应的同时，还能够提高电网稳定性和韧性，降低能源成本，且对环境友好。适用于需要独立供电的场所，如岛屿、偏远地区、工业园区等，主要具有以下功能。

光伏发电：光伏组件将太阳能转化为电能，通过光伏发电板产生直流电，经过转换或控制给储能电池或者电动汽车充电，实现新能源车充新能源电。

储能系统：光伏发电产生的电能或者电网低价电时段电网电能通过充电控制器存储在储能系统中，如锂离子电池等。储能系统能够在需要的时候释放电能。

充放电控制：系统中的充放电控制系统负责充电和放电过程，确保系统运行的稳定性和可靠性。

微电网管理：能够监控、控制和优化整个系统的运行使得系统可与主电网连接或者独立运行，并且能够智能调度能源，以满足用户需求。

群管群控充放电系统扩展为微电网后，更有利于发挥其有序充电、双向互动、负荷约束等优势，通过以上控制，深度配合光储充放多种能源的互补，提升系统运行的经济性、稳定性。

第十六章

一体式充放电设备

区别于群管群控充放电产品，特定场景下，还会有一体化的充放电产品，包括一体式交流充电设备和一体式直流充放电设备。按照充电枪是否与功率模块（或配电）集合在一起分为一体式充电桩和分体式充电桩。

第一节　一体式交流充电设备

一体式交流充电设备（简称交流充电桩）俗称"慢充桩"，它直接连接电网，通过控制板输出交流电，通过电动汽车内部的车载充电机（OBC）将交流电转化为车辆电池所需的直流电，达到为车辆充电的目的。

按照交流额定电流可分为 8、10、16、32、63 安五个电流段，根据 220、380 伏额定电压的不同换算成功率分别为 1.76、2.2、3.5、7、11、21、40 千瓦。

由于绝大多数的车辆均支持交流充电，因此交流充电桩的应用场景比较广泛，目前以固定式充电桩为代表的设备功率集中在 7、11、21 千瓦（见图 16-1），而以应急为代表的随车充功率则集中在 3.5 千瓦以下。

交流充电桩没有整流功能，更多的是控制电的输出与导通，因此它更像是一个智能化的"插排"，同时外围增加显示功能、刷卡功能、安全保护、计量、充电枪、外壳等组件，就组成了一个充电桩，当充电枪插入车辆后交流充电桩控制电路板输出交流电，为车辆充电。

按照车桩比 1:1 计算，预估 2025 年交流充电桩市场规模将会达到 5000 万量级，此等规模下由于充电桩数量多、场站分散，因此对于设备的智能化、高可靠、低运营成本要求也越来越高，这类需求的存在支撑了交流充电桩产品拓扑的快速升级。

高可靠：系统的可靠运行需要的是硬件、结构等多方面配合，

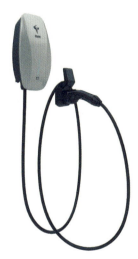

图16-1　固定式交流充电桩

高度集成化的产品可以将设备由原有的 N 个失效节点降低为 1 个，同时高达 IP65 的防护等级，可以让设备轻松面对雨、雪、粉尘等国内外各种复杂天气，使设备的可靠性大大提升。

智能化：除了用户过程中的智能化，产品运营过程的智能化也至关重要，设备参数的遥测、遥调、遥控将会极大化地降低现场运营成本，使现场运维人员可以足不出户维护千里之外的设备。

低成本：将分散的电气功能高度集成化除能提升产品使用过程中的可靠性外，还会进一步降低设备成本，同时高可靠 + 智能化的加持使产品在后续使用过程中的维护成本进一步降低，使得运营商可以在竞争激烈的环境中立足。

第二节　一体式直流充放电设备

一体式直流充电桩（简称直流充电桩）俗称"快充桩"，电网的交流电无需通过车载充电机即可直接通过设备内部的 AC/DC 充电模块将交流电整流为直流电，为车辆进行快速补电。随着用户不断注重补能的速度和效率，直流充电桩基本覆盖了电气化交通领域的各个场景。

直流充电桩相关行业标准《电动汽车非车载传导式充电机技术条件》（NB/T 33001—2018）中指出，一体式充电机是将功率变换单元、充电终端等组成部分放置于一个柜（箱）内，在结构上合成一体的充电机。充电机的基本构成包括动力输入源、功率变换单元、输出开关单元、充电电缆和车辆插头，以及控制电源、充电控制单元、人机交互单元，也包括计量单元等。如图 16-2 所示。

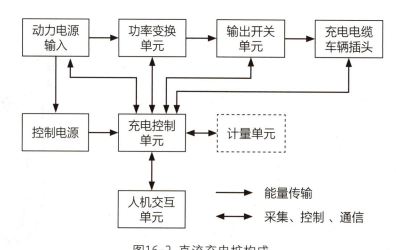

图16-2　直流充电桩构成

回归到电能流向的角度，直流桩充电桩仅能做到单向流动，以双向 AC/DC 充电模块为中心的一体式直流充放电设备可以实现电能的双向流动，将电动汽车连接到整个电力系统中，电动汽车本身的储能属性将发挥巨大的调节能力，平衡风光等随机性新能源发电和电动汽车规模化发展带来的无序性负荷需求之间的供需关系，保证电力系统安全、稳定、经济运行。

充放电设备是支撑整个充电网运行的基础设施，可靠性是充电设备户外运行的关键指标。相应地，一体式直流充放电设备中的充放电功率模块技术、热管理技术、适应复杂户外环境的防护技术、非金属材料技术应用等均是直流充放电设备的关键技术，这些第九章、第十四章有详细介绍，本章不做赘述。

充电行业发展至今直流充放电设备基本覆盖了电气化交通领域的各个场景，场景上可以分为三大场景，即公共充电场景、专用充电场景和目的地充电场景。

公共充电站是充电网的骨干节点。产品多以 120 千瓦和 160 千瓦一机双枪直流充电桩为主，随着电动汽车高压平台化和电量的提升，未来此场景下 160 千瓦将会成为主流产品。

随着交通领域电气化的发展以及相关政策的引导，一些专用场景下的充电建设日益成熟，如公交、机场、重卡物流等的充电场景。其中公交、机场等场景需求功率和公共快充电场景持平，重卡物流场景多集中在钢厂、港口、煤矿、热电厂、城市基建、公铁港联运等，因其本身的强运营属性，240 千瓦和 320 千瓦甚至更大功率规格大功率一机双枪直流充电桩将成为补能的主力产品。

充电网中应用最广，数量最多的场景是目的地充电，一般是指企事业单位和居民小区。这种场景的特点是周围人员密集、电力负荷有限、电动车辆停放时间较长、成本敏感。40 千瓦和 80 千瓦直流充电单桩比较符合此类场景需求。另外，此场景下电动汽车日行驶里程有限，停驻时间较长，再加上电动汽车本身的储能属性，7 千瓦 /20 千瓦小功率充放电设备可以助力实现车网互动，规模化的车网互动在区域平衡负荷、削峰填谷等中将发挥重大作用。特来电直流单桩产品如图 16-3 所示。

图16-3 特来电直流单桩产品

第三节　一体式交直流充放电设备的发展

时至今日，一体式充电设备分布在电动汽车补能的各个领域中。不得不说一体式充电设备在电动汽车规模化发展的前十年发挥着重要作用，但伴随着大规模电动汽车发展的现在及未来，一体式充电设备将会朝着哪些方面发展呢？

1. 交流设备将可能逐渐被直流设备取代

现存电动汽车多数均同时拥有交流和直流两个充电口，近几年开始有部分车企推出仅带直流充电口的车型，此外行业上也推出了 20 千瓦及以下小直流充电桩相关标准，一方面从车企的角度取消交流口和车载 OBC 可以减轻整车重量，降低成本，利好其设计和销量。另一方面从充电角度，相较于交流简单的 PWM 波通信，直流充电可在充电交互过程中监控更多数据，提升其安全性。居民小区和企事业园区等场景直流布网将加速这一趋势。

2. 一体式设备应用场景将逐步受限

一体式设备彼此之间的功率不能共享，随车随充。随着大规模电动汽车发展，我们发现无序充电的大功率充电桩多是在电网负荷高峰期充电，这将对电网的能源供给和安全构成巨大威胁，只有充电网的技术路线才是大规模的电动汽车发展的基本基础，一体式设备未来的应用场景将越来越受限。

3. 单枪充电将向充放电发展

在新能源发展的大背景下，新能源发电得到快速发展。由于风光等新能源发电具有其固有的不可预测性和波动性，所以新型电力系统中就需要一种具备灵活且巨大调节能力的储能设备。

电动汽车除燃油车本身的运输属性外，还具有其独特的数据属性和能源属性，一辆电动汽车就相当于一块行走的储能电池，规模化的发展又赋予电动汽车优质的调节潜力。充放电设备将成为连接电动汽车到整个电力系统中的媒介，利用其储能属性平衡风光等随机性新能源发电和电动汽车规模化发展带来的无序性负荷需求之间的供需关系，保证电力系统安全、稳定、经济运行。

第十七章

自动充电设备

汽车的电动化、智能化、网联化，推动了行业变革与技术创新，从无人驾驶、辅助驾驶、代客泊车等科技感十足的概念到全国各地随处可见的实际应用场景。电动汽车无人驾驶已经来临，对电动汽车的充电网提出了更高的要求。充电网不仅要满足充电的基本需求，还要与车辆无人驾驶结合，给车辆提供无人充电的解决方案，真正实现车辆运行全过程的无人化、智能化。基于第十三章的相关技术，可以针对不同的充电场景设计相应的自动充电设备。

第一节　面向无人驾驶车辆的自动充电产品特征

当下，无人驾驶技术发展迅猛，车型较多，服务场景复杂，自动充电产品的特征与无人驾驶的场景密切相关，自动充电产品应具备面向多车型、多场景的解决方案。

（1）面向无人驾驶场景。如青岛港、天津港、上海港、厦门远海码头、深圳妈湾港、广西北部湾港口等港口的自动驾驶车辆，设备运行全部无人化，自动充电产品的可靠性与远程修复功能尤为重要；在偏远的作业现场无法全程配备充电运维人员，需提高产品可靠性。同时，采用智能化的远程监控，数据分析，实现故障预测，远程修复是自动充电的核心要素。

（2）面向台风、暴雨等恶劣天气，沙尘、雾霾等污秽工况。如港口、矿区等，需提高自动充电产品整体的户外耐候性、视觉定位的精准性、金属部件的耐腐蚀性、设备的防护等级。

（3）面向连续作业的商用车。如厂区内的短途货物倒运，车辆24小时不间断运行，为提高车辆的运营效率，需采用快充的补能方式。传统的商用车充电时间在1小时以上，采用大功率的补能方式可缩短至10分钟，大幅缩短充电时间，提高运营效率。

（4）面向于乘用车市场，辅助驾驶、自动泊车等技术已经开始普及且市场体量庞大，自动充电产品的规模化应用需考虑用户的可接受成本。

综上所述，自动充电产品大规模的落地需具备以下特征：高可靠性、强耐候性、超大功率以及可规模化应用的成本。

第二节　自动充电主要产品

不同的车辆特性以及运行场景，自动充电的技术方案也有所不同。如图 17-1 所示。城市公交领域的电动客车因顶部空间较大，侧面人流量多涉及人身安全，故采用顶部接触式的充电弓方案；港口、矿区、物流园、工业园等场景下的大型商用车，顶部空间多承载货物，因此侧面大功率的自动充电机器人更适宜此类场景的自动充电需求；具备自动泊车、代客泊车、无人驾驶的乘用车，目前有无线充电、底部充电、移动机器人充电、机械臂充电等。

图17-1　自动充电产品总览

一、面向电动客车的充电弓

充电弓是通过下压式充电机构自动连接车辆顶部的受电接口，给电动车进行充电。主要由以下部件组成：连接铜排下压和上升的伸缩部件，具备与车辆通信的 Wi-Fi—CAN 和接近识别传感器，具备主回路连接、接地保护和信号确认的充电电极，起结构支撑和保护的架体。在车辆驶入充电场站时，依靠无线传感通信，无感数据交互，司机在车辆内部按下"启动充电按钮"，充电弓从顶部下压，充电弓与受电弓的电极搭接。在充电过程中，通过微型压力传感、温度传感、回路异常检测等安全防护措施保障充电的安全。

1. 产品特征

充电弓具有如下特征。

（1）智能化程度高，植入人工智能技术，实现全自动充电，超前布局无人驾驶车辆的应用；

（2）充电速度快，对公交大巴来说，"充电 40 秒，续航 10 千米"；最高电压 1000 伏，最大电流可达 1000 安，利用乘客上下车的时间就可以满电出发；

（3）在场站选址方面，不需要占用大面积的场站，可建设在道路两侧，将充电站和公交站"二站合一"，解决公交充电无场地的痛点；

（4）在耐候性能上，台风、暴雨、雾霾、扬尘等恶劣工况下，均能保证可靠充电。

2. 产品发展现状

自 2017 年充电弓在国内推出，累计运行 7 年多，单台设备免维护运行次数已达 15 万次。已在成都、上海、厦门、青岛、镇江、盐城、济南、临沂、烟台等地应用，服务车辆近万辆。在标准规范方面，已发布国家标准《电动客车顶部接触式充电系统　第 1 部分：通用要求》（GB/T 40425.1—2021）。

充电弓产品目前较为成熟。在未来，随着车辆无人驾驶水平的提高，充电弓必将会与无人驾驶车辆深度结合，为用户提供更加便捷的出行体验。

二、面向大型商用车的充电机器人

充电机器人主要服务于港口、矿区、物流园、冶金厂区等特殊区域下的无人驾驶车辆。因这些车辆顶部没有空间安装充电接口，故采用在侧面的充电机器人。无人驾驶车辆驶到充电机器人附近，通过接近识别建立 BLE 连接；采用激光雷达单线扫描车辆充电接口的数据轮廓，深度比对，输出位置信息；多轴机械运动组件上下、左右、前后运动，实现对位插枪，依靠控制导引检测插枪到位后，开始启动充电。

1. 产品特征

充电机器人的产品特征如下。

（1）在自动化方面，无人驾驶车辆与自动充电无感交互，自动实现插枪充电；

（2）在充电接口上，创新大功率双回路充电接口，充电电流达 1200 安，电压 1000 伏，满足大型商用车快速补电的需求；

（3）在定位识别上，采用单线激光雷达搭配末端柔性矫正机构，插座与插头可靠对位连接，补偿户外恶劣环境下的定位误差；

（4）在机械运动上，实现上下、左右、前后大范围的运动，适配无人驾驶的停车精度；

（5）在车辆端的改造上，加装车载受电座与车载控制器。车载控制器主要是进行安全保护与无线通信，车载受电座实现大电流传输。

2. 产品发展现状

该产品自 2018 年推出，已在北部湾港口、南沙港、天津港等地应用，服务机车、自动导引车（AGV）、重卡等车型。随着封闭场景和固定区域下的无人驾驶技术快速发展，该产品必将会强有力地支撑无人驾驶车辆的后端补能，实现车辆运行全过程的无人参与。

3. 产品发展方向

随着车辆智能化程度的提高，未来产品的发展呈现以下两个特征。

（1）自动充电产品的机械运动更为简单化。车辆的智能化程度提高，停车精度愈加精准，会降低对充电设备的智能化要求。自动充电产品的机械运动会由多轴简化至单轴运动，成本更低、系统更简化，可靠性更高。

（2）自动充电产品的充电接口趋向标准化:《电动汽车传导充电用连接装置 第4部分:大功率直流充电接口》（GB/T 20234.4—2023）定义的大功率直流充电接口，目前的电流可支持到 800 安以上，能满足大多数车辆充电的需求。且采用标准接口，对于整车高压回路设计、BMS 硬件回路设计更加简单。

三、面向乘用车的自动充电解决方案

面向乘用车的无人驾驶、辅助驾驶、自动泊车等技术已开始普及，车辆在实现自动泊车后，必然需要自动充电来解决车辆最后 1 公里的无人补能问题。从乘用车的充电场景分析，最先实现自动充电的可能是公共快充站与家庭场景。对公共快充站来说，换电已经率先实现无人化补能，传导式自动充电的技术路线仍在探索。对于人工驾驶的车辆自动充电的需求程度较弱，但后期车辆代客泊车功能成熟后，自动充电可能是刚需，用户无须考虑后端停车与充电。对于家庭场景，自动充电结合自动泊车，车辆自动泊入车位后不需要司机插枪充电，从用户心理上磨除充电的概念，提高人机体验，更满足用户心理的高级感需求。

乘用车的市场体量大，目前市场上的自动充电方案较多，根据车辆端充电接口的安装位置，分为侧面充电（ACDU, Automatic Connection Device for vehicle Underbody connection）与底部充电（ACDS, Automatic Connection Device for the conventional Side connection interface）。因涉及人身安全与整车布置，暂不考虑顶部充电。

1. 多轴机械臂

多轴机械臂由多关节的机械运动部件、双目视觉定位、末端压力传感器、伺服驱动系统、运动控制器组成。多轴机械臂多轴多姿态移动，且动作范围较大，可以较好满足车辆自动充电的需求。应用于自动充电系统时，双目视觉定位可以识别车辆受电接口的位置，将位置信息传递给伺服驱动系统，驱动多关节的伺服电机带动机械臂运动，在插枪过程中，末端压力传感器感知插枪力的大小，实现充电枪与车辆的充电接口的连接，并保持合适的力矩大小。在整个运行流程，伺服驱动系统作为大脑，整体调动机械臂的运行，实现自动插枪到位。据公开发布的信息，路特斯等多家相关领域企业发布过基于多轴机械臂的自动充电解决方案。但多轴机械臂系统整体组件较多，成本较高，且大多应用于室内环境，批量推广的难度较大，在实际场站的投放数量较少。

特来电对多轴机械臂进行了适当简化，从整体上进行了优化，于2018年研发成功自动充电机械臂。在运动组件上，采用多自由度并联运动技术，研发逆运动学算法，构建电动伸缩杆、万向铰链和上下平台的柔性机械运动。在视觉定位上，采用TOF与单目视觉结合补偿定位，在距离较远时，采用TOF粗略定位受电座的位置，在距离较近时，采用单目视觉调整图像畸变，精准定位受电座的位置。在户外耐候性上，采用成熟的电动伸缩杆，防护等级较高，高低温适应能力强。在外观效果上，可根据车企需求定制独特的外观效果。这一方案取得了经济性和实用性上的很好平衡，获得了较为广泛的应用。

2. 移动式充电机器人

在移动式充电机器人方案上，国内外有10多个厂家展开技术研发与产品测试，如：红旗、始途科技等。该类产品具备自主移动的底盘，可以根据需要随时调整位置，实现了车位与充电桩的分离，从停车难的角度解决充电问题。在能量传输上，配置有储能电池与双向充放电系统，支持绿电消纳，车网互动。在自动连接上，设备安装有多轴机械手与双目相机，可以实现自动充电。在辅助功能上，部分设备还具有夹手，可以自动打开车辆充电盖。该产品功能全面，形式新颖。

目前移动式充电机器人处于前期探索阶段，尚未实现大规模化的普及。由于系统组件较多，涵盖高精度视觉、机械臂、移动底盘、电池等，设备的成本较高，难以实现低成本量产。在使用场景方面，大多应用室内场景，户外恶劣天气下的应用有待考究，特别是在负载的环境中运行，可能会遇到各种障碍物和意外情况，如行人、其他车辆等，这些因素可能影响机器人的可靠性和安全性。

3. 乘用车的底部充电产品

在乘用车领域，侧面的自动充电建立在传统充电接口的基础上，从接口的高度、充电枪的上扬角度、间隙配合等方面有太多人工插枪的考量。为了实现侧面插枪，在车辆侧面需要占用额外空间，以给机械臂活动范围。为了实现接口对位，需要采用高精度的视觉传感器，成本较高，也容易受户外天气的影响。

从无人驾驶车辆发展的长远角度思考，侧面的自动充电成本相对较高、空间占用浪费、系统设计复杂。无人驾驶技术真正成熟之后，用户基本采用无人泊车的方式，人员不会接触到充电设备，采用侧面的自动充电就毫无意义。为适配无人驾驶车辆，底部充电应运而生。基于"第一性原理"，从实现自动充电最本质的目的出发，特来电率先研发传导式底部充电，并得到验证应用。

无人驾驶车辆自动泊车精度逐步提高，可以降低插头与插座的对接精度，并在底部充电上安装末端的柔性矫正机构，去掉视觉定位传感器、摒弃复杂的机械运动部件。基于第十三章提及的刚柔转换的链条驱动技术，底部充电仅依靠单向运动，即可实现自动连接。产品设计极度简约化，具有可规模化推广的经济价值。

在接口的设计上，基于标准化的充电接口进行改良，加装大范围的柔性矫正机构，创新出全新的自动充电接口。在机械运动上，采用刚柔转换的链条驱动技术，实现运动机构的大伸缩比，减少对空间的占用。在防护上，采用机械式的防护方案与被动式的开闭合机构，即可实现高可靠性的防护。考虑到车辆浸水、泡水等异常情况，创新研发密闭空腔隔离机构，使车辆端接口百分百防水。

相对于侧面充电，底部充电具有如下核心优势：

（1）在空间尺寸上，底部充电安装在车辆底部，不占用车辆侧面车位的空间；

（2）在视觉感观上，整个场站，没有充电桩林立，从视觉上实现了无感充电；

（3）在充电性能上，无须考虑人工插枪的便捷性；

（4）在标准专利上，传导式的底部充电目前尚未形成标准，专利申请较为薄弱；

（5）在"卡脖子"技术上，传导式的底部充电完全可以实现国产自制。

目前乘用车的自动充电产品尚未定型，产品形式多样化，尚未有标准规范，成本、安全、充电性能决定了未来的方向。总体来说，在成本上，传导式的底部充电没有视觉定位与多轴机械运动，成本可能会有大幅下降，有望成为乘用车自动充电的主导形式。

第三节　自动充电未来发展思考

无人驾驶看似很遥远，实际已经来临。

在国家政策上，《新能源汽车产业发展规划（2021—2035 年）》提出"高度自动驾驶汽车实现限定区域和特定场景商业化应用"。

在实际应用案例上，天津港、上海港、厦门远海码头、深圳妈湾港、广西北部湾港口等多个集装箱港口累计投入近千辆无人驾驶车辆。在物流配送场景，京东、美团的自动驾驶配送物流车已投入使用。

在服务场景上，无人驾驶涵盖港口、矿区、物流、高速、配送、机场、环卫、化工等场景。在化工、冶金等危险区域，自动驾驶完全替代人工，充分保障人身安全。在货物倒运的场景下，无人驾驶车辆连续运行，大幅提高货物倒运效率。

在无人驾驶的车型上，AGV、集装箱卡车、矿用卡车、箱式货车、环卫车、配送小车、无人驾驶出租车等都已在部分场景下测试运营。

自动充电作为充电网的关键技术产品，必将会支撑无人驾驶的普及。

从自动充电的发展看，分为三个阶段。

近期阶段：在乘用车市场，目前行业内推出的自动充电产品，外观炫酷，动作灵巧，主要用于车企的品牌示范站上，对产品的第一诉求为示范。

中期阶段：随着无人驾驶带来的经济属性愈加明显，自动充电会有批量化的需求，产品的核心要素为实用性、经济性。且车辆技术与充电设备同步发展，车辆的智能化会降低对充电设备的要求，使自动充电设备更为简化。但会对自动充电设备的成本、可靠性、规模化推广提出更高的要求。在中期阶段，成本会是自动充电规模化应用的第一难题。

远期阶段：人工智能发展成熟，科技变革将会带来产品革命，高度智能化的机器人可能完全取代充电机器人与场站值守工人。大胆设想，高度智能化的机器人，在充电场站值守，无人驾驶车辆到达场站后自动给车辆进行充电维护。

总体来说，随着无人驾驶车辆的普及，自动充电必定会成为用户的刚性需求。目前车企充电企业、机器人企业已经开始探索，在这个过程中，技术突破、规范标准有助于后续自动充电的发展，也需统筹考虑。

第十八章

充电网运营平台

充电网运营平台是连接用户、运营商与充电基础设施的枢纽和实现监视、分析、交易结算和优化决策等各项功能的中枢。本章系统阐述充电网运营平台的业务架构与功能构成，让读者全面理解这一平台在整个充电生态中的核心作用及其价值。通过对比分析不同充电运营平台，揭示在规模化运营中，充电网运营平台所具备的业务特性和优势。为了让概念更加贴近实际，本章还将介绍平台如何为各类用户提供差异化的充电服务。同时，也将展示充电运营平台如何助力运营商在充电站精细化运营、无人值守充电站的智能化管理、充电设备的智能维护、财务清分结算、充电数据多维分析、数据互联互通、系统稳定性及信息安全等方面提升能力。最后，结合当前的技术发展和行业趋势，我们将对充电网运营平台的未来进行前瞻性分析，探讨人工智能、大数据、云计算、物联网等技术如何与充电平台结合，并预测这些技术的融合将如何推动充电网运营平台向着更加智能化、高效化的方向发展。

第一节　运营平台对充电网的意义和行业现状

充电网是一个连接着车主、充电设备、电动汽车、电网的工业互联网，用户给电动汽车充电就是一个能源与数据的交互过程，汽车的大数据、电池电机电控的大数据、用户行为大数据、能源大数据都能够收集到充电网，并在云端分析、转移、应用，从而形成了一个典型的大规模工业互联网应用场景。

充电网运营平台在充电网中起着重要的枢纽作用。通过对众多充电设备的集中管理和用户服务，平台确保车主能够便捷地接入充电网络，同时提供诸如充电状态监控和支付处理等服务。与此同时，充电网运营平台与电网的调控运行及负荷管理等平台协作，通过智能调度充电功率，实现车网互动。所以，充电网运营平台作为一个大规模工业互联网应用平台，整合了充电设备管理、用户服务、运营管理、外部合作等多项功能，旨在支持和优化电动车充电服务的全过程。

图 18-1 展示了充电网运营平台的四层架构。首先是客户层，包括官网、小程序、App 和大屏等多种客户入口，致力于提供充电用户优质的服务体验。其次是业务层，涵盖核心业务如充电运营、设备运维、财务结算、数据分析和互联互通，为运营商提供强大的业务管理后端支持。第三层是物联网设备层，不仅管理海量充电设备接入，还需要处理道闸、地锁、摄像头等充电站管理设施，实现场站设备的统一管控。最后一层是平台运维保障层，包括平台运维、安全管理和权限管理，致力于确保平台整体健康运行，预防安全风险，保证数据完整性和可靠性，同时进行系统监控和维护。总体而言，充电网运营平台在提升用户体验、提高运营效益、数据驱动决策、设备稳定性以及行业生态建设等方面发挥着关键作用，为电动车充电服务的可持续发展提供了强大的支持和推动力。

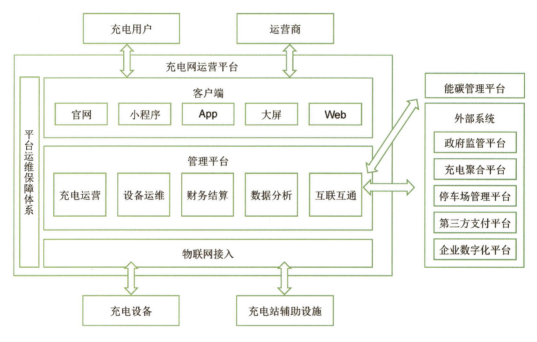

图18-1 充电网运营平台业务架构

市场上的充电运营平台主要有三类，分别是充电网运营平台、小规模充电运营平台和简易型充电管理平台，这三类平台之间有着较大的差异性。简易型充电管理平台主要适用于简单的自用场景，其功能相对简单，往往只有用户刷卡管理、查看充电记录等基础功能，仅能满足内部用户的充电需求；小规模充电运营平台更注重面向用户的充电运营管理，具备对外运营的简单功能，支持 App、小程序等对外运营的简单能力，但是系统支撑能力有限，只能满足小型运营商的管理诉求；充电网运营平台的重心从满足基本充电转向运营商企业经营管理方向，根据充电网覆盖范围广、充电站点多的特性，除了用户运营外，场站无人值守、资产管理、安全风控、管理驾驶舱等企业经营板块是企业运营中的核心与关键所在。

　　充电网运营平台不同于一般的充电运营平台，是一个实时性强且业务复杂的工业互联网平台，对支撑复杂充电运营场景方面有着更高的要求。

　　（1）需要更先进的物联网接入管理能力，保证海量设备并发场景下的稳定运行；

　　（2）需要更强的运营支撑能力，保证平台功能可以覆盖公共、公交、物流、园区、小区等各类业务场景；

　　（3）需要更强平台业务管理板块，规模化运营需要更加注重充电业务的管理能力，以满足运营、运维、财务、管理等各类平台用户的管理诉求；

　　（4）需要更强的数据分析应用能力，为充电网的经营决策提供数据依据，保证平台数据产生实际业务价值；

　　（5）需要更灵活的数据对接系统，保证平台能够与各类外部系统实现数据共享，业务互补。

　　综上所述，充电网运营平台是集合了客户端、管理平台、物联网平台，连接外部系统于一体的综合性充电服务平台，以充电网运营为中心，围绕充电设施管理、充电用户和运营商需求及外部系统合作等诉求来建设。

第二节　为充电用户提供优质服务和运营商业务支撑

　　充电网运营平台是连接用户、车辆、场站、能源为一体的综合性的服务系统，需面向不同用户群体提供便捷的充电服务，服务场景主要可分为个人充电用户和企业客户两类。

　　个人用户的充电体验和便捷性至关重要。最初，充电服务主要依赖人工计费和刷卡操作，虽然这满足了车主的基本充电需求，但在开户、充值、充电等方面的用户体验并不理想。随着互联网技术的进步，充电服务运营商开发了专用的充电 App 和小程序，极大地改善了用户体验。通过这些移动应用，用户不仅能够轻松地自助注册，而且还能自助寻找充电站、使用智能导航、扫码充电、自助结算等，让整个充电过程变得更加便捷高效。App 内的功能如电站搜索、一键导航、在线支付、开票和客服中心等，进一步提升了用户的充电体验。此外，App 还提供了附近推荐充电站的功能，这不仅节省了用户的时间，也简化了充电流程，缓解了用户找充电站的难题。为了进一步提升便捷性，充电平台引入信用体系，允许信用良好的用户享受先充电后付费的服务。同时，运营商通过发放优惠券和代金券等促销活动，吸引用户持续使用平台服务。付费会员机制的引入，旨在识别并奖励高价值用户，确保他们能够不断享受到更多的充电便利。

总的来说，充电服务运营商通过充电运营平台的运营分析和活动优化，不仅满足了用户不断增长的充电需求，也提高了充电效率和用户满意度，增强了用户忠诚度。这些努力共同推动了新能源汽车及其充电基础设施的普及和发展。

企业用户作为充电运营商重要的业务合作伙伴，对于充电网的运营也极为重要。因为企业用户具有较高的稳定性，其充电业务体量也远超普通充电用户。这个客户群体包括了企事业单位、公共交通系统、物流公司、机场和港口等，他们对充电服务的需求不限于基本充电功能，还期望运营商提供更为全面的充电业务管理服务。

企业用户在选择充电服务提供商时，会综合考量价格、用户体验以及充电服务的附加价值。他们寻求的不仅仅是充电解决方案，更是包括企业统一结算、车辆和司机管理、业务数据分析及电池充电安全等一系列高级管理功能服务。这些服务能够显著提升企业的运营效率，削减成本，并通过确保充电过程的安全性来预防潜在的安全风险。企业客户可以借助充电网运营平台先进的数据分析和数字化管理工具，协助企业更有效地管理车队，优化运营，实现业务流程自动化和流程化。此外，还能与企业数字化平台无缝对接，确保数据的实时同步和流通，实现信息的全面整合和共享，从而提升企业整体数字化管理能力。

因此，充电网运营平台除了为企业用户提供充电服务，还需要为企业用户提供包含高级管理工具和数据分析在内的综合服务。通过提供一个全方位的、高效率的、安全可靠的充电解决方案以满足企业用户经营管理需求，帮助企业降低运营成本、提高管理效率以及推进数字化转型成功。

充电运营商运营的充电站越多，其运营场景则会越复杂，而对于充电平台的业务支撑能力则要求越高。充电网运营平台通过赋能充电运营商，在帮助其提升业务效率、优化用户体验、增强竞争力等方面基础上，支撑运营商充电业务的正常开展，确保充电站能够安全稳定运行，并持续带来可观的收益。

在充电网服务运营商的过程中，其核心作用是围绕充电业务的各个维度提供一系列的智能支撑，通过提升业务流转效率，减少成本投入，赋能业务人员解决各种场景化的服务和解决问题的能力。

一、充电站选址

充电站建设的选址是充电运营首要且最关键的一个环节，充电站作为重资产一旦建设完成，只有确保场站运营方面的基因良好，才能保证后期充电运营能够有良好的盈利，主要考虑以下几方面。

1. 地理位置

选择人流量较大、交通便利的地理位置，如商业区、交通枢纽、居民区等。这些地区对充电服务的需求较高，且有利于吸引潜在用户。

2. 配套设施

考虑选址附近配套设施，如休息室、洗手间、餐厅、超市等，以提升用户充电体验，这些设施可以吸引更多的用户选择在此充电。

3. 周边热度

所选区域附近的人流量、车流量、城市新能源车渗透率等，用以测算未来的收益率，保证在较短的周期内完成投资回报。

4. 友商分布

充电行业目前尚未完成成熟，市场需求旺盛，吸引着越来越多的运营商投建，参与市场竞争，充电网能帮助运营商在选址阶段快人一步，有效聚合并展示出周边区域的友商分布、定价情况等信息，再通过选址专家系统的评估测算，给出专业评测结论，为场站投资建设提供决策参考。

二、用户运营服务

用户运营服务是充电站收益的最主要来源。用户运营人员要对用户的需求和习惯都有专业的了解，并能提供个性化的服务和解决方案，而且用户运营人员要能站在充电用户的角度思考问题，通过自己在充电领域内拥有的专业知识和技能，制订合理的定价，提供舒适服务体验，并高效地处理各种用户问题和需求，获得充电用户的认可，增加用户黏性。

充电网运营平台可以提供一系列的工具，协助用户运营人员做好精细化运营工作。如图18-2所示。

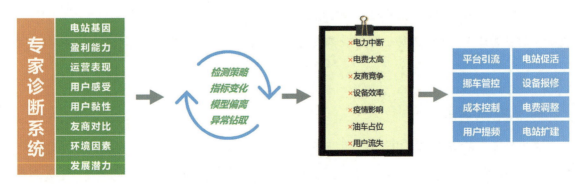

图18-2 用户运营管理

1. 场站定价

用户充电是一个典型的市场行为，充电价格不是简单的上涨和下调，充电网可以结合各种价格影响因素，如周边竞争环境、服务客户群体、客户群体行为偏好，是否节假日，电力成本等，基于量价分析模型，找到电量与价格的平衡点，使收益最大化，并且可以通过对业务指标的实时监控预警，及时发现异常波动，下达针对性的措施解决处理。

2. 活动促销

运营电站与经营店铺大同小异，要着重考虑如何提升客流量，增加客户黏性，而活动促销是提升场站品牌知名度，建立和促进运营商与充电用户互动的最有效手段。充电网提供了一系列的活动工具。

（1）针对网约车司机群体的折扣专享体系，认证后可以获得充电专享折扣，锁定网约车群体；

（2）周期性的限时优惠活动，常用于新站上线，节假日促销等，短期内快速增加电站客流量；

（3）面向会员的专属打折优惠和权益，以增加他们的黏性和复购率；

（4）根据用户画像的定向优惠投放，实现电站的用户拉新，激活流失用户，稳定老用户，从而保证电站用户体系一直保持健康稳定的构成状态。

3. 专家数据诊断

充电网运营平台结合多年充电运营经验建立用于分析充电网数据的专家系统，通过接入平台的数据进行分析与挖掘，减少了日常运维人员工作量的同时，也极大地避免了通过人工分析问题时因工作经验不足、工作疏忽等情况下带来的误判与漏判。而且用户运营人员在日常运营工作过程中，借助专家系统得到一些更加合理的建议，如：基于充电量及收益指标的量价分析能力、基于用户评论的电站口碑分析能力、基于业务指标波动预警的异常监测能力、基于用户画像体系的活动策略制订能力等。

三、充电设备运维管理

充电设备的正常运行是充电站持续带来盈利的基础，因此设备运维对于确保设备的正常运行和延长使用寿命至关重要。随着电动汽车的普及，充电设备的需求不断增加，运维难度也随之提升。为了解决这一问题，充电设备智能运维应运而生，为运维工作提供了有力的支持。

1. 运维工单体系

充电网平台通过集成先进的物联网技术和智能化管理系统，可以实时监控充电设备的运行状态，对充电设备的部件进行在线监控，及时发现问题并进行预警，根据预警级别生成维修工单，快速送达运维人员并响应处理。

2. 智能运维

基于不同充电设备类型的特性，充电网平台还提供了故障诊断和远程维护功能，使得运维人员能够迅速定位问题并进行修复，大大缩短了维修时间，这不仅可以提高充电设备的运行效率、降低运维成本，还能实现充电站的设备方案的最优配置。

3. 生命周期预测

在充电领域，充电设备的生命周期预测尤为重要。随着新能源汽车市场的增长，充电设备的需求和使用也在不断增加，尤其针对一些核心部件，如充电模块、功率分配单元、终端控制器等，充电网基于海量设备数据建立了充电设备的生命周期预测模型，当充电设备即将进入衰退期的时候，可以提前更换备件，返厂维护，减少对场站运营的影响。

四、充电站智能管理设备

充电站运营规模大，无法通过人工方式进行管理，所以充电站也正在摆脱对人工依赖，向无人值守的方向不断演变。这些设备通过集成传感器、数据分析技术和控制系统，并依托于充电网平台，实现了对充电站运行状态的实时监控和自动管控，它们可以自动监测充电站的设备状态、用户行为和车辆数据，从而进行充电自动调度、异常预警和优化管理。

1. 全流程的充电自动服务

基于物联网、互联网技术，实现充电网平台接入场站的道闸设备，车辆入场时通过场站摄像头自动识别车牌，获取车辆信息；用户插枪后，充电终端自动识别车辆和用户信息，启动充电并计费；车辆出场时，系统自动计算比对充电时间与停车时间，实现费用自动减免支付，道闸升起放行，车辆离场，用户进行一次支付即可完成本次停车充电业务的结算。不但用户享受到更加便捷、高效的充电服务，而且运营商也无须再安排专人全程服务，为停车场管理降低了人工成本，提高了管理效率。

2. 场站 AI 安全预警防护

充电站环境复杂，存在着多种安全隐患，运营商需要高效处理这些问题，避免威胁场站资产。充电网基于 AI 技术，特别是深度学习和机器学习算法，在海量的多元异构数据中提取有价值的信息，发现潜在的安全隐患。通过充电站 AI 安全预警系统，集成视频监控、电流电压监测、温度监测等多种传感器，建立了一套完整的预警模型体系，赋予充电站全方位的智能防护能力，包括烟火预警、吸烟预警、人员倒地预警、设备破坏预警、高危人员监测、高危车充电预警、热失控预警等，通过手机、电脑或电话等形式实时推送触达场站管理人员处置。

智能化的充电站不仅提高了充电效率，降低了运营成本，还为用户提供了更加便捷、高效的充电体验。随着智能化技术的不断发展，充电站将朝着更加智能化、自动化的方向发展，为电动汽车的普及和推广提供有力支持，而智能化的充电网是整个行业发展中重中之重。

五、财务清分结算体系

从企业财务管理的角度，掌握资金流动，控制运营成本，合理分配收益是企业运营的基础。随着充电用户越来越多，订单量越来越大，尤其在到达了一定的业务规模后，要把资金的流水算清，包括各种收入和支出的明细核算。充电网运营平台满足了财务人员以下几个方面的诉求：

1. 收益看得见

充电收入主要包括用户储值、订单收入、卡券销售以及一些其他增值业务，支出包括但不限于场地租金、服务费分成、电损、运维费用、交易手续费等，平台通过一套完善严谨的收支核算系统，从公司、电站等维度以可视化的方式展现出收益趋势的变化，并通过分析为运营商提供一定的收益预测分析能力。

2. 账单算得清

在充电站的运营结算过程中，运营商还面临着与第三方的资金业务往来，如与场地方的车位租金、与电力企业的电费、与股东方的分成费用、与平台方的服务费用等，如果全靠财务人员去一项项核算对账，需要投入大量的人力，而且还可能错算，而充电网运营平台根据日常充电业务发生情况，定期出具准确的账单，还可以借助银行系统实现自动化清分结算。

3. 结算效率高

在运营商与各个结算对象进行资金清算的过程中，能够快速、准确地完成相关操作，减少时间和资源的浪费，提高整体效率。充电网提供了高效的结算能力，从用户支付到资金清分到账，在此过程中能准确出具账单，自动清分资金，加快资金的流转，提供了安全保障，也减少了企业运营成本和风险，提升运营商的竞争力和市场地位。

六、管理驾驶舱

站在企业管理者的角度，充电网运营平台为企业管理者提供了全面的业务监控和管理驾驶舱。围绕运营、运维、财务、绩效等多个业务角度，管理人员可以通过平台实时查看充电设施的运行情况、用户反馈、运营数据等信息，从而全面掌握业务状况，辅助企业管理者进行运营、财务、运维、绩效等方面的分析、预测和决策，助力企业充电业务的发展。

此外，平台还可以提供权限管理和协作功能，帮助不同岗位的人员根据各自负责的工作职责，更好地协同其他部门工作，确保充电业务的顺利开展。

充电网运营平台已经发展成为整个充电网建设中不可缺少的一部分，通过与业务深度融合，在更好地服务于各种用户群体、提升业务的效率和质量的同时，也在不断完善和优化自身的功能和服务。

在这个发展的过程中，充电网运营平台通过不断收集和分析充电数据和用户反馈，帮助充电运营商了解市场需求和趋势，制订更加合理的运营策略，为充电行业的健康发展提供有力支持。

第三节　通过互联互通构建充电网运营生态

充电网运营平台作为工业互联网典型应用，需要构建开放的生态系统，打破充电运营业务孤岛，实现和上下游平台与系统的深度融合，通过数据和业务流的无缝对接，突破行业壁垒，打造充电网运营生态体系。这个体系汇聚诸如政府监管平台、充电聚合平台、银行金融平台、车企平台、停车场平台及企业数字化平台等多元化的平台参与者。通过平台之间跨领域的互联互通协作，可以满足政府监管的严格要求，而且极大地丰富了用户在充电过程中的体验，同时也推动了充电行业上下游企业的管理数字化能力的进一步提升。如图18-3所示。

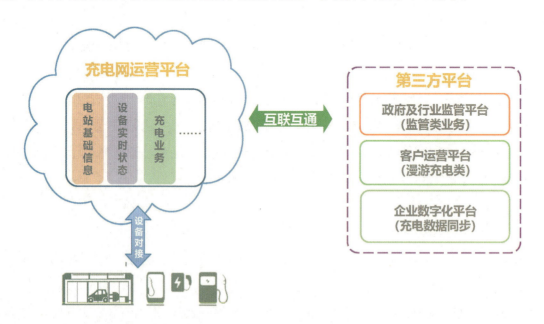

图18-3 充电行业的互联互通能力

在充电监管方面，需要充电运营平台与政府监管平台进行数据对接，确保能够及时准确地上报充电设施的运营数据，包括电量、运营状态、安全监测等信息。这样的对接有助于政府及时掌握充电基础设施的分布和运营状况，可以作为充电运营补贴发放的依据，同时可以根据区域的全量数据分析，结合当地的规划，制订新能源的发展规划与落地推动措施。

在漫游充电方面，可以极大提升用户充电体验。目前市场上充电运营商众多，且充电站运营平台相互独立，给电动汽车用户带来了诸多不便，比如需要下载多个 App，注册多个账号，然后用不同的 App 充电缴费，这无疑大大降低了用户充电体验。而漫游充电可以通过统一标准化和规范化的充电服务，实现 App 跨运营平台启动充电，降低用户充电难度，且互联互通业务除了满足基础的漫游充电外，还支持预约充电、充电车辆减充停车费、即插即充、收取超时占用费、开发票等扩展业务。这些业务的落地极大提高了充电运营商的服务质量，也通过整合资源的形式提升充电设施利用率，推动电动汽车充电服务市场的繁荣发展，从而为电动汽车的普及创造更优质的环境。

在助力数字化转型方面，主要通过对业务数据互联互通，实现数据统一管理，为充电企业用户的数字化工作打下基础。随着电动汽车的普及，企业用户的充电需求随电动汽车数量扩张而增加。这时企业客户可以将充电数据整合到内部数字化平台中，实现精细化管理充电成本，优化能源策略，降低成本，提高经营效率和市场竞争力。企业通过对充电数据的监控与分析提高用能效率。这些数据支持企业做出更好的能源和经营决策，是数字化管理和可持续发展的关键。

为了高效地实现不同充电运营平台之间的对接，业界普遍采用了《电动汽车充换电服务信息交换》系列标准。这些标准不仅规定了业务对接的规则，还制订了一些安全性要求，包括认证、加密和签名机制。尽管如此，为了实现业务整合和数据接口的互联互通，平台必须对外公开这些接口，这就带来了网络攻击、信息安全和用户隐私保护的风险。因此，平台在进行互联互通的同时，除了要遵守标准的安全性要求外，还必须采取额外的安全措施。这包括建立双向熔断机制以防止服务故障扩散、实行严格的身份验证和数据授权管理以及将互联互通业务与核心业务隔离，以免后者受到影响，从而提高系统的可靠性和信息安全性。此外，为了满足安全审计的要求，平台还需要具备对接口调用和业务流程进行追溯的能力。

综上所述，充电运营平台的互联互通能力不仅能够提升用户体验和运营效率，而且对于响应政府政策、实现行业标准化、促进充电市场开放性发展具有至关重要的作用。开放的充电运营平台已经成为电动汽车充电服务与广阔产业链条之间的桥梁，它不断拓宽充电服务的价值边界，促成了产业链上下游的业务整合与数据交流，为整个行业注入源源不断的活力和创新潜能。

第四节　平台保障体系

充电网运营平台除了要面对复杂的运营和合作场景外，也要考虑整个平台的运行稳定。平台保障体系不仅要保证平台自身运行不出问题，还要解决平台运营过程中各种可能影响平台运行的因素，例如信息安全、用户隐私、合法合规等问题。仅依靠日常系统运维很难解决平台运行中各类复杂问题，因此需要一个强大完整的平台保障体系来支撑平台稳定运行。

平台自身的稳定是平台网稳定运行的基础。平台稳定首先要有足够的容量和并发支撑能力，这离不开平台的技术架构。然而，再先进的技术在如此庞大复杂的系统应用下也会出现各种问题。谁能最快发现、解决甚至预防这些问题，谁就能够实现平台的稳定。运维监控系统可以解决大部分系统稳定问题，但若想保证充电服务任何时间不能有任何异常，系统解决不了的问题就需要通过人工来补全。两者结合才是完整的运维保障体系。首先要有智能运维系统，保证有问题可以自动预警、及时通知负责人、快速定位问题原因，还得具备一定智能运维的能力，一些故障发生问题的原因极为类似，这种情况就可以通过智能运维系统实现自我修复；有了平台，还需要建设一个涉及软件、硬件、多种中间件等多领域的专职运维保障团队 7×24 小时待命，解决各类系统触达不到的问题；为了推动团队高效完成运维任务，还需要建立完善的运维保障制度，明确不同级别、不同类型问题的能够按照规则及时响应；最后是梳理出完整的运维保障流程，保证各种运维问题能够被跟踪和及时闭环处理。所以只有体系化的运维才能够保证平台自身稳定运行。

平台的稳定运营不仅受到其自身稳定性的影响，还受到信息安全、合法合规性等外部因素的影响。充电网运营平台作为新基建的运营支撑平台，需要具备较高的网络防护能力，避免因网络攻击、自身漏洞等导致基础设施失灵。自身的数据安全必须得到保障，不能违反国家关于隐私、大数据及信息安全方面的法规。这需要配套对应的法务团队、快速更新研发团队、信息安全团队、风险管理团队、公关团队等协同配合，形成一个紧密的安全保证体系，通过定期沟通、培训和实施综合的信息安全策略，以共同努力确保平台的信息安全，确保系统的稳健性和用户的信任度。

综上所述，平台稳定运行需要搭建一个庞大的后端支持团队体系。这不是单一系统、单一团队就能解决的问题，需要长时间的投入和积累。随着平台保障体系不断完善，充电网运营平台这艘巨轮可以更加稳健地航行。

第五节　未来发展展望

随着新能源汽车市场的蓬勃发展，充电行业正迎来一场前所未有的、深刻的变革。在这一过程中，充电网运营平台的作用日益凸显，其重要性在整个新能源汽车产业链中不断上升。所以我们可以预见充电运营平台将会面对挑战与机遇，以及它们如何塑造未来的充电服务生态。

一、业务场景多元化

充电运营平台必须适应多样化的充电场景和不断增加的业务需求。这不仅意味着要提供更加灵活和多元的充电解决方案，还要不断创新以满足不同用户群体的特定需求。

二、利用AI和大模型等技术持续提升充电网精细化、智能化运营能力

随着充电设施数量的增长，运营平台的职责已从单一的业务实现转变为更为复杂的充电网经营、投资和资产管理。并通过 AI、大模型等技术可以指导场站选址、精细化运营、智能运维，从而提升运营效率，并保障投资回报。

三、充电设施的规模越大，对系统的高可靠性要求越高

由于新能源汽车行业的进步带动了车辆保有量的增加，消费者对于新兴基础设施，尤其是充电站的服务品质，抱有更高的期望。充电网络的可靠性直接关系到交通系统的流畅运行，因此对充电平台的稳定性要求极为严苛。为了达到这些高标准，充电网运营商需要确保服务的高度稳定和业务的连续运作，其服务水平协议（SLA）至少应与当前互联网服务的支持水平相仿，维持在 99.99% 以上的高可靠性。

四、无人驾驶技术与车网互动的深度融合

新能源汽车技术的快速进步，尤其是无人驾驶技术的成熟，势必推动充电运营平台与虚拟电厂和能源管理平台实现联动，强化新能源汽车的能源特性，实现如有序充电、车与电网互联（V2X）、自动充放电等功能，以适应新能源与新交通技术的融合。这些功能不仅提高了充电效率，还为整个电力系统的高效、稳定运行做出贡献。

五、通过新能源汽车生态产业链平台的互联互通促进新业务创新

充电运营平台必须扮演人、车、电网之间的交互桥梁角色，确保新能源汽车生态系统的各

个组成部分能够无缝对接，提供综合的业务支撑。

综上所述，充电运营平台的未来将是一个不断适应新变化、满足新需求、整合新技术的过程。随着这些平台的不断进化，我们可以期待一个更加智能、高效和用户友好的充电网络，为新能源汽车的可持续发展提供坚实的基础。

第十九章

能碳管理平台

能碳管理平台是一款专为充电运营商和充电站管理者设计的充电站分析调控软件。平台基于充电场站运营状况的能量管理分析、充电碳排核算，从安全、经济、绿色等维度有序规划车辆充放电行为，参与电网互动，最终实现电动汽车友好接入，推动新能源建设，促进环境保护和可持续发展。

第一节　能量管理分析

能碳管理平台采用物联网、云计算、人工智能等前沿技术，将充电数据、电网数据、电费数据、车辆数据等信息汇集到云端系统。通过利用率分析、损耗分析、力调电费分析、收益分析等帮助运营商及时了解设备的运行状态、使用情况和充电效率。

一、利用率分析

充电设备的时间利用率和功率利用率是能碳管理平台利用率分析中的两大关键指标。

时间利用率指的是充电设备实际使用时间占总时间的比例，这一指标反映了充电设备的充电效率和利用程度。提高充电设备的时间利用率对于优化充电设备的利用效率和经济效益至关重要。

功率利用率是指充电设备实际使用功率与其额定功率之比，它反映了充电设备在实际运行中的功率利用效率。通过提高充电设备的功率利用率，可以有效提升充电效率，减少能源浪费，并提升用户体验。

能碳平台分别统计交流时间利用率、直流时间利用率、交流功率利用率、直流功率利用率。结合总充电电量，可帮助运营商评估充电设备的整体性能和效率，及时调整充电运营策略。

二、损耗分析

能碳管理平台的损耗分析主要指充电运营商承担的电能损耗和管理损耗的分析。在提供充电服务的过程中，充电运营商可能会面对多种电能损耗，包括转换损耗、线路损耗、待机能耗、环境控制能耗等。

为了实现更加及时的监测，如图 19-1 所示，能碳管理平台汇总供电公司的电费账单、场地方的电费结算单等较长周期的用电数据，并对设备进电处进行日、小时等粒度的远程抄表，计算充电站实际电损。另外，能碳管理平台结合充电站电气设备物理参数、充电电量等因素，计算充电站参考电损。实际线损与参考电损的差值为降损空间。能碳管理平台可以识别降损空间超过限值的情况，并提供相应的报警和通知，以便相关人员及时跟踪和处理。

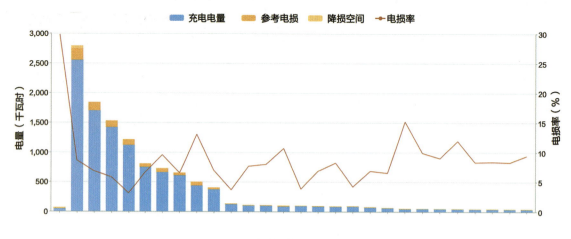

图19-1 充电站损耗对比分析

另外，充电站管理损耗是指在充电站的日常运营和管理过程中出现的各种损耗情况。能碳管理平台重点分析基于因订单电量不连续而产生的异常损耗。通过监测订单电量的变化，能碳管理平台可以识别异常损耗情况，并提供相应的报警和通知，以便相关人员及时跟踪和处理。

三、力调电费分析

力调电费是供电公司或电力公司根据客户在一段时间内（如一个月）所使用的有功和无功电量来计算其平均功率因数，并据此收取的相关电费。

力调电费与功率因数密切相关，功率因数越高，增收的电费越低，甚至可能在超过某一标准时获得电费的减收。反之，功率因数越低，力调电费可能越高。这种收费方式旨在鼓励客户提高用电效率，减少无功电量的消耗，从而降低电力系统的总体损耗，提高供电质量。

充电站在待机或运行状态下，通常会产生一定的容性无功功率，这些无功功率会倒送至电网。当充电车辆偏少时，可能会导致实际有功功率不足，进而造成功率因数较低的情况，这可能会导致电力公司对充电站进行罚款。

能碳管理平台支持逐日统计充电站的功率因数，并能够定位功率因数较低的具体充电站。此外，该平台还能展示不同电力设备产生的无功功率分布，以帮助用户定位无功电量的来源。通过这些信息，充电站管理者可以更好地了解充电站的用电情况，及时采取措施来优化功率因数和减少无功功率的影响。

通过能碳管理平台的支持，充电站管理者可以更有效地监测和管理充电设备产生的无功功率，避免功率因数过低而导致的罚款情况。同时，他们也可以根据平台提供的数据，采取相应的调整和优化措施，以提高充电站的用电效率和经济性。

四、收益分析

为更精准地评估充电服务的盈利能力，能碳管理平台可以通过对充电站的用电数据、收费数据和相关成本数据进行综合分析，计算每千瓦时电的运营毛利和每千瓦的运营毛利。

借助收益分析有助于充电运营商更深入地了解每千瓦时充电所带来的盈利水平，找出盈利点和改善空间。进而制订更具针对性的定价策略，优化充电服务的收费模式，提高经营效益。

第二节　充放电优化调度

基于充电运营商的运营管理策略，能碳管理平台从充电站安全性、经济性、客户满意度等维度，合理规划充电车辆的充放电功率。能碳管理平台还支持接入虚拟电厂平台，接受其引导和调度，从而参与电网互动。

一、充电站负荷功率约束

充电站负荷功率约束对于充电站运营至关重要，尤其是在共用变压器供电的情况下。为了避免因充电功率超过供电能力而导致的跳闸和设备安全事故，能碳管理平台提供了一套综合解决方案，旨在通过智能化管理确保充电站的稳定运行和高效能源利用。

能碳管理平台支持充电运营商根据电网负荷情况和电价变化灵活设定不同的功率约束模式，包括固定限值、分时限值以及动态限值。

平台将功率约束曲线下发至边缘控制器后，边缘控制器将基于电池的 SOC、需求功率、充电时长等因素，动态调整各个充电终端的充电功率，在不超过容量限值的前提下，充电站最大化地利用可用容量，提高充电效率。

能碳管理平台通过直接采集或对接其他平台等方式获取充电站电表的实时数据。一旦检测到充电站 15 分钟平均功率超过设定的功率限值，平台自动触发告警，并可以主动结束订单或采取其他措施，防止潜在的安全风险。

二、电动汽车充放电经济调度

为降低电动汽车充电费用，能碳管理平台允许电动汽车在插枪时选择经济充放电模式。能碳管理平台经济充放电模式基于分时充放电电价，根据电动汽车初始 SOC、电池容量、预期离场 SOC 和预期离场时间的运行参数，以电动汽车充电成本最低为目标，制订电动汽车功率经济曲线。

如图 19-2 所示，针对城镇职住双目的地充放电优化调度的应用场景，电动汽车居住地夜间低谷充电，工作地两放一充，让用户享受便捷的同时也能获取更低的充电成本以及削峰填谷收益。

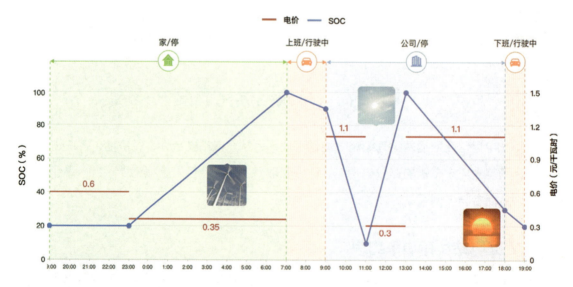

图19-2 城镇职住双目的地充放电优化调度

随着全球对碳减排和环境保护意识的不断提高，将光伏发电、储能技术和电动车充电网有机结合，构建光储充放微网充电站逐渐成为趋势。能碳管理平台通过合理安排电动汽车的充电时段和放电时段，优先利用清洁能源进行充电，降低碳排放，推动能源低碳转型。

三、充电站聚合调度响应

在当前快速发展的能源领域，电动汽车动力储能电池作为一种重要的能源储存和调节设备，具有较强的快速调节能力和灵活性，可以为电力系统提供关键的支撑。

通过聚合调度响应，充电站可以根据实际需求调整充电功率和时段，实现对电网负荷的灵活支持。这种智能调度不仅提升了充电站的能源利用效率，还使其成为电力系统调节的重要组成部分。

能碳管理平台则承担着数据汇总和传递的任务。它收集充电站的总用电功率、总需求功率、功率调节能力等信息，并将这些数据传送至虚拟电厂平台。在虚拟电厂平台上，根据市场出清结果，将电网调控指令分解并下发至各个充电站。充电站在接收到指令后，可以快速调整功率输出，响应电网需求，实现电力系统的平衡与稳定。

通过充电站聚合调度响应，电动汽车动力储能电池可以更好地融入电力系统，提升系统的稳定性、可靠性和灵活性，为新能源时代的智能电网建设奠定坚实基础。

第三节　充电碳排核算

能碳管理平台监测、分析和管理充电过程中产生的碳排放，推动光伏发电等新能源的建设，提高充电站绿电使用比例。同时，以燃油汽车碳排放量为基线，核算电动汽车的绿色出行减排效果，促进环境保护和可持续发展。

一、电动汽车减排核算

随着全球城市化进程的加速和交通需求的增长，传统燃油车辆所带来的尾气排放已成为城市空气质量和公共健康的重要威胁。相比之下，电动汽车通过电池驱动电动机工作，完全摒弃了燃油燃烧过程产生的有害气体和颗粒物的排放，实现了零尾气排放，从根本上改善了空气质量。

通过使用来自太阳能、风能等可再生能源的电力充电，电动汽车不仅可以减少对化石燃料的依赖，还可以最大限度地减少温室气体的排放，为构建低碳社会做出实质性贡献。

能碳管理平台能够针对每笔电动汽车充电订单进行碳排量核算。电动汽车的碳排放量计算公式为：碳排放量 = 充电电量 × 度电碳排放量。其中，度电碳排放量指在充电站所充单位电量产生的温室气体排放。

同时，能碳管理平台也针对电动汽车采用电能替代化石燃料作为汽车出行动力的碳减排场景，以传统燃油车等效出行所产生的碳排放为基线，核算电动汽车的碳减排量。客观地评估电动汽车相对于传统燃油车辆的碳减排效果，为推广电动汽车和加强碳减排工作提供科学依据。

二、充电运营碳排核算

能碳管理平台可以帮助充电运营商对其业务活动所产生的碳排放进行核算和管理。通过该功能，充电运营商可以全面了解充电服务所产生的碳排放情况，从而有针对性地采取措施减少碳排放并提高环保意识。

具体而言，充电运营碳排核算功能可以通过对充电站的用电数据、充电量数据等进行分析，计算出度电充电服务所对应的碳排放量。同时，能碳管理平台还可以提供碳排放的监测和跟踪功能，帮助充电运营商实时了解碳排放情况，并进行有效管理和控制。

针对园区内充电站，能碳管理平台可进一步扩展统计范围，实现园区整体的碳排放核算。

通过碳排核算功能，充电运营商可以更加清晰地了解自身业务对环境的影响，有针对性地制订减排措施，提高企业的社会责任感和可持续发展意识。同时，这也有助于企业更好地满足政府和社会对于环保的要求，提升企业形象和竞争力。

05

城市"充电网"投资建设

投资建设一座城市级的"充电网"需要顶层的谋篇布局。"充电网"是为新能源汽车补能的新型基础设施,也是连接和融合新交通和新能源的关键桥梁。规划和投资建设城市充电网要统筹考虑当地的政策规划、产业经济、气候地理、城市布局和能源电力等要素,综合分析、因地制宜,并构建当地的充电站投资风控体系,从选址、规划、产品选型、施工等层面,为提升充电站的社会效益和投资效益打下坚实基础。

第二十章

城市充电网新基建顶层设计

充电网是城市新基建的重要板块，关系到新能源和新交通两个产业的发展质量，是拉动大规模电动汽车消费的基础支撑和基本保障，也与城市居民的绿色出行息息相关，做好充电网顶层设计，才能充分支撑新能源产业的健康可持续发展。

第一节　城市充电网投资概述及影响要素

充电网的投资建设应和城市电动汽车发展及其充电需求特性相符合，要统筹考虑城市的总体社会经济发展规划及交通、城建、能源等专项发展规划，要结合多维因素做好顶层设计，分阶段、分场景做好投资建设安排。充电网顶层设计在满足电动汽车补能需求、支撑电动汽车产业快速发展的同时，还要追求充电网资产的精准投资，以期获得良好的社会效益和经济效益。如果缺少科学的顶层设计，就会导致城市充电网投资建设出现资源浪费、无序低效、监管难等问题，无法实现新能源产业的健康高效发展。

从宏观上来说，充电网顶层设计需要考虑一个城市的电动汽车总体发展情况和趋势，其影响因素包括当地的政策规划、产业经济、气候地理、城市布局和能源电力等。还需要考虑电动汽车发展的不同场景，包括公交、出租、网约车和私家车等，在充电网顶层规划的过程中，还需要进一步考虑具体场景，进行布局优化。一般来说，城市充电网的场景可以分为五类，包括公交充电网、公共充电网、物流专用充电网、居民小区充电网和企事业园区充电网，我们把这五类典型场景称为"五张网"。

从微观上来说，充电网是由一座座充电站构成的，每座充电站都是企业的资产，在顶层规划充电站具体点位布局时，还需要结合城市各区域的新能源汽车充电需求和发展阶段，结合企业投资和资金的总体安排，做好风险防控，建立动态的风控体系。

城市充电网的投资和建设过程，始终围绕着电动汽车的保有量、出行特征和补能需求展开，其中涉及许多复杂的综合因素，如图 20-1 所示，这些因素将共同决定了充电网建设的最终效果和投资的回报率。了解这些因素如何影响充电网的建设是至关重要的，因为它们可以帮助我们避免过去其他城市在充电网建设中遭遇到的失败，从而确保我们的投资决策更加明智和有效。

图20-1 充电网投资建设综合因素

一、政策规划

政策要素是指经营活动具有实际与潜在影响的政治力量和有关的法律、法规等因素。当政治制度与体制、政府对组织所经营业务的态度发生变化时，企业的经营战略必须随之做出调整。在中国新能源汽车发展早期，政策对于行业和企业的发展至关重要。其中，当地是否有建设补贴、运营补贴等都相当程度上影响了充电站的投资收益率，而当地是否有重污染天气、重工业集群等，都会影响政府对于新能源汽车产业的态度。此外，对于各个城市的政策制定者，也需要思考，该城市的新能源汽车产业到底要走向何方，充电设施到底该如何建设。

在充电网规划层面，需要参考当地的国民经济和社会发展总体规划，同时参考当地的交通、城建、电力等专项规划，做到城市区域的协同发展，避免新能源汽车充电设施投资无序投放、占用电力资源、价格无序竞争等后果。

二、产业经济

当地的产业布局也会很大程度上影响新能源汽车产业的发展，需要政策制定者综合考虑。当地是否有大型的矿山、物流枢纽、港口、太阳能产业链等，这些产业布局与新能源汽车产业高度相关，通过政策引导，可以取得1+1 > 2的效果。例如：重型卡车较多的城市，就适合通过替换电动重型卡车的方式激活市场；而旅游业发达的城市，适合通过鼓励出租车和网约车替换，打造绿色城市，提升城市的服务品质，进而推广新能源汽车的消费，拉动内需。

当地的经济发展水平、经济结构、产业布局、资源状况以及未来的经济走势等，构成经济环境的关键要素。包括 GDP 的变化发展趋势、通货膨胀程度及趋势、失业率、居民可支配收入水平、市场机制的完善程度、市场需求状况等因素，都会影响新能源汽车产业的发展。当地居民的收入能否支撑购买新能源汽车，对于新能源汽车是否支持，当地有没有新能源汽车生产基地等，都会很大程度上影响充电设施的发展。

例如，H 城市位于南方的民营经济大省，当地老百姓对新生事物的接受能力很强，相比于西部的 C 城市，H 城市的老百姓很早就大批量替换新能源私家车，政府主导的公交车、出租车等营运车辆，替换速度反而滞后，那么在"充电网"规划布局上，H 城市的居民充电网就需要先行，以期满足居民的充电需求。

三、气候地理

当地城市的气候和地理条件，也会影响新能源汽车的产业发展，例如：温暖的南方更适宜纯电动汽车的使用，而寒冷的北方城市，电动汽车的推广尚存在较多的不利因素。随着技术的进步，一些车企宣布突破了低温电池技术，深入开展高寒测试和针对性改进，实现了新能源汽车在寒冷区域的正常使用，北方城市的电动汽车的加速发展有赖于这些新技术的应用。海拔、地形和城市地貌也会影响城市充电网的整体规划，例如：在山区城市要考虑电动汽车爬坡下坡的场景，北方寒冷城市需要考虑低温充电设备和低温充电枪线选型等。

四、城市布局

一座城市的物流基地、居住区、高新产业区域、停车场资源、交通道路等的布局，也是在充电网规划布局时需要参考的因素。当地如果有丰富的地面停车场资源，那么尽量建议把充电站布局在地面，以公共的充电站为主。如果居民小区的停车位较为紧张，那么在布局时，就要提前考虑居民区附近的充电站。物流基地的周围，适合提前布局物流车充电网，满足城市配送货车的充电需求。不同的区域因为车型不一致、充电需求也不一致，所以需要建设差异化的充电站，例如：在物流园区建设充电站时，就应该规划 3 米 ×6 米的大车位；在城市低洼地带建设充电站时，必须考虑积水淹没设备的风险。

五、能源电力

在充电网布局规划中，当地的能源结构和能源价格也是非常重要的参考指标，在南方水电资源丰富的大省或者是北方风电、光伏资源丰富的大省，就有先天的优势推广电动汽车。光伏和风电都具有较大的波动性，电动汽车可以作为良好的可调整负载接入电网，通过车网互动，优化当地的电力结构。南方电力紧张的城市，需要做好城市级电网的容量规划，通过光伏＋充电＋储能的微网系统，提升区域的能源供给，避免大功率快充的无序、重复建设，浪费宝贵的电网容量资源。

案例：北方的 T 城市，由于当地有大量的炼钢产业，高耗能、高污染企业对当地的环境造成了极大的破坏，碳排放压力很大，当地群众对大气污染意见很大。隔壁省的 H 城市，当地地广人稀，风力资源发达，结果苦于当地经济落后，无法消纳波动很强的风电资源。两个城市后来达成合作协议，在 T 城市推广电动重型卡车，并且引入 H 城市的清洁风电资源，相应地，T 城市在充电网建设布局中，也选择了物流先行的策略，建设了大量的重卡专用电站，经过一年多的运行，社会效益和经济效应显著。

第二节　城市充电网的差异和演进规律

电动汽车及充电行业在不同城市的发展，总体上呈现出从大到小、从南到北的发展趋势。南方大城市由于天气温暖、经济发达、群众对新生事物的接受能力较强，是电动汽车率先起步和发展的地区，其他城市会跟随发达城市的新能源汽车发展路径。充电网是基于电动汽车产业的配套服务，也有着类似的演进规律，充电运营企业可以参考这一规律，根据城市的发展阶段做出正确的投资决策。

分析电动汽车保有量较高、发展较为成熟的城市可以发现，这些城市基本都经历了从公交车电动化到出租、网约车，再到个人乘用车电动化的发展之路。

从充电网布局维度上，根据上面的一些发展规律可以看出，企业在城市里投资布局充电站，如果该城市是电动汽车发展的早期阶段，那么首先就应该先从公交充电网开始，抓住公交电动化的契机，扎稳第一步。其次关注出租车和网约车，当出租车和网约车批量电动化时，要抓住机遇，布局公共充电网市场。公共充电网的投资比较考验企业的选址规划能力，一般需要寻找位置优越、电力方便、安全可靠、配套齐全的场站，形成城市充电网的雏形。再次，支持政府出台相关政策，推动物流、重卡、环卫车辆电动化，在公共充电网的基础上，因地制宜地建设物流专用充电网。最后，通过上述营运车辆的示范效应，加上较为完善的充电设施，当地居民开始接受电动私家车，充电运营商也应该在此阶段逐步抓住私家车充电需求，在老百姓居住和工作的地方，建设贴近居民"最后一公里"的居民小区充电网和企事业园区充电网，把城市充电网织密。最终实现区域级的市场服务能力。

如果能在市场合适的时间节点上，投资建设合适的充电站，满足了市场的需求，那么这个城市的充电网发展会取得非常良好的经济效应和社会效益。

案例：2017 年 C 城市的电动汽车开始起步，T 充电运营公司首先选择投资了该城市的公交充电站，2018—2020 年投资了公共站和物流站，2021 年后投资了重卡环卫充电站，随着当地的私家车快速电动化，T 公司又在 2022 年宣布进军小区充电站。T 公司发展一直处于良性状态。假设我们换个方式，在该城市 2016 年投资了大批量的小区、商场等驻地站，拒绝公交公司投资建站的邀请；2020 年，公共站市场火热时，企业又高价拿地，投资建设高成本的公共站。这样本末倒置的情况下，势必导致供给和需求产生错配，进而让企业在市场中寸步难行，亏损就成了必然结果。

以上的这些市场分析也给国内的后发市场提供了一些关键思路：

（1）核心仍是经济学的一般原理即供需关系，充电运营企业要站在充电需求端看充电服务的供给，虽然可以适当超前，但本质上一定是以需定供。

（2）充电市场一般以政府主导的公交先行的方式发展，随后是政府政策引导的物流、出租、网约车，最后才是私家车，所以充电站投资建设场景要围绕着上述的发展规律来规划，避免过度超前，实现资产的精准投放。

（3）未来市场的投资热点会逐步下沉到中心城市周边的地级市、县级市甚至是乡镇一级，需要审时度势，及时把握发展布局的机会。

（4）充电网的规划布局需要分场景、分阶段、分区域进行规划，下一章节将为大家讲述城市五张充电网的定义和规划，以及搭建充电站投资风控体系和充电站投资财务测算模型。

第二十一章

城市五张网的布局规划及充电站投资评价体系

上一章提到了城市充电网有五种典型的场景，分别是公交充电网、公共充电网、物流专用充电网、居民小区充电网和企事业园区充电网。城市充电网在细化布局时，应对五张网分别进行规划研究，目的是满足不同场景下车辆的充电需求，提升用户体验，获得更强的市场竞争力。

第一节　城市五张网需求场景

充电网的五种典型场景，有较为明显的差异点，主要原因是基于新能源车辆类型、用户习惯、停留时长、功率需求、场地面积等多个时间空间因素。不同场景下的充电网，其规划思路、选址模型和测算模型均不一样，需要分门别类地研究。

一、公交充电网

公交充电网是为了解决市内公交、城际公交、城乡巴士等公共交通车辆充电需求建设的充电网，由公交停车场充电站、城乡巴士首末站组成，根据充电站的实际运营情况可细分为公交专用充电站和公交复用充电站。

城市公共交通有着丰富稳定的运力资源和场站资源，且基本不受供需波动的影响，作为基本的民生保障，也承担着居民出行的社会责任。公交电动化是新能源汽车推广应用的先行试点工程，从2015年开始，公共交通行业新能源车辆已经得到迅速发展，到2023年，全国公交电动化率已经达到70%。

城市公交充电有几个典型特征，一是设备稳定性要求高，充电设备必须高可靠运行，保障公交车可靠运营；二是公交车白天运行，夜间充电，可以消纳夜间的低谷电，有效地帮助电网削峰填谷；三是公交车成本较高，对于车辆充电过程中的电池安全监控要求高，在公交电动化发展初期，公交车烧车事故曾经引起较为突出的社会关注，应始终保持对电池充电安全的高度关注；四是部分大中型城市里的公交车停车问题较为突出，需要把充电和停车结合起来综合规划。

公交充电网在投资建设过程中，需要综合分析公交车运行线路、每日运营里程、电池容量、充电功率以及夜间停车等问题，给公交公司提供系统性解决方案。例如：在北上广深等大城市，土地资源稀缺，公交车停车一直是难题，国内充电企业创新设计了"公交柔性充电弓"产品，可利用中途停靠乘客上下车的时间，大功率快速充电，满足了公交车运营的需求。另外，公交车一般归属于当地国有企业运营，当前公交车不仅限于普通的公共交通，部分公交企业提出定制公交、全域公交和数字化公交等理念，都对公交充电网提出更高的要求，需要把简单的公交充电设备升级为光-储-充-放-检等智慧公交充电网，助力公交企业提质增效。

二、公共充电网

公共充电网是为了解决出租车、网约车等营运车辆以及部分个人乘用车辆充电而建成的充电网，是目前争抢建设的热点。公共充电网是最考验运营商选址规划能力的场景，需要充电运营商根据营运车辆和社会车辆分布情况进行精准选址，把充电站分散在整座城市里，形成网状结构，追求充电快、容量大，让满足用户充电像加油一样的体验，图21-1为一个典型公共充电站的效果图。构成公共充电网的充电站类型按照是否单独新增变压器分为高压公共站和低压公共站。

公共充电网也是城市里竞争最激烈的充电场景，一般建站选址为写字楼、园区、公园、居住区和闲置场地内的停车场。首先，公共充电站附近最好有基本的配套服务，如餐饮、休息区、卫生间和便利店等，配套越丰富，对于充电用户的吸引力越强；其次，公共充电站也考虑运营商的运营能力，一般需要把充电站推送到全国知名的充

图21-1 城市公共充电站效果

电App上，才能带来较大的用户流量；最后，还要考虑电费和服务费价格竞争的问题，需要充电运营商通过合理选择供电形式、积极参与电力交易、深入做好能源管理，尽量降低电力成本，增强充电站竞争力，充电服务费则应结合时空需求分布动态优化。

三、物流专用充电网

城市物流专用充电网是为了解决城市配送车、货运车等车辆的充电需求，综合考虑城市物流集散地、城市运输配送路线及物流车司机居住区等因素部署的充电站，一般建立在城郊高速、城市环线等枢纽附近。面向渣土、煤矿货运等特种场景的车辆，则应结合实际需求就近建设重卡专用电站。

目前物流企业电动化趋势发展最快是城配物流。中国公路物流占据货物运输的主导地位，占社会总体货运量的四分之三以上，通过城配物流的电动化，可有效降低城际配送车辆产生的尾气排放，改善城市____量。还有部分企业研发了大型干线牵引车，这类车辆的续航约 200 千米，适合通过____部署快速充电网实现运营。在冷链物流、环卫车辆、城市渣土车、混凝土罐车等____动化车辆的推广，应根据作业区域针对性部署充电设施。物流专用充电网需要深层____电池型号、功率、续航、运营路线等参数，做出合理的布局。

四、居民小区充电网

居民小区充电网是为满足小区____需求而建设的充电网。按照车位权属不同，一般分为固定个人充电车位和小区公共____弥补部分老旧小区无法安装充电设施，在小区周边 500 米范围内公共停车区建设____"，同样可归属于居民小区充电网。该充电网的典型特征是面向居民常驻地，车辆____期通过慢速充电补能，为智能有序充电提供了理想的应用场景。

根据目前购买电动汽车用户的调研数据，电动汽____是"便捷充电""回家充电"，在车主夜间休息时完成补能，可以让新能源汽____优于燃油车。然而，充电设施进小区难的矛盾非常突出，居民小区"安桩难、充电____护难"成为老百姓急难愁盼的民生问题，一定程度上制约了电动汽车的推广应用，积极规划和因地制宜高效建设小区充电网在很多城市迫在眉睫。2016 年以前建设的多数居民小区都没有为充电需求预留电力容量，这些居民小区的充电网建设者在投资初期就要考虑充电设施智能有序充电的技术要求，通过错峰充电、有序充电，让车辆在有限的电力负荷下，利用夜间低谷电实现车辆补能。

五、企事业园区充电网

企事业园区充电网是为满足企事业单位员工在上班车辆停泊期间充电需求而建设的充电网，具有上班充电时间段比较集中、车辆充电需求相对固定的属性。

企事业园区充电网建设场地为工业园区、写字楼、学校、医院、机关单位等，设备功率可以采用快充和慢充结合的方式，对于可以对外开放的园区，还可以根据场地情况建设开放一部分用于公共充电。其次，企事业园区充电网不只能为车辆提供充电服务，未来随着车网互动的政策、商业模式逐步成熟，企事业充电网也是实现车辆放电、电网需求侧响应、虚拟电厂的最佳场景之一。

第二节　城市五张网规划布局

基于五张网不同的特点，在进行规划布局时，在遵循一些共同原则的基础上，各自有不同的关键点和规划思路。

一、公交充电网规划

1. 关键点

公交充电站通常位于公交首末站，建设需要考虑公交场站车辆数量、车辆类型、电池容量、标称电压、充电倍率、辅助电压、充电方式、线路单程、发车平均间隔等信息。一般随公交场站一同建设或在公交换乘站点建设，此类充电站设备选型主要为直流设备。

2. 规划思路

（1）建设为公交车、长途客运等车辆充电的大型公交专用充电站，运用本土停车场资源，实现电动化充电改造。

大型公交专用站通常位于公交首末站或公交集中停放站点，或者客运站车辆停放站点上，公交充电站根据实际使用需求建设，通常采用群管群控充电方式，同时满足夜间充电（多辆车小功率充电）和白天补电（少量车大功率补电）需求，每辆车配置一台充电终端，所有终端共用总充电功率。

（2）建设满足公交车、客运车充电需求的同时，还可以为社会乘用车及物流车等提供充电服务的中型公交复用站，实现对场站资源的最大化利用。

中型公交复用场站大多数位于城市中心位置，在公交车夜间停运期间，可以将充电权限开放给社会车辆，搭建公交复用充电站。复用站可配套智能道闸、监控设备、休息室、卫生间、自助饮品机、场站清晰的照明设备等，能够为夜间光临的电动汽车车主提供便捷的充电服务和临时休憩的场所。

（3）结合实际需求对首末站位置较远且沿途较大的场地进行充电站建设，可在车辆运营线路选用特来电智能充电弓在公交车停靠点位利用乘客上下车时间完成快速补能，如图21-2所示。

图21-2 公交充电弓充电站场景

二、公共充电网规划

1. 关键点

充电网的布局核心是供需关系，所以，在规划公共充电网时要充分考虑新能源车辆数据情况。公共充电网主要是服务运营车以及私家车，首先我们需要对新能源出租车、网约车以及私家车的保有量做出合理规划及预估，根据各类车型的充电习惯预估每年的充电电量，根据充电电量规划每一年的充电容量和终端数量。

案例：假设某南方城市 2024 年预测新能源私家车保有量为 10 万辆，平均每辆车每天行驶 48 千米，假设未来电动汽车百千米电耗平均值为 12 千瓦时，则每天需要充 4 千瓦时，假设私家车 30% 的电量通过公共快充站完成，该城市私家车每日通过公共快充站产生的电量为 12 万千瓦时，若公共快充桩每日充电量为 120 千瓦时，则 2024 年公共充电网服务于私家车的充电终端需 1000 个，同理可计算服务于网约车以及运营车的公共快充桩数量。

2. 规划思路

（1）衔接政府政策。将城市内公共充电网规划与城市、交通整体规划同步推进，盘活城市资源，促进市内充电网科学布局。合理设置公共停车场公共充电基础设施配建比例，并建议在验收环节设置一定条件，例如：不达条件规划部门不予审批，竣工验收不予通过等。城市的电网企业以及充电运营商需要配合政府住建、交通等相关部门做好全市的规划，科学指导充电网建设，有效保障电动汽车充电需求，更好服务市民个性化应急补电需求。

（2）面向应用场景。具备条件的普通国、省道干线公路服务站充电基础设施全覆盖，城市地区充电设施围绕重点覆盖"两区"（居住区、办公区）和"三中心"（商业中心、工业中心、休闲中心），综合考虑停车场周边交通流量、出入通道条件、场地大小、电气接线等因素，结合未来社区建设，依托公共停车场布局，充电站辐射半径约3千米，形成充电网络布局。对于乡镇地区，优先在乡企事业单位、商业建筑、交通枢纽（场站）、公路沿线服务区（站）等场所配置公共充电设施，并向易地搬迁集中安置区、乡村旅游重点村等延伸，结合乡村自驾游发展加快公路沿线、具备条件的加油站等场所充电设施建设。

（3）结合电力接入条件。结合10千伏配网规划，按照近远期分区分类充电设施布局规划和建设要求，编制配建电源及接入方案。同时应结合当地的风光资源，积极建设集风光储充放检于一体的微型电网系统，实现绿电就地消纳，真正实现新能源车充新能源电，引入智能安防、智慧充电，最大程度保障充电基础设施安全可靠地运行。

三、物流专用充电网规划

1. 关键点

随着物流电动车的增多，城市内环卫等特种车辆的转型起步，其充电市场需求急速增长，目前大部分城市处于供不应求的阶段。公共充电设施一般无法满足物流特种电动车辆的大功率充电需求，应针对物流车辆充电场景特别考虑，作为特别的专用充电领域进行规划布局。

2. 规划思路

规划思路上宜结合路权、物流集散地、安全充电的要求，引导打造"集中充电为主、沿途补电为辅"的充电场景，在城区外围、交通相对便利的地段，集中建设、集中管理，同时按照城配路线，建设市内物流车补电站，打造物流车专用充电路线，逐步形成专属补能网络。

在物流充电站点应提供大功率快充设备，实现50~950伏的电压输出范围及300~950伏电压范围内的宽恒功率范围，通过群管群控实现最高达200千瓦的充电功率，以满足快速充电的需求。

根据城市实际情况，可建设物流专用大型充电站，通常选址在仓储转运中心、物流园区；在城市配送沿线规划建设物流专用小型站，此外也可以结合部分社会公共充电站布局通过复用满足物流车快速补电的需求，场站配置以大功率直流充电设备为主。如果存在夜间泊车，可配置快速充电与慢速充电相结合的方式。考虑到重卡、渣土等特种车充电需求大、对场地要求高等特性，如城市存在钢厂、电厂、港口等特种车应用场景应认真研判市场，提前进行场地锁定、电力容量确认等工作，及时满足特种车充电需求。

四、居民小区充电网规划

1. 关键点

当前居民区充电设施建设管理模式存在的突出难点包括：小区电力容量不足，增容费用巨大，大规模电动汽车无序充电冲击电网稳定；个人无序建桩、设备维护缺失，存在安全隐患；老旧小区没有固定车位，公共车位停车紧张占位严重等。"统建统营、有序充电"模式是解决小区充电难题的有效方式。

2. 规划思路

居民小区可分为新建小区和既有小区，既有小区包含商品房、保障房、安置房及老旧小区等。

（1）对于新建小区，按照政策要求，新建小区停车位百分百建设充电设施或预留建设安装条件，与主体建筑同步设计、施工、验收，从源头上解决当前既有小区面临的供电容量不足、改造施工困难等问题。

（2）对于充电设施配建要求出台前建设的既有小区，商品房小区以固定车位居多，可采取"统建统管、有序充电"模式建设供个人使用的自用充电桩，并支持"相邻车位共享"。充电运营商采取智能负荷管控、智能有序充电等技术手段实现错峰分时充电，提升配电资产利用率，降低增容改造成本。保障房、安置房小区以公共车位居多，可建设供全体业主使用的公用充电设施，支持"多车一桩"。

对于特别老旧的小区，应结合老旧小区改造民生工程，在老旧小区完善电力配套，设置电动汽车充电专区，结合物业和车主自治，引导油车电车分区有序停放，提升充电设备利用率。

（3）在小区周边的配套方面，可在小区周边 500 米便民圈建设公共充电设施，可供小区周边的私家车、营运车和物流车充电。

五、企事业园区充电网

1. 关键点

企事业园区主要为办公地，包括商业写字楼、产业园区、工商业园区、教育机构、医疗场所、政府机关等单位驻地等，应结合车位布局、车辆的出行和停放特点以及电力配套等因素进行规划布局。

2. 规划思路

（1）场站选址上，主要在企事业单位地上或地下停车场的公共车位安装公用充电终端，为专属车位安装专用充电终端。

（2）方案配置上，考虑园区内车辆数量、电力负荷、电源距离、充电专区等因素，合理安排建设节奏，有效节约建设成本和避免油车占位。员工一般选择日间上班时间顺便补电，充电时间相对固定，车辆停放时间较长，需求充电功率较小，平均充电容量需求较低。

（3）设备选型上，封闭或半封闭园区多采用小功率设备和功率复用方式。对外开放型园区可搭配大功率直流快充设备，满足部分员工或来访人员临时快速补电需求。

（4）技术应用上，通过群充系统电力智能调度，平衡园区电力需求，不与园区常规负荷争抢电力资源，有条件的要建成光充储放的微电网系统。

第三节　充电站投资风控体系

一座城市在构建充电网新型基础设施时，需要投资建设大量的不同场景下的充电站，这些资产的质量会影响到一座城市居民的充电体验和投资运营企业的盈利情况，也关系到政府监管的难易程度等，因此在充电站投资之前，就需要充电运营商从充电站宏观布局、微观甄选、盈利测算、风险点识别以及组织保障等多个层面，搭建一套完善的投资风控体系，防控投资风险，提升资产效率。

一、投资风控体系的模型

1. 投资风控体系的总体框架

按照五张网不同的建设阶段，充电运营商应把项目分为投前、投中、投后等不同阶段，围绕充电站全寿命周期进行综合评估，从充电网宏观把控到微观选址，构建企业的风控体系。

对于投前阶段，首先，要明确投资方向，主要从城市分类模型、充电网发展阶段、市场容量预测等维度，评估一座城市的投资价值和投资容量。其次，确定投资的目标，企业要依据城市的资产规模、资产结构等因素，确定该城市合理的投资目标，投资过度，会造成供大于求，影响市场供需平衡；投资不足的话，也容易导致市场供给不足，导致大量的车主排队，产生抱怨。再次，需对区域做规划，在五张充电网的分类模型下，综合考虑城市的区域规划、电力资源、道路交通等，编制该城市的充电站点位规划，并从微观上对充电站进行设计，包括电站内部的车动线设计、车位规划、配套设施等。最后，需要有专门的项目投资评审流程和组织，利用数字化的电站选址模型和财务测算模型，对项目进行评估，发挥流程的作用和组织的智慧，规避风险，提升收益。

在投中阶段即充电站在建设阶段，主要关注充电站的施工进度和风险控制，核心目标是快速、低成本、安全可控地完成充电站建设，避免建设期出现隐蔽工程、工期失控等风险，为充电站的长期运营做好准备。

在投后阶段即充电站建设完成后的运营阶段，要从运营的角度充分提升充电站的利用率和收益率，主要涉及的工作有用户运营、资产管理、伙伴运营、能源运营等。需要通过电站质量复盘，追溯投资过程中未能识别的风险点，并且把新风险点迭代到新的充电站选址模型中，用于进一步指导充电站的选址规划。运营电站实现盈利是所有投资的终极目标，需要把充电站的财务模型细化到每一个充电站上，通过数字化的系统，有效提升企业的运营分析能力，从庞大的运营数据中，挖掘出存在问题的电站进行针对性改进，杜绝运营中的跑冒滴漏，持续提升充电网的整体服务水平和投资收益。

2. 投资风控体系的五个模型

搭建充电站投资评价体系时，涉及五个模型，分别是城市分类模型、电站选址模型、投资测算模型、电站盈利模型和电站评价模型，这五个模型用于指导企业投资的全过程，利用科学建模，杜绝人为因素对于投资的影响。

城市分类模型。城市的 GDP、人均 GDP、车辆数、渗透率、替换率、政策环境和气候地形等，都是城市分类模型的关键指标，完成一个城市的分类模型评价后，该城市在全国新能源市场中就有一个综合评价，该评价会影响企业对城市投资的积极性和投资额。

电站选址模型。评价一座充电站能否投资成功，要从多个维度去考虑，包括宏观上的布局和微观上的甄选：充电站是否在城市主干道，是否在物流园区，是否考虑居住区，周围是否在低洼地带，电力接入的成本，车动线的规划等。例如，充电运营企业特来电已经为此建立了 6 个维度上百个指标的电站选址评价模型，并且将该模型植入企业的数字化系统中，有效提升了电站选址的精准度。

投资测算模型。该模型是从财务口径测算电站未来的收益情况，依据该电站所在区域的同类充电站运营数据和供需关系，考虑电站的成本支出等因素，获得一个电站的收益测算表，通过项目静态回收期（PP）、动态回收期（DPP）、净现值（NPV）和内部报酬率（IRR）等指标，综合评估投资的可行性。

电站盈利模型。充电站上线运营后，按照充电站实际的经营数据和成本支出，以及折旧等费用，把企业的成本以合理的方式分摊到各个充电站上，综合评估每个充电站每个财务周期内的盈利情况，以此指导和考核充电站投资运营团队的工作价值。

电站评价模型。前述四个模型，都是企业内部建立的模型，并未考虑外部客户对充电站的评价指标。电站评价模型是把外部充电用户对电站的评价指标也纳入进来，从"选址基因好、投资运营好、用户评价好"等维度，建立了电站的综合评分模型，并给电站评星级，以期实现企业价值与用户价值的双向打通。

3. 投资风控的标准和机制

面向企业规模化经营的目标，投资充电网需要建立科学有效的评价标准，该标准要综合法律法规、行业特点和企业实际情况等因素，利用标准化指导企业规模化发展。同时，应为企业员工建立培训体系、业务标准、绩效激励和荣誉机制等，驱动员工充分认识到投资风控的重要意义和关键要素，助力达成企业经营目标。

二、充电站宏观布局和微观甄选

1. 充电站宏观布局

建立企业的投资风控体系，其中一个核心的任务就是充电站的规划工作，可分为三个阶段进行严格把控。第一阶段，要对城市充电网的市场容量进行分析，该阶段主要考虑当地新能源汽车保有量、渗透率、车辆属性、平均耗电量、友商市场份额、年度新增车辆预测等数据，用于指导当地充电网的总装机功率。第二阶段，要对城市的区域进行切块分割，把城市进行分区，分区后依据组网的思想，提前预判该区域内的充电站大致位置，占领主要的核心场地。第三阶段，要对城市充电热力区进行有效的识别，按照城市的人口分布，按照"切块"的思路，在城市内寻找热力点位，尤其是靠近司机睡觉和工作的地方，都是非常优秀的充电站选址位置。

2. 充电网市场容量测算逻辑

从充电网供需平衡的角度出发，我们需要采集到该区域的市场需求，这些数据包含车辆保有量、渗透率、车辆属性等。因为车型不同、运营场景不同，每辆车平均每天的充电量也就不同。例如，每台出租车平均每天的耗电量一般为35~45千瓦时，而一辆私家车平均每天的耗电量仅有 6~8 千瓦时。通过车辆数和每日的平均耗电量，就能计算出区域总的充电量。

可依据"年充电量 = 区域装机功率 ×24 小时 ×365 日 × 功率利用率"这一等式和目标充电量规划区域总装机功率目标。

例如，设定区域的充电利用率为 10%，则可以根据预测的年充电量计算出区域总的充电网装机功率，依据总的装机功率数据，企业参考市场上已有即其他企业可能布局的装机功率数据，则可以计算出本企业本年度的总装机功率数据，分摊到不同场景中，即五张充电网时，企业可以获得本年度区域的战略规划数据。依据该数据进行点位布局，做到有的放矢，避免区域充电网供需不平衡。市场容量的预测逻辑如图 21-3 所示。

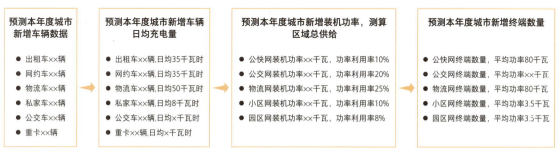

注：以上数据为参考数据，其中公交车及重卡为专用场景，需根据实际情况讨论。

图21-3 城市充电网市场容量预测逻辑图

3. 充电站微观甄选的要素

宏观上布局充电站后，最终需要将项目逐个落在具体的场地上，那么在评估场地时，我们要重点关注场地微观层面的因素，仔细甄选出优质场地，为充电站后期持续盈利做好准备。以下是需要重点考虑的因素。

场地位置：评估场地所在区域的交通位置、交通动线、是否靠近主干道、周围是否有居住区、物流园区等。

场地属性：评估场地是否为工业用地、商业用地，其中基本农田、绿地、林地、军事用地等，都是风险较高的场地。

场地可视性：从司机的角度评估场地的可视性，进出是否方便，有无遮挡物，是否可以竖立 VI 标识等。

场地车位设计：从停车的角度，关注于车位宽度，车辆动线设计，物流车集中区域，车位宽度应为 3 米以上，是否能让司机直接泊入，避免多次打方向盘。

停车费标准：充电司机能否享受停车费减免的优惠，停车道闸是否从平台层打通。

运营年限：场地能否支持 8~10 年的持续稳定运营，避免拆迁。

投资成本构成：周围高压电力接入成本、施工成本、场地硬化成本等。

全寿命周期安全：周围是否有低洼积水风险、是否有加油站、加气站、沼气池、高压输电线路等，均需要从全寿命周期安全进行评估。

投资收益回报：投资测算表能否达到企业投资标准，能否实现盈利。

三、风险点识别

在投资充电站的过程，需要关注充电站的潜在风险点，避免建设过程中断或者是充电站建成后的运营中断。影响充电站投资安全的风险因素，有些是显性的，有些是隐性的，需要区分分析。

1. 显性风险点

进行投资决策时，显性风险点相对比较容易找出来，主要是周围自然环境、城市交通、空间布局等，一般是客观的风险点。例如：充电站是否在低洼地带，有无积水风险；周围是否存在燃气管道，有无消防隐患；交通动线是否合理，进出道路能否排队、有无违停违章拍照等。

这种风险点的识别，市场人员和工程人员可以通过长年累月的投资经验进行初步的判断，并且把收集到的风险点给汇总下来，形成企业的投资风控体系。

2. 隐性风险点

面对隐性的风险点，企业在设计投资风控体系时，难度较大，更多是因为人为主观因素导致的风险点，往往存在不确定性。例如，附近居民在充电站建设过程中，阻挠、投诉施工，认为充电站有辐射，有些居民甚至认为充电站建设影响了家庭风水；或者是充电站建设过程中，施工工艺不合适、工程质量不达标等因素造成后期充电设备意外故障；或者充电站商务条件未明确双方责任，后期充电站被拆除，或场地被切割等。

企业在项目建设前期，就要对这些风险点进行综合评估，制作充电站风险识别表，进行逐一研判核对，尽可能降低投资风险，提升充电站投资收益率。

四、组织保障

充电运营企业在建立充电站投资风控体系时，必须要在项目评审体系中建立完善的流程和组织，避免单方面决策，从制度层提升充电站投资的成功率，在投前评审阶段就能规避大部分的风险点。以下是从运营企业实际工作中总结出的两条可以借鉴的经验。

1. 建立评审委员会

城市的充电网是由不同场景、不同区域、不同规模的充电站构成的，而且充电站的投资相比于其他大型的项目，呈现出小规模、数量多、场地属性杂等特征，因此难以按照大型项目组织数次专家级的评审会议。同时，充电行业属于新生业态，存在较大的不确定性，而且新进入的各类资本较多，又需要企业快速决策，获取市场优势。在这样的情况下，建立一个专业灵活的评审组织就尤为重要。

充电站投资企业需要在企业内部设置跨部门的场站投资评审委员会这样的组织，以应对充电行业复杂多变的特征。在项目评审委员会中，每一个项目都可作为实实在在的案例，有助于团队成员相互了解不同阶段的工作内容，理解多方面需要考虑的风险点，让组织的决策充分正确。

2. 选址人员培养

企业在投资充电站时，需要一批精于业务的专职人员为企业寻找优质的充电项目，这就需要搭建一套完善的人员培训体系。通过专业的学习加上一定时间的实践，让选址人员能够从整个城市的充电网规划层面思考问题，能够更加精准地选到合适的场地，提升充电站的投资成功率。

第四节　充电站投资财务测算模型

在企业投资决策的过程中，项目投资测算是非常重要的一环，必不可少。投资测算是通过定量的指标预测来评价一个项目是否值得投资。每一个充电站的投建本质上就是一个个中长期投资项目，而投资测算就是把我们收集和分析的信息整理量化的过程，它整合了市场情况、场地成本、建设成本、运营成本等多方面要素。测算模型通过数据指标全面衡量项目可行性、风险及可预期收益后，能够对项目的发展有明确的定位，给投资决策及实际项目执行指明方向。

一、财务模型的建立原则

投资测算通过设计全面、科学合理的指标条件，可以计算对比出该项目相应的预期收益、风险、投资回收期等关键指标，这些指标可以系统分析项目的情况，帮助企业决策者更好地了解项目全貌，提供给企业决策者科学的依据，帮助他们在投资决策中做出理性、客观和精准的判断。在建立财务模型时要遵循以下几个原则：

1. 真实性

充电站作为企业的固定资产投资，投资周期长、影响因素多，因此要求业务人员在进行项目评估时，必须坚持实事求是的指导思想并有坚实的业务基础，要客观反映出项目的本来面目。填写测算数据时，要依据市场实际情况和合理预测，为项目后期运营做好准备。例如，在西北部城市，受制于车辆替换率低，充电市场需求不旺盛，业务人员在填报充电站运营数据时，就要相对保守，增长率也应与新能源电动车增长率保持一致。

2. 系统性

项目评审人员在评估项目时，也不能仅仅依靠投资测算表的数据做项目的评估，投资测算表仅仅是从业务数据上做了一定的预测，但是充电站的投资不仅仅是单个点位构成的，充电站最终要形成充电网才能发挥出强大的运营价值和能源价值，所以有些关键点位、战略性点位，也许要适度超前地布局。决策人员也需要具备全局全域的系统性思维，甚至可以通过预测城市电动汽车的发展路径，找到城市充电网爆发的窗口期，系统性地决策充电站的投资规划。

3. 统一性

财务测算还需要和实际业务紧密结合即"业财融合"，必须让业务和财务辩证统一，有些项目财务口径看上去是亏损的，但是从业务口径看上去，项目意义重大，具有较大的示范意义和社会意义，那么这个评估就要统一考虑。企业决策者也需要综合考虑企业资金需求和资金来源，并通过风险及收益的整体评估，以确保企业进行合理的资源配置，资金高效利用，规避一些不必要的投资风险，有效规划投资，以达到最佳投资效果。

二、财务模型的关键指标

在投资测算模型的构建过程中主要遵循静态和动态两个方面的核心底层逻辑。静态测算的核心是利润率，通过收入、成本、费用及税金计算利润额来表明项目预计的盈利情况，而动态测算的核心是现金流，是不同时点的资金流入流出考虑时间价值因素后得出投资资金的使用效率。测算模型常规情况下需要先有静态数据和对应的时间节点，才能考虑折现问题。

测算一个项目的利润率时，首先要明确收入、成本、管理费用、营销费用、税金等关键要素，而关键要素需要依靠科学合理的假设条件。一个能够正常投入运营的充电站在选址初期，需要评估该项目周边充电需求、有效的场地、获取场地的商务条件、场地适用的投建方案等方面，并形成量化指标作为投资测算的关键条件，涉及建设类、市场类、场地类、收入类、成本类、费用类、税金等，具体列举如下。

建设类指标：投资构成、投建功率、建设周期。

市场类指标：电费单价、服务费单价、功率利用率、有效运营期。

场地类指标：车位数量、场地租金。

收入类指标：电费收入、服务费收入、其他增值收入、补贴。

成本类指标：场地成本、平台成本、运维成本、电费成本、折旧成本、营销费用、管理费用。

税金类指标：增值税、所得税。

利润率计算公式：利润率 =（收入 − 成本 − 费用 − 税金）/ 收入。

考虑该项目全生命周期所有的现金流入和流出时，还要考虑时间价值将影响企业获得的真实收益，此时需要引入折现率评估资金成本。在设计折现率指标时，需要综合考虑企业的各项资金来源，不同的资金来源企业所需要付出的实际资金成本并不一致。

整个投资测算模型基于以上过程计算后需要输出关键性的结果指标，常用的有静态回收期、动态回收期、净现值（NPV，Net Present Value）、内部收益率（IRR，Internal Rate of Return）等，这些指标覆盖了投资决策中所需要的静态及动态相关内容，充电站投资决策者需要了解这些指标背后的经济意义。

静态回收期：在不考虑时间价值的情况下，收回最初投资额所需要的年限。

动态回收期：考虑时间价值后，收回最初投资额所需要的年限。

NPV：在项目计算期内各年净现金流量现值的代数和。

IRR：使投资项目的净现值等于零的贴现率。内部收益率实际上反映了投资项目的真实报酬。

第二十二章

充电站集成设计方案

每个城市都按照充电网做整体规划布局后，一个个充电站成为充电网的核心元素，在充电网的规划指导下，充电站开始真正发挥为广大新能源车主提供服务的功能。在充电站的建设中，系统集成化设计方案以其适应性广、可发展性强等优势逐步被广大运营商采纳。

第一节　充电站集成化设计的基本概念

一、充电站集成化设计的核心要素

现有设施主要有综合类专业充电站和分散的个人交流充电桩两种类型。个人充电桩一般布置比较零散，难以规模化部署。专业充电站规模一般较大，配备的充电设备一般为直流设备，可以同时为多辆、多种类型的新能源汽车提供充电服务，而且充电功率输出灵活，可以满足电动汽车的各种补能需求。

专业充电站一般由配电系统、充电系统和平台管理系统等部分组成，配电系统包括 10 千伏（或 6 千伏）高压配电系统、变压器、0.4 千伏低压配电系统，用于为充电系统提供电力来源。充电系统主要用于将交流电转换成直流电，并能够按照国标输出不同的电压和电流为各种各样的新能源汽车充电，同时充电系统能够连接平台管理系统；平台管理系统主要用于管理调度充电系统的运营、运维、安全、数据统计等，一般跟充电系统采用网络通信的方式连接。

二、充电站集成化设计在建设中的意义

充电站集成化设计，是一种将配电系统和充电系统进行综合布局设计的方式，把充电机组合在一起形成功率池，车位上只保留充电终端，每台终端均可根据不同车辆充电需求，智能调度功率池功率，实现多台车辆不同功率的充电需求。

传统专业充电站，每个车位 1 台充电桩，容量固定不可调，一般占地面积较大，城区中心难以提供充足的建设用地，增加了建设成本和建设难度。而充电站集成化设计采用的充电机是

分体式群充电机，实现功率共享，按需输出。其主要形式有两种。

第一种，充电站已有配电系统，采用分体式充电机，充电机部分组合成功率池布置在配电位置附近，充电终端放置在车位，终端共享功率池。

第二种，充电站原无配电系统，完全新建，可以将充电机部分组合成功率池，并与配电系统组合成一台充电箱变，充电终端放置在车位，共享功率池。

相较于第一种方案，第二种方案具有占地面积更小，施工周期更短，未来升级性更强等特点。

三、充电站集成化设计的特点

充电站集成化设计可以通过低成本投资获得高性能、更灵活、更可靠的充电体验。其具有如下特点：占地面积小、施工周期短、施工费用省、设备利用率高、需求满足率高、车位上的终端不带电、未来可方便升级、所有信息平台可统计等。

在车辆快速发展的今天，充电站集成化设计的充电系统既解决了充电功率离散性越来越大的问题，又便于后期的设备迭代升级，全生命周期价值高。

第二节　充电站集成化设计的原则

一、安全性

充电站设计首要原则是要确保充电站运行安全，防止事故发生。应从充电站选址、方案设计、设备充电安全防护、电动汽车安全防护、平台安全防护、充电站智能监控等多方面综合考虑，同时配套相应的安全管理措施。

二、可靠性

充电设备设计寿命一般为 10 年，要使设备在寿命周期内保持稳定和持久运行，在产品设计、元器件选型、生产工艺保障等方面必须要做好严格把关，同时完善的运维体系，持续的升级能力，也是设备可靠运行的基本保障。

三、效率

充电设备的待机损耗，变压器的损耗、充电过程中产生的损耗，都是现行技术条件下，无法避免的，通过充电站系统集成化方案，尽可能降低待机损耗，通过共享功率池的充电机设计，提升车辆离散型需求功率的满足率，进而降低损耗占比。

四、兼容性

充电站选择的充电机，要确保充电站能兼容不同品牌和型号的电动汽车。首先，要确保充电机按照国家标准统一设计；其次，充电机输出直流电压范围要足够大，能够覆盖绝大部分新能源车装配的电池电压。

五、扩展性

充电设备应预留扩展空间，便于未来升级和维护。随着新能源汽车数量的增加及技术进步，充电功率变大，充电设备应具备逐步迭代升级大功率充电的能力，而且充电站应能够升级成综合能源站，成为虚拟电厂，参与车网互动、电力辅助服务等。

第三节 充电站集成化设计的关键步骤

一、需求分析

首先，明确充电站性质，例如本充电站是公共站、专用站还是驻地站；其次，根据充电站性质和计划服务能力，确定其建设规模；再次，明确配电设施容量和充电设备装机功率，包括总装机功率、车位数量、配电系统如何配置、平均单枪功率等；最后，确定充电站是否配套道闸、地锁、监控系统、生活服务设施等。

二、系统架构设计及设备选型

根据需求分析，选择合适的充电设备，编制系统集成化设计方案。对于规模较小或已有配电系统的充电站，可选择采用 0.4 千伏电源接入的群充电设备，对于规模较大或需要新建配电系统的充电站，宜选择采用 10 千伏电源接入的高低压一体化充电箱变。

充电设备应能够连接后台管理系统，后台系统可以对充电设备进行充电控制、数据监控、安全防护、智能运维等，并可与车主进行数据交互，提供站点导航、订单结算、费用支付等全方位服务。

三、施工建设

设计完毕，即可进入施工建设阶段。此阶段，将根据设计方案，编制详细的现场施工方案、安全保障方案、高压电力接入方案、执行计划、现场相关责任人等。

四、优化与改进

充电站集成化设计的特点之一是具备可持续迭代升级的能力。近几年，新能源汽车发展迅速，充电功率越来越大，充电设备预留液冷超充接口，可将常规充电站升级成超充站。同时，新能源汽车数量增加，电网的接入压力凸显，充电站应具备升级为集光储充放于一体的综合能源站的能力，打造微电网系统，构建虚拟电厂，支持分布式发电自发自用、余电上网，并可参与到车网互动、电力辅助服务等业务中。

充电站集成化设计的特点之二是可以建立一套智能运维体系，传统的依靠以人为主的运维服务体系，难以高效支撑大规模充电设施的发展，后期成本很大，而通过设备状态自测、平台主动监控、自动派单的智能运维体系，可以大大减少人员配置数量，减少现场工作量，显著节省成本。

第四节　充电站集成化设计的典型应用

本节详细举例介绍集成化设计在专用站、公共站、驻地站三类共八种场景下的应用案例。

一、专用充电站的集成设计方案

1.公交专用充电站

✦ **场景特点**

（1）运行路线网格化布局全域，运行有计划有规律；

（2）场站停驻车辆多，装机功率大，充电量大，安全要求高；

（3）行业发展早，技术成熟，但是已经开始迎接首批设备退役；

（4）场地充足，充电时间富裕，停车位置便捷，电力资源充沛。

✦ **系统架构**

公交电动化起步最早，截至 2023 年年底，公交车的电动化率已经超过 82%，在所有车型中遥遥领先。公交线路相对固定，运营规律，在充电需求方面变化不大，以普通直流充电为主。通过集成化设计，即可让公交车实现白天快速补电，晚上充电。公交专用充电站系统架构如图 22-1 所示。

◆ **系统优势**

（1）智能群充电设备，功率共享、灵活调用，满足不同批次公交车差异化的充电需求；

（2）平台调度，可打通车辆运营平台，实现有序充电，降低用能成本；

（3）两层安全防护技术确保车辆充电安全，定期安全防护报告，提升安全管理水平；

（4）灵活迭代升级改造，全生命周期价值高。

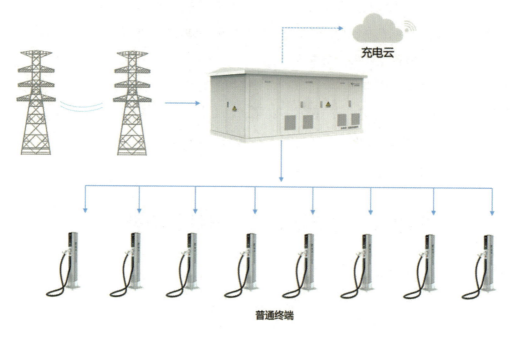

图22-1 公交专用充电站系统架构

◆ **建设规模**

公交充电站一般根据公交车上车计划，分批建设实施，充电终端和车辆的比可做到1:3左右。单枪平均功率60千瓦，产品宜采用标准化模组组合而成。如每个方案模组装机功率960千瓦，配套变压器1000千伏安，共计配套16台单枪充电终端，可满足40~48台公交车充电使用。若车辆数量较多，例如达到80~100台车，则可建设两个方案模组。如果车辆配置的电池容量足够高，能够允许长时间停放的话，可在场站总容量基本不变的条件下，增加充电终端的数量，达到接近1:1的充电终端和车辆比例，实现停车即插枪，具体充电功率由平台调度。

◆ **平面布置**

公交充电站一般占地规模较大，为节省场地，公交车宜双排背靠背停放充电，充电终端位于两排车中间，车头面向车辆通道，该方案既可做1车1终端，也可做2车1终端，节省夜间集中充电时挪车工作量。若因场地或电力限制，平均 3 车不少于 1 终端，这时集中充电时必须挪车轮换充电，需考虑周转车位及工作便捷性。

2. 公交自动充电站

✦ 场景特点

（1）公交电动化补贴逐步取消，公交企业财政压力大，需要降低车辆购置成本；

（2）一级踏步公交车，电池安装空间被压缩，电池不宜安装过大容量；

（3）轨道交通发展，轨道交通 + 小型巴士运输模式强强融合，无需大电量，但是充电时间敏感性较高；

（4）场地紧张，电力紧张，需要在公交首末站快速补电。

✦ 系统架构

虽然公交车大部分采用常规充电站充电，但是随着城市空间紧张、电力资源受限、轨道交通发展等影响，车辆逐步走向小型化，部分城市开始探索大功率自动充电。自动充电布局在公交枢纽站、首末站等区域，采用柔性充电弓，让司机实现不下车就可充电，充电时间可控制在 10 分钟之内，即充即走，双枪作为备用。公交自动充电站系统架构如图 22-2 所示。

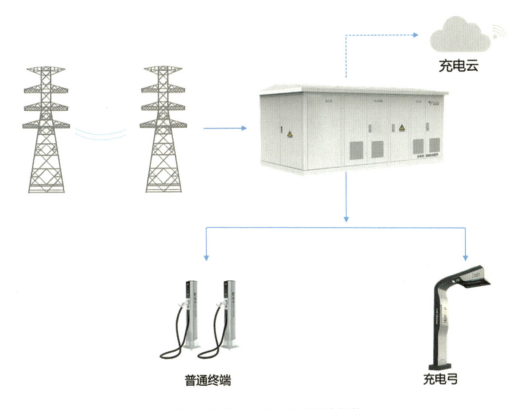

图22-2 公交自动充电站系统架构

✦ 系统优势

（1）充电弓具备自动充电功能，可与充电枪功率共享、灵活调用，满足不同类型公交车的充电需求；

（2）充电功率大，可以安装在公交首末站、枢纽站等需要快速补电的场合，利用发车间隙快速补电；

（3）植入人工智能技术，实现全自动充电，减少场地、人力投入；

（4）可以对社会车辆复用充电资源，增加营业收入。

✦ 建设规模

公交自动充电站，由于单终端功率大，终端和车辆比最大可做到1:10左右，即1台充电弓可服务多达10台公交车，单弓充电功率一般300~480千瓦，可根据充电站服务车辆数量、运营时间，充电功率需求等，确定装机功率、充电弓、充电枪数量，设计集成化方案。

✦ 平面布置

大功率自动充电模式，一般充电站规模比较小，以快速充电、快速发车为主，设备利用率高。充电弓位于车辆侧方位，可以在站台上，也可以在停车位侧面，方便车辆即充即走。

3. 重卡专用充电站

✦ 场景特点

（1）电动重卡拥有"装电量大 + 充电功率大"特点，电力资源需求量巨大；

（2）运行环境较为恶劣，较高的污秽等级对充电设施运行稳定性要求高；

（3）循环作业，定点、高频、运输效率要求高，部分场景24小时不间断作业；

（4）大功率充电趋势明显，多枪充电应用普遍。

✦ 系统架构

重卡充电功率高，充电量大，普遍采用双枪同充模式，即1个车位2把充电枪。通过集成化设计，既可1车1枪充电，也可以双枪同充1辆车，双枪可调动功率不低于480千瓦，既能够满足当下充电需求，也满足未来升级更大充电功率需求。重卡专用充电站系统架构如图22-3所示。

✦ 系统优势

（1）充电站采用高低压集成化设计，装机功率大，占地面积少，施工成本低；

（2）充电机与充电终端分体式设计，充电终端车位放置，充电机后端放置，配合高防护等级，环境适应性强；

（3）支持大功率充电，支持双枪甚至多枪充电，支持升级液冷充电。

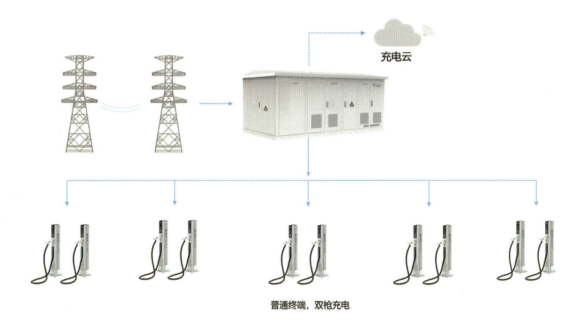

充电云

普通终端，双枪充电

图22-3 重卡专用充电站系统架构

✦ **建设规模**

重卡充电功率较大，常用电池类型稳定，可根据电池需求配置标准方案，方便客户测算充电设备和车辆的全生命周期经济效益。

重卡车辆配置电池常用为282、350千瓦时和423千瓦时，充电需求功率为260~280千瓦及以上，因此标准化方案分为几类：

标准化方案一（1200千瓦/双枪/五车位）；

标准化方案二（1440千瓦/双枪/五车位）；

标准化方案三（1680千瓦/双枪/七车位）。

✦ **平面布置**

重卡充电位置一般位于驾驶室后侧，因此采用车头进入充电车位，倒车出来的方式，因重卡盲区较大，因此一般应设置防撞措施。集成化设计方案，可以将充电终端放置在充电位置，主机后置，将高价值部分远离车位，既防止被撞，又能够降低恶劣环境对充电机的影响。

4. 港口专用充电站

✦ **场景特点**

（1）港口场景未来主题"智慧、绿色"，运营车辆电动化成为重要内容；

（2）实现自动驾驶与自动充电的最好应用场景；

（3）应用环境盐雾等级高，设备防护要求高。

◆ **系统架构**

港口充电主要面向的也是重卡类车型，除了常规的重卡充电方式外，港口因其封闭的作业环境和高频快速的作业要求，适宜采用自动充电应用，特别是现在港口大量采用的 AGV 车型，更适合自动驾驶、自动充电。可通过分体式充电机配套自动充电机器人实现。作业车辆和充电机器人完全接受平台调度，利用车辆的作业间隙，快速补电。港口专用充电站系统架构如图22-4 所示。

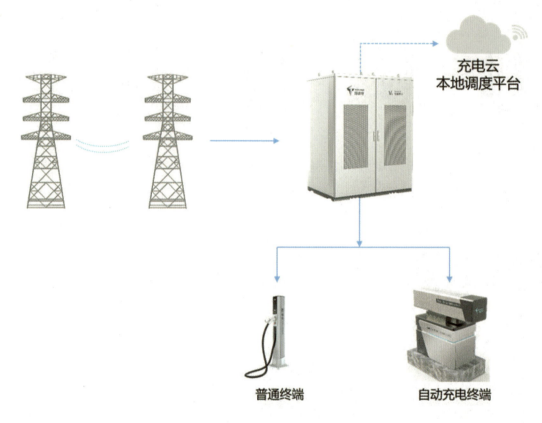

图22-4 港口专用充电站系统架构

◆ **系统优势**

（1）群充电设计，支持自动充电终端与普通终端混合使用，自动充电为主，普通终端手动充电作为备用；

（2）系统防护等级高，轻松应对潮湿、盐雾、腐蚀等环境，保障充电设备长效、稳定运营；

（3）全场景自动充电，支撑自动驾驶车辆运行。

◆ **建设规模**

港口自动化充电站应根据车辆分布计划、运行轨迹，做区域分布建设充电设备，桩车比应根据场站车辆种类、运营时间、运行路径、运距里程等因素确定。单套充电设备配置480千瓦群充电机，配套1台SCD充电终端和1台单枪充电终端备用，1套设备可服务4~6台车。

✦ **平面布置**

港口用AGV车型，具备灵活的运动性能，充电机和充电机器人一般配套布置，每个车位放置1套，充电机器人可放置在车头位置，在车头接入充电，或放在车位侧面采用侧面接入充电。港口专用充电站平面布置如图22-5所示。

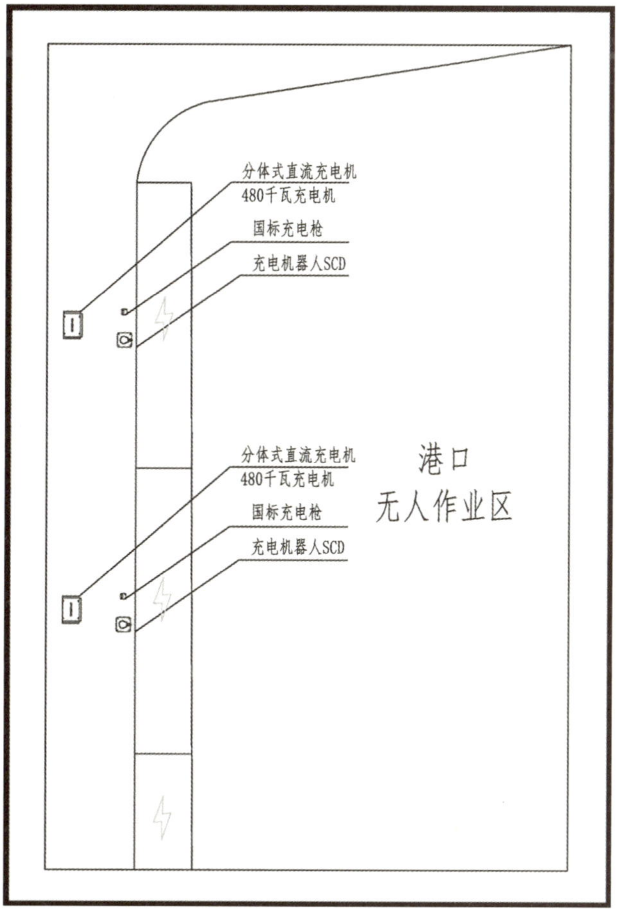

5. 机场专用充电站

✦ **场景特点**

（1）车型种类复杂多样，以特种车型为主；

（2）车辆运行区域、路线固定，充电有计划有规律；

（3）车辆充电电压范围跨度大，充电功率离散性大；

（4）对充电设备监控、运维的数字化、智能化需求高；

（5）靠近飞行区，对车辆充电安全要求极高。

图22-5 港口专用充电站平面布置

图中标注：分体式直流充电机 480千瓦充电机、国标充电枪、充电机器人SCD；港口无人作业区

✦ **系统架构**

机场充电站主要是为机场空侧作业车充电。机场作业车车型种类多，电池电压、充电需求也是复杂多样，采用集成化设计，平均每个终端输出功率60千瓦，最大240千瓦，采用50~1000伏的超宽电压输出，能够覆盖机场绝大多数车型充电。

✦ **系统优势**

（1）50~1000伏宽电压输出范围，兼容机场各种国标新能源车型充电，设备可用率高；

（2）设备可接入机场监管平台，实现场站全场景，实时监控。

✦ **建设规模**

机场充电站一般根据特种车运行计划规律以及充电功率建站，考虑到特种车辆充电功率离

散性极大，推荐群充 480 千瓦群充电机配套 12 个快充终端或 240 千瓦群充电机配套 6 个快充终端的方案自由组合，如有大功率充电特种车辆，可根据需求增加超充终端，满足车辆大功率快速补能的需求。

✦ 平面布置

机场充电站一般沿航站楼建设，分区域布置。所有车型可以在任意终端充电。机场空侧专用充电站平面布置如图 22-6 所示。

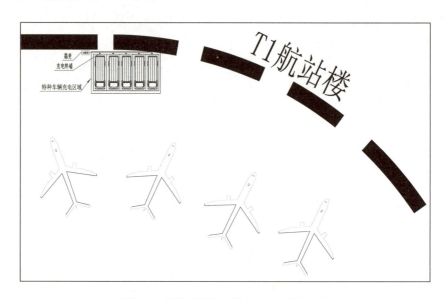

图22-6 机场空侧专用充电站平面布置

二、公共充电站的集成设计方案

✦ 场景特点

（1）服务对象主要来自私家车、网约车、出租车、城配物流车等，服务车型众多；

（2）建设在交通便利的位置，以租赁车位为主，场站多为无人值守，对场站运维、监控和安全管理的智慧化要求较高；

（3）需满足各种车型快速充电需求，充电离散性大；

（4）车辆和电池的技术在进步，大功率等标准在迭代，对充电场站的灵活迭代有要求；

（5）用户需求从充上电到充好电，对场站服务配套、充电体验有持续的提升要求；

（6）公共场景，关注安全，对电动汽车电池充电安全要求高。

✦ 系统架构

公共充电站服务车型种类多样，充电需求离散性高，而且要适应未来大功率充电需求。通过集成化设计，单枪平均充电功率可配置为 60~120 千瓦，可设置少量超充终端或预留升级超充终端的能力。

✦ **系统优势**

（1）智能群充电设备，功率共享、灵活调用，灵活满足不同品牌和车型充电需求；

（2）模块式设计，融合智能运维系统，支持社会化运维，降低运维成本；

（3）快充、超充一体化布局，根据需求功率，自动分配输出功率，随着超充车增多，通过简单更换超充终端即可实现升级；

（4）两层安全防护技术配套充电站安全监控系统，确保充电站安全和充电车辆安全。

✦ **建设规模**

公共充电站因服务对象范围广，充电集中在谷电价阶段，规划充电车位数以当地新能源车保有量及周边充电设施竞争程度综合考虑，现阶段每车位平均功率一般推荐 60 千瓦。采用快充 + 超充组合的搭配方式。

✦ **平面布置**

公共充电站一般根据场地情况，设计车位数量与布局。例如商场停车场、社会场地等，地形不同，平面布置差异化较大，但是无论哪种情况，均可将充电机设置在车位远端，车位上只保留充电终端，通过集成化设计，共享功率。公共充电站平面布置如图 22-7 所示。

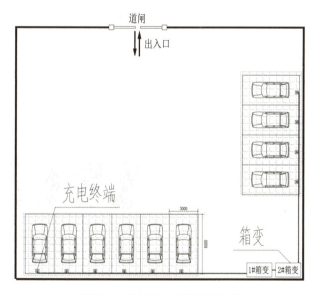

图22-7 公共充电站平面布置

✦ **场景拓展**

除城市公共停车场充电站建设外，该集成方案还可适用于车企品牌充电站、加油加气加电站、高速服务区充电站等为社会车辆提供公共服务充电的场站。

三、驻地充电站的集成设计方案

1. 小区充电站

✦ **场景特点**

（1）主要应用场景是居住小区地上及地下车位等，宜采用统建统营模式；

（2）绝大多数车辆停驻时间长，对充电速度和充电时间关注度不高；

（3）小区电力容量余量少，对充电设备数量或功率限制比较苛刻，应考虑有序充电，减少对小区变压器的压力；

（4）新能源车集中停放，对安全管理的要求高。

✦ 系统架构

小区充电站一般设置在地下停车场或地面公共车位，主要用于私家车充电，私家车一般停放时间较长，采用小功率慢充即可。可采用 20 千瓦充电机配套 6 台充电终端，轮流充电。小区充电站系统架构如图 22-8 所示。

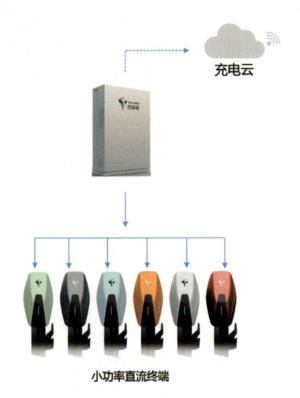

图22-8 小区充电站系统架构

✦ 系统优势

（1）创新小功率直流轮充系统，有序充电，低谷低价充电，提升小区充电服务能力，降低车主用电成本；

（2）电力容量需求低，根据配电室剩余负荷，自动调节输出功率，省去不必要的电力增容投资；

（3）登记车辆通过 VIN 识别，用户免扫码、免刷卡，实现插枪即充，无感充电。

✦ 建设规模

小区充电站一般根据电动汽车数量和小区变压器容量建站，满足车辆每日行程用电量的要求，推荐 20 千瓦直流轮充充电机配套 6 个直流终端的方案，可多套配合使用。

✦ 平面布置

小区充电设备体积较小，占地面积较小，一般布置在车位一端即可。

2. 园区充电站

✦ 场景特点

（1）主要应用场景是生产园区、办公园区、写字楼、政府办事处等；

（2）主要服务于上下班员工用私家车，一般具有停驻时间长，对充电速度和充电时间要求不高；

（3）园区公务用车，充电时间要求高，一般可配套集成式快充充电设备；

（4）园区具备建设光伏、储能、V2G 放电等条件，可打造光储充放一体化充电站。

✦ 系统架构

园区充电站与小区充电站类似，可采用小功率充电，用 20 千瓦充电机配套 6 台充电终端轮流充电。因园区有公共充电车位，且一般顶部空间较大，宜配套建设光伏车棚，自发自用电。园区充电站系统架构如图 22-9 所示。

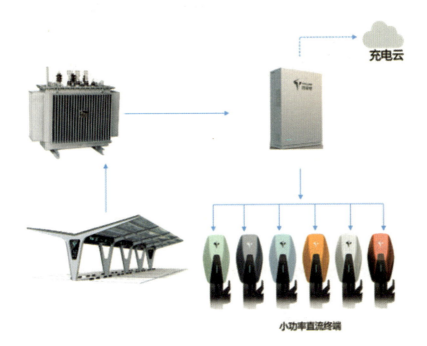

图22-9 园区充电站系统架构

✦ 系统优势

（1）园区小直流轮充系统，对园区用电负荷需求低，无须新增电力容量；

（2）可升级光储充放一体化微电网系统，实现自发自用，削峰填谷，峰谷套利；

（3）与快充系统搭配使用，可满足园区所有车辆充电要求。

✦ 建设规模

园区充电站主要用于员工上下班开车使用，根据园区车位规划布局充电终端数量，一般采用 20 千瓦直流轮充充电机配套 6 个直流终端的倍数方案，如有少数办公车辆有快充需求，可另外配置一套集成化群充电机满足车辆快速补能的需求。

✦ 平面布置

园区充电设备体积较小，如无须建设光伏车棚，一般布置在车位一端即可，如配套建设光伏车棚，可直接安装在光伏车棚立柱上。园区充电站示例如图 22-10 所示。

图22-10 园区充电站示例

充电基础设施建设发展至今，传统的充电桩建设模式已经无法满足电动汽车的大规模发展需求，通过充电站系统集成化设计，实现充电站的功率智能调度，同时将充电设备与平台连接起来，进而形成充电网，是未来充电设施发展的必然趋势。

展望未来，大功率充电，充电网向微电网、储能网转变，车网互动、能源及碳交易，都是充电发展的方向。在充电站规划建设中，需要摒弃传统充电桩建设的思路，综合考虑，面向未来，通过集成化系统设计，建立起可持续升级迭代，可长效运营的充电站。

第二十三章

充电站低成本快速安装模式

传统的充电站建设一般都沿用了电力工程施工的模式,其施工过程包含电缆沟开挖、充电设备基坑开挖、充电设备土建基础制作(砖砌或混凝土浇筑)、电缆穿管敷设、电缆沟和基坑回填、开挖路面恢复、充电设备基础养护和设备安装接线等方面,存在着建设周期长、成本高、施工复杂、场地条件限制、安全文明施工措施要求高等问题。通过标准化设计、组件化生产等技术创新,探索一种充电站快速安装模式,对于有效降低充电站投资成本具有重要意义。

第一节 概述

充电站低成本快速安装模式的核心在于汽车充电场站安装组件的标准模块设计,使充电站的建设可以像拼图一样快速安装。快速安装模式不仅能够提高充电站的建设效率、缩短建设周期,而且还能使得充电站可以灵活布局,广泛适应不同的建设场景。

该模式除具有良好的兼容性和扩展性,能够适应未来技术的发展和需求的变化,易于升级和扩展外,同时对于需要拆除搬迁的充电站,还可实现组件的快速拆卸和重复利用。在充电站投资中电缆的投资占比接近20%,传统施工的充电站,由于电缆埋于地下,场站拆除时,电缆难以回收,且容易损伤电缆导致无法再利用,但快速建设场站在电站拆除及搬迁时,基本能实现充电设备电缆的完全回收及再利用,能大幅降低电站拆除和搬迁的损失。

此外,对于一些特殊的场景,如室内地下停车场,混凝土硬化强度较高的室外场地,室外地下具有复杂管线的场地以及对安全文明施工要求较高的商业中心、办公区、居民区等传统施工方式难以实施的场地,充电站低成本快速安装模式具有安装便捷、周期短、安全文明施工措施简单等独特的优势。同时,它也能避免传统施工带来的噪声和扬尘等环境影响因素。

总的来说,这种低成本、快速安装的汽车充电站建设模式,将是未来充电站建设的一种重要模式。它不仅能够解决特殊场景下的充电站建设问题,也能够提高充电站建设的整体效率和效益,支持新能源汽车产业的快速发展。

第二节 充电站低成本快速安装模式的实施方案

一、充电站低成本快速安装模块化、标准化设计理念

充电站快速安装组件的模块化设计是将整个充电站分解成若干独立的模块，每个模块负责完成特定的功能，这些模块可以独立制造和安装，使得整个充电站的建设更为高效。这些模块可以在不同的充电站设计方案中复用，从而减少设计、制造和安装成本，在工厂内完成全部构件的预制生产，以减少现场施工时间和复杂性，提高施工质量，同时降低建站成本。

考虑到它们的运输和安装，模块的设计应易于装卸、运输和快速组装。模块化组件的设计确保其灵活性，使充电站可以根据需求进行扩展或修改，例如，快速增加充电终端的数量或升级充电功率。

考虑到充电人员流动及车辆的复杂性，模块化组件必须坚固，能经受住人员的踩踏及车辆的瞬间碾压冲击，同时确保所有模块和组件都符合国家和行业的相关规范和标准，以保证充电站的安全和可靠性。

二、充电站低成本快速安装模块化组件的组成

低成本快速安装的模块化组件主要分为充电设备的预制基础底座、电缆穿线管以及连接件三大类。

预制基础底座：主要指充电设备的预制基础，其特点能够有效适配充电设备，并能替代传统的混凝土或者砖砌基础，快速有效地将充电设备固定于地面上，确保安全和稳定。如图23-1 所示为充电箱变预制基础底座和充电终端预制基础底座，其底座的设计和承载对象是对应匹配的，两者在安装匹配应用过程中是一个相互统一优化设计及验证的过程，以期通过不断改进达到一个最优的安装效果。

图23-1 预制基础底座示例（左：充电箱变预制基础底座。右：充电终端预制基础底座）

电缆穿线管：如图 23-2 所示，用于保护充电设备电缆的预制通道，与充电设备预制底座和连接件匹配，其长度根据乘用车 2.5 米车位宽度及设备的位置确定范围为 300~2100 毫米，

按照 100 毫米递加，以配合适用不同长度的需求，使安装更加精准，减少现场的剪裁及材料浪费。

图23-2 电缆穿线管示例

连接件：连接件是预制基础底座和电缆穿线管之间的纽带，用于将二者连接成一个整体，确保电缆穿线管能够按照最佳角度和最优路径合理排布和安装。连接件的种类有：直接连接件，转向连接件（135 度连接件、10 度连接件）和分支连接件（三通连接件和四通连接件）等。如图 23-3 所示。

图23-3 连接件示例（左：直接连接件。右：135度连接件）

三、充电站低成本快速安装模式的安装平面布局设计

通过建立组件的绘图模块，可以实现快速安装模块组件能在充电站平面布置图上进行灵活选用和组合，最终完成低成本快速建设场站的安装平面布局。

低成本快速建设场站的安装平面布局，是将低成本快速安装组件用直接正投影法和相应的图例画出图样，用以表达低成本快速安装组件与充电站车位、既有建筑或道路的方向和距离，又能体现快速安装组件的安装位置。低成本快速建设场站的安装布局设计，应根据充电设备类型选定设备组件配置。通过对充电设备安装场地的精确测量，在绘图软件上按照 1:1 的比例绘制平面图，进行快速部署组件的布局及组件的组合设计，设计完成后确定场站的快速部署组件种类及数量，并下料采购，进行布局设计组合时，应考虑足够的现场安装误差及合理冗余。

四、充电站低成本快速安装模式的安装实施

低成本快速安装组件的定位：根据组件布局设计图确定组件的具体位置，使用标记笔或颜色标出每个组件的准确位置及固定膨胀螺栓安装位置，确保所有组件的位置符合安全和操

作要求。

低成本快速安装组件的固定：选择合适的固定方法，确保充电设备安装后无摇晃及倾倒风险，依据安装位置的不同基面采用不同类型的膨胀螺栓及措施对组件进行有效固定。图23-4为低成本快速建站组件的一种安装固定方式的示例说明。

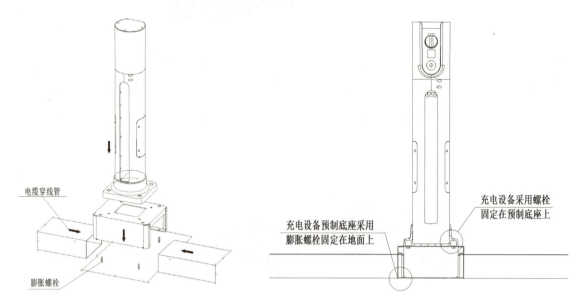

图23-4 低成本快速安装组件的安装固定

充电设备电缆敷设：沿着安装固定完成快速安装组件确定的电缆路径进行电缆敷设，确保电缆在敷设过程中绝缘且不受损害，同时预留合理的电缆接线长度。

充电设备固定及电缆端接：将电缆从充电设备的进线孔位置穿入，将充电设备固定在预制基础底座上，对照接线图完成充电设备接线，并检查接线的正确性，电缆接线工艺应符合国标相关规范。

验收、调试及场站试运行：检查所有组件和电缆的安装情况，进行设备的调试及校线，确保所有功能正常，试运行场站，检查是否存在潜在的安全隐患。

第三节 案例及实践经验

一、低成本快速安装模式用于常规室外充电站

如图 23-5 所示，相对于传统土建施工，快速安装模式避免了路面破坏、电缆沟开挖和充电设备基础制作等土建施工，降低了施工量控制措施和安全文明施工措施的投入，工期可缩减

至少 50%，同时还不需要对充电设备的土建基础进行养护。即使不考虑快速安装组件的重复利用情况，快速安装模式下的安装成本，也达到比传统电站施工模式的安装成本降低 30% 以上。

图23-5 室外停车场低成本快速建设充电站

二、低成本快速安装模式用于室内停车场

低成本快速安装模式可以根据室内停车场的实际情况进行定制化设计，适应不同大小和形状的停车场，具有很强的灵活性，在质量、工期、成本及场站形象上都有比较强的优势。

室内停车建设充电站，无法进行传统的土建施工，电缆路径基本是通过安装电缆桥架来实现，对于落地安装的充电设备，电缆桥架落地安装存在多种限制，且不美观。另外充电设备基座若采用土建模式，搅拌的砂浆及混凝土容易污染地面及地坪漆，事后清理及恢复增加电站的安装成本，若采用现场制作钢结构基础底座，不但工艺质量无法有效控制，不同的施工单位，制作的钢结构基础外观也各不相同，不利于充电场站形象的统一，拉长工期的同时，其制作成本也高于工厂预制生产的成本。若采用低成本快速建设安装模式，则可避免所有这些问题。

三、低成本快速安装模式用于机场交通枢纽特殊场景

在机场交通枢纽进行充电站建设时，施工单位每天进场施工都需要进行复杂的安检流程和烦琐的工机具报备流程，且在这样特殊的交通枢纽内施工时，需要遵守比一般建筑更为严格的法规和程序。动工前需要完成的环境评估、开挖区域的物探报告、安全审查、施工许可等繁多的手续，耗时较长，同时机场内部存在多个管理单位，如机场公司、航空公司、安全部门等，在建设充电站的过程中，需要与这些单位沟通协调，确保所有各方的要求得到妥善处理。

在机场交通枢纽应用低成本快速安装模式时，快速安装组件可以在工厂提前预制好，然后通过安检和报备流程一次性运输到机场进行快速安装，使充电设备安装区域不涉及动土开挖作业，不存在影响或破坏地下管线的可能，因此可大大减少相关的报备报批手续及物探报告的办理，使建站工作能够快速有效进行。

06

第六篇

充电网运营

新能源汽车产业在我国得到了前所未有的关注和支持，伴随着新能源汽车特别是电动汽车保有量的快速增长，充电网作为大规模电动汽车发展基础支撑和基本保障，正经历着从无到有，从量变到质变的快速发展。然而，充电网在盈利模式、安全管理、能源管理以及运营服务等方面仍然面临着诸多挑战。为了推动电动汽车产业的健康发展，深入研究充电网的运营管理，持续探索和优化充电网运营模式尤为重要。

第二十四章

充电网运营与盈利模型

运营是一项精细化的工作，在精准的用户洞察的基础上，需要对电站选址—施工—运营—运维的全流程进行把控。以提升用户体验满意度为终极目标，保障电站可用性、提升体验便利性、快捷性，在为用户提供能源补给的同时，满足用户更高质量需求是实现充电网盈利的基础。

第一节　电站运营目标及管理要点

电站运营目标需包含新基建支撑、资产收益、用户满意等多个方面。从政府角度出发，需要实现新基建目标，确保新能源行业稳定健康发展。从运营商角度出发，在为用户提供能源服务的同时，尽可能确保资产收益。从用户角度出发，希望能够获得安全便捷的充电服务。充电站运营要点如图 24-1 所示。

图24-1　充电站运营要点

一、新基建支撑

新能源车日益增加的同时，对新基建提出了更高的要求。需要在政府的发展规划下，适度超前投建，解决新能源车主的能源焦虑，从而促进新能源行业发展。新基建应该是选择建设充电网，而不是充电桩，需要基于用户的充电场景，考虑电网负荷等方面，通过建设充电网确保用户安全有序充电。

二、保障和提升资产投资收益

需要从选址、建设、运营全过程努力，保障和提升资产投资收益。

1. 电站选址管理要点

电站选址决定了电站的基因，而基因很大程度上影响了电站的运营效率，因此电站选址对于电站长期稳定运营，起到了至关重要的影响。

（1）充电需求。电站选址需要根据道路车流量、周围商圈以及竞争情况来综合判断。判断后基于充电需求制订投资规模，建议投建与充电需求相匹配的电站规模。可适度超前投资，但不可过度超前。充电需求极大程度上决定了场站的运营水平与盈利水平，故充电需求的评判需谨慎。

（2）场地要素。场地可视度、进出便利性、车位宽度等方面均会对运营效果产生影响。故而从运营角度出发择场地时，需考虑以下五方面。

1）场地性质：尽可能确保场地稳定，需避免已有规划土地用户、无产权证土地等，为长期稳定运营奠定良好基础，尽可能避免因场地导致的电站中断运营风险。

2）场地便利性：尽可能确保场地进出便利，避免因进出坡度陡峭或车位过窄等问题造成车辆剐蹭，给用户造成较差的体验。

3）使用保障：尽可能确保车位可用，可通过道闸、地锁等方式，确保不存在车辆占位。做好场地管理，尽可能满足用户充电需求，是提升用户体验保证运营收益的关键。

4）商务条件：对场地开放时长、免停时长、电价等方面进行管理。电站需区分直接报装或转供电，尽量争取直接报装。充电类型选择免基本电费，合理选择单一电价或分时电价；转供电的，争取按政策执行，避免被不合理加价。

5）运营年限：尽可能签约长期年限，尽可能保证场地年限大于电站回收周期。

2. 电站建设管理要点

电站建设管理目标核心点位建设周期控制，需要尽可能缩短建设周期，为电站争取更多的运营时长，以提升资产收益率。

（1）建设周期控制。从电站施工等方面，尽可能缩短申报电力户头时间和施工时间，施工结束后需进行运营验收，确保达到运营条件才可对外运营。

（2）建设成本控制。电站建设成本加电站资产金额构成电站资产总额，而电站资产总额直接决定了电站折旧成本，因此需要从电站投资规模、电源接入点、电站建设方案等方面进行电站成本控制，以降低折旧成本提升资产收益率。

3. 电站运营管理要点

电站运营目标管理的关键点在于电站有效运营时长的控制，同时通过提升用户结构丰富性和收入丰富性，提升电站抗风险能力。

（1）资产管理：保证电站资产清晰、完整、安全；车位可用性管理到位，确保用户到电站即可充电，满足用户充电的第一需求。

（2）充电运营：围绕充电用户需求，打造符合不同用户需求的配套设施、充电环境、运营产品，提升用户充电体验。同时树立品牌形象，通过品牌区分用户，打动用户。

（3）设备运维：减少因设备问题导致的电站中断运营时长，提高设备可用性，提升用户满意度。同时从电站整体收益角度出发，还需注意控制和降低电站运维成本。

（4）生态拓展：围绕电站运营六要素，不断扩展各项生态收入，丰富收入结构，提升非电收入水平，抵御收入单一带来的风险。

第二节　面向运营的电站、用户分类及差异化需求和配套

随着新能源车的普及，不同的用户对电站的需求存在较大差异。为满足不同充电用户的不同需求，同时确保运营商的收益，需要从地理位置、供需关系、用户结构、配套设施、充电环境、充电速度等方面进行电站分类，通过分类在进一步提升用户满意度的同时，提升电站收益。

根据用户充电类型，可将电站分为公交／专用站、驻地站、公共站三大类型。

1. 公交／专用站

（1）电站特征：为指定用户提供充电服务，一般电站不对外开放，属封闭场景。

（2）用户需求：充电设备可用，充电速度快。

（3）运营要点：此类电站主要在于前期选址，需要在建设前期进行充分调研，确保有充足的充电车辆。建设完成后收益相对固定，重点需要保障运维，确保充电设备可用，即可保障稳定收入。

（4）配套设置：基本不需要配套设施。

2. 驻地站

（1）电站特征：驻地站可分为居民小区站和园区站，为相对封闭场景，为某类特定用户提供充电服务。

（2）用户需求：在生活场景中（家里或上班地方）完成充电，不额外花费时间充电。

（3）运营要点：此类电站前期选址异常关键，需要调研清楚园区及居民小区电动车辆。园区需要额外考虑单位电动用车，既有固定的单位用户，又有部分私家车的情况下，才能最大程度提升设备利用率，实现白天私家车充电，夜间单位用车充电，提升电站收益率。另外需重点保障运维效率，协同物业单位、小区业委会等保障车位可用，即可保障收益。

（4）配套设置：基本不需要配套设施。

3. 公共站

面向公众开放电站，可根据电站地理位置，将电站分为多种电站类型。这些电站类型，根据用户充电特征，匹配不同的配套设置和运营策略。

（1）机场高铁站。建设在机场、高铁站附近的充电站。基本为流动用户，在节假日充电需求会明显提升。所以此类电站更多为刚性充电需求，用户对车位可用性、设备可用性、充电速度有较高要求。同时最核心的运营要点，需确保电站建设位置在接单范围内，可适当匹配餐饮等配套设施，即可满足客户充电需求的同时保障电站收益。

（2）交通要道站。建设在交通要道的充电站，主要为营运车用户，流动用户占比高。周末、节假日充电需求会明显提升。此类电站用户对充电速度有较高要求，在前期建设电站时，应充分考虑道闸宽度、车位宽度，确保电站运营后车辆快速通过。此类电站无须增加过多配套设施，主要以提升资产周转率为运营目标，可考虑增加线下管理人员，保障电站有效运转即可提升电站收益。

（3）国道高速站。建设在国道或高速上的充电站，季节因素、节假日因素影响明显。平时充电车辆较少，需要在节假日前进行充电设备检查，确保设备可用，有效解决用户充电焦虑。无须搭配配套设施，建设时需主要控制电站规模，以确保盈利。

（4）景区站。建设在景区，受季节因素和节假日因素影响明显。无须设置配套设施，需要注意控制规模。只有控制好充电场站规模、施工成本、场地成本的情况下，才有可能实现盈利，此类电站投资需更加谨慎。

（5）城郊乡镇站。建设在城郊乡镇的充电站，整体充电需求较少且相对固定。流动用户较少多为固定充电用户。周末及节假日受人口流动影响，充电需求会增加。所以保障充电设备可用，提供储值等满足忠诚用户充电的运营产品，是保障此类电站盈利的关键措施。另外需注意电站规模、建设成本、运营成本控制，因充电量无法进行大幅提升，导致收入无法大幅提升的情况下，成本控制就变得尤为重要。

（6）商场酒店站。建设在商场、酒店的充电站，主要为私家车用户提供充电服务。在满足用户消费购物、住宿的同时提供的充电服务。故对充电配套设施需求不高，对充电速度、设备可用性要求较高。此类电站运营在确保设备可用的同时，主要需要确保车位的可用性。因为此场景车位紧张，一般容易出现油车占位情况，所以建站时尽量采用道闸、地锁等车位管理方式，以提高电站运营中的车位可用性。

（7）地标核心站。建设在城市地标核心位置的充电站，主要起到示范站的作用，集光储充放为一体的充电站。

（8）居民小区站。建设在居民小区周边的充电站，在满足一部分周边居民小区固定用户充电需求的同时，也为一部分营运车用户提供充电。此类电站根据周围竞争情况又可分为竞争激烈电站和竞争平缓电站，针对竞争激烈的电站即供大于求，运营核心要点在于规模控制较小，建设成本和场地成本控制在较低水平。因为此类电站一般服务费单价较低，导致收入水平较低，只有控制成本才能维持一定盈利水平。竞争平缓电站运营要点主要在于用户分类，针对会员用户和非会员用户的不同运营策略，是提升盈利能力的核心要点。

（9）一般位置站。建设在公共场所的充电站，为开放电站，亦可根据竞争情况和用户类型划分为竞争激励电站和竞争平缓电站，用户需求及运营要点同上。

此外，根据用户类型可将公共站分为营运车用户为主电站和私家车用户为主电站。营运车用户为主电站对电站配套、充电速度要求较高，所以营运车为主的电站在建站时需要增加餐饮、厕所、开水等配套的同时，还需要注意监控和照明设施的布置。因为营运车充电时间主要在夜间谷时，所以在建站时需要增加照明设备，照明对于用户充电体验存在较强关联因素。而私家车为主的电站，用户对充电速度、充电环境有较高要求，不需要太多配套设施，主要保障充电设备可用性即可。

第三节　充电站运营要素及财务模型

不同类型充电站根据充电用户需求不同，在运营要素上应注意侧重点，聚焦用户需求进行运营，同时构建合适的财务模型，支持对运营效益的全面深入分析。

一、电站运营要素

1. 公交 / 专用站

公交 / 专用站通常有与用户签订总价、签订固定服务费单价等价格签订方式。若与用户签订总价，则可通过引导用户提高谷时充电比例，更多在谷时充电的方式，利用谷时电价价差实现盈利。同时通过固定服务费单价，通过季节因素变化实现盈利。

在保障盈利的同时，需要为用户提供充电技术与安全保障，如即插即充、预约充电、远程启动等。而在安全方面，则需要通过两层安全防护、紧急停止装置、现场消防设施等方面，保障充电站稳定安全运营。

第三方面则是保障运营时长，因为此类电站服务费单价、电量相对稳定，所以收入很大程度上取决于有效运营时长。而有效运营时长需要通过远程监控、数据分析、远程故障诊断等技术手段进行保障。

2. 驻地站

驻地站服务于企事业园区员工或居民小区业主，运营模型主要为充分调研确定充电需求，建设与充电需求匹配的规模的电站。以慢充为主，快充为辅，同时提供特色充电服务，如自助充电、预约充电、定时充电、充电卡等，满足用户需求并提供价格选择空间。

3. 公共站

前期选址需要选择在交通便利、充电需求旺盛、竞争相对平缓的地区，根据城市人口发展、供需关系、竞争情况，结合已有充电网布局，进行充电网规划建设。同时针对土地性质、租赁年限、电价、开放时长、免停时长、场地成本等进行综合评估。确保电站基因优秀的同时，降低场地成本，为电站后期盈利奠定良好基础。

建设期间内需控制建设周期，确保电站尽早上线，尽早产生收入。上线后需考虑为不同类型充电用户提供不同的充电服务，如超充、快充、慢充，满足不同用户需求。优化用户体验，包括舒适等待环境、便捷支付、快速充电速度和可靠服务保障等。

上线稳定运营后，在提升用户结构丰富性的同时，提升收入丰富性，创新商业模式，如与商家合作提供激励措施，或开展充电服务与广告、数据服务等多元化经营。

二、财务模型

充电站的盈利与企业日常经营逻辑一致，主要从收入、成本两方面进行考量。

电站收入主要包含服务费收入、场地增值收入、生态收入、能源收入等。服务费收入指用户支付的服务费，服务费由电量和服务费单价两部分组成。场地增值收入包含广告合作收入、场地配套收入等。能源收入包含需求响应、电力交易等。除主营业务收入外，为鼓励新能源行业发展，部分城市会出台补贴政策，分为建设补贴和运营补贴两部分。建设补贴即按照建设功率进行补贴，运营补贴按照充电量进行补贴。近年来随着充电行业的发展，越来越多地方政府倾向于以运营补贴的方式，鼓励充电企业提高运营质量，为用户提供优质服务，助力新能源行业良性健康发展。

电站成本主要包含折旧成本、运营成本、运维成本、电损成本四大方面。折旧成本为电站固定资产产生的成本，与电站资产规模、电站设备成本、建设成本息息相关。故控制电站规模，降低电站设备成本和建设成本，方能有效降低电站折旧成本。运营成本主要包含场地成本、人工成本和运营设施费三部分，场地成本为租赁场地产生的成本，人工成本为线上场站管理产生的成本，运营设施费占比较小可不作为优先考虑。运维成本是为保障电站稳定运营产生的相关运维成本。电站成本主要为折旧成本和运营成本，而这两项成本为投建电站时产生的成本，后期运营基本无法改变，所以降低场地成本控制电站规模降低建设成本，为降低成本的核心要点。

第四节　数字化智慧运营

数字化智慧运营是未来充电网发展的必然趋势。

一、数字化运营演进

新能源汽车充电站发展到现今阶段，充电设施、充电系统平台等已完成多次迭代升级。相比之下场站管理、运营提升手段显得相对原始，很多运营工作需要线下人工完成，导致运营人员大量时间用于解决线下问题。数字化智慧运营，旨在通过大数据分析，让城市运营可以从日常琐事中解放出来，通过以下几个方面，给运营人员提供高效可行的解决方案。

（1）场站智能管理。通过安装传感器和摄像头以及后台设备信息传递，充电站可以实现对充电设备运行状态的实时监控，及时发现并处理故障，与智能运维系统打通，现场故障智能识别派发工单到运营/运维，减少现场故障对收入的影响。

（2）流程数字化。运营对电站的管理将从线下现场管理，逐步转到线上通过系统进行管理，运营指标通过系统实时展示完成情况；合同续约、付款等系统提供临期提醒；场站电量/收入异常给区域运营推送预警，友商数据从线下人工获取转为从平台获取；总部与城市公司之间的联动从目前人工沟通转到系统信息推送，所有动作做到有迹可循、可追溯、可复盘。

（3）充电智能定价。充电的需求和电价都是波动的，通过调整服务能够引导用户充电行为，综合考虑提升资产利用水平和降低电能成本，实现更大的价值。

二、电站盈利模式演进及展望

充电站的盈利模式随着市场和技术的发展不断演进，现阶段充电站的主要盈利模式还是对车主收取充电服务费。随着市场不断扩大，价格竞争愈演愈烈，未来充电站的盈利模式会越来越多元化，并且增值业务的收入占比会不断上升，主要盈利方向为以下几个方面。

（1）广告和数据收入。充电站作为车辆聚集地，具有较高的流量，在数字化运营的基础上，我们可以收集大量的运行数据和用户数据，将数据应用于优化运营、预测维护、能效管理等领域，也可以将这些数据与银行、保险等行业进行深度合作，形成多方共赢的局面。

（2）能源收入。目前已有各城市配合区域供电公司发起的需求响应获得收益，随着电力市场的开放和电力交易的互联网化，电力企业可以通过参与电力交易获得额外的利润。通过精准的电力需求预测和市场分析，企业可以在电力市场中低买高卖，实现差价盈利，电动汽车作为未来储能的重要载体，伴随有序充电以及 V2G 技术的推广，用户可以智能分配充放电时间，不仅可以获得收益，也会为电网调控做出巨大贡献。

（3）其他异业收入。目前充电场站建设规模不断变大，场站配套也逐渐丰富，大型场站可规划的生态圈更加广阔，充电企业可以选择自己做场站配套，也可以联系当地或相关连锁企业，来做洗车、零售、餐饮、休闲等配套服务，实现全面全生态的业务收入。

展望未来，随着新能源汽车和充电设施的进一步发展，充电站的盈利模式将更加多样化。同时，随着技术的进步，充电站的运营效率和用户体验将进一步提升，为充电站带来更多的盈利机会。

第二十五章

充电安全与电动汽车安全管理

充电站是一个公共服务属性的场所，面向社会各种人群、车辆以及周边服务。与此同时，充电站里既有 10 千伏高压电，又有电动汽车电池安全隐患，这就意味着充电站内可能存在的安全风险是实时变化、纷杂多样的，风险的多样性和变化性增加了充电站安全管理的难度。电动汽车动力电池热失控起火的风险是整个行业的痛点，影响民众的安全出行，制约着电动汽车行业的健康发展。电动汽车充电行业是个新兴行业，安全管理和防控技术没有成熟的经验可以借鉴，同时又涉及多领域跨界技术融合，这就需要充电运营商在充电站运营过程中逐步摸索、提炼出一套适用于本行业的安全管理流程和风险防控技术体系。

第一节　充电站运营可能遇到的风险类型

充电站从选址建设到运营面临的风险类型是不同的。建设阶段除了施工风险以外，其选址设计和施工质量也决定了后续充电站运营的本质安全性。运营期间的风险包含了合规管理、设备安全、运维安全、电池充电安全和事故应急等方面。充电站遇到频率最高的安全事故风险是电动汽车动力电池燃爆导致的火灾风险。

一、充电站建设期间安全风险

选址和建设安全是充电安全的"基因"，务必在建设期间做到风险可控，遗留问题会为后续运营带来巨大的管理代价。

1. 充电站选址设计风险

充电站选址设计对于充电站的后续运营至关重要，不仅关系着充电站的运营效益和用户流量，也关系着充电站的运营安全。充电站选址过程中如果疏漏了安全要求，可能会导致运营期间出现场站拆除迁移、降低运营效率、扩大事故损失等问题。充电站选址常见的典型问题如图 25-1 所示，主要包括以下几种。

（1）充电站选址与加油加气站、危险品库、甲乙类储罐区等危险场所安全距离不足，导致充电站与危险场所的火灾事故会相互影响，这也会在政府有关部门监管时被勒令整改；

（2）充电站选址与电力、铁路、消防、燃气等重要保护设施安全距离不足，可能会在充电站建好后被强制要求拆除或移位；

（3）充电站选址未考虑地势高低，每到暴雨时间都会发生内涝，导致充电站需要提前停电并转移贵重器件，增加灾害天气应急工作的难度；

（4）充电站距离周边人员密集场所较近，车辆起火后引燃周边建筑或设施，导致损失扩大。

图25-1 需要考虑安全距离的多种场景

2. 充电设备安装风险

充电设备设施安装过程包含箱变安装、线缆布线、雨棚安装、设备接线调试等环节，在各个环节中会涉及充电箱变吊装作业、基坑开挖作业、登高作业、动火作业、顶管作业、膜结构安装、高低压停送电作业等多种高风险作业类型。尤其是吊装作业和高低压停送电作业，基本是每个充电站建设都会涉及的作业类型，应该在安装过程中重点关注。

充电设备设施安装质量影响后续充电站运营过程中的设备安全，如存在接线端子未紧固、线鼻子型号选择错误、电缆搭接工艺不可靠等问题，会导致设备后续运行期间出现短路起火风险。

如充电站内涉及锂离子电池储能装置，安装过程会涉及电池自燃火灾风险，在各个安装环节中的危险源如下。

（1）电池在运输、装卸过程坠落、磕碰，外力挤压造成电池热失控；

（2）电池在存储过程中，因内部生产缺陷或外部高温发生电池热失控；

（3）电池在安装调试过程中，因过充过放造成电池热失控。

除此之外，充电站安装现场还应关注特殊场景，如加油加气站内动火作业、停工现场围挡隔离、与其他施工现场交叉作业等。

二、充电站运营期间安全风险

1. 充电设备运维风险

充电设备属于电气设备，在设备维护时最大的风险是触电风险。在设备 10 千伏高压部分调试维修时，必须停电后操作，风险相对可控。但设备低压部分调试时，存在带电调试的需求，风险较大，必须做好相关个人防护措施。

同时，很多充电站建设在室外露天停车场内，在设备故障检修时，可能会遇到雨天、夜间、低温等特殊时间段，此时视线不良、雨水进入设备、低温冻僵等因素都会导致维护人员无法准确完成维修动作，触电风险增大。

设备维护人员在特殊维修时，也会涉及除触电以外的其他风险，例如：

（1）进入电缆井检查线路，存在有限空间作业风险；

（2）检修箱变顶部风机、充电弓、光伏板以及雨棚清理积雪时，存在登高作业风险；

（3）对设备进行改造升级时，存在吊装作业风险；

（4）接地扁铁锈蚀、开焊等结构问题处理时，存在动火作业风险；

（5）维护人员往来于遍布各地充电站的交通风险；

（6）暴雨、台风天气抢险应急时，存在涉水吞没风险。

2. 用户操作风险

充电站是公共服务场所，对于用户充电安全不能依赖于用户遵守操作规程，必须要把充电设备设计成本质安全型产品。充电设备按照国家标准进行设计，本身已经具备了多重保护功能，如多重绝缘、开门断电、屏护遮栏、剩余电流保护等。所以，充电设备在使用操作过程中的触电风险较低。

充电站运营过程中，对于用户充电安全尤其要注意以下事项。

（1）充电站环境中的风险，如井盖破碎移位导致的坑洞、广告牌等高处坠物、饮水机/洗车机等附属设备的漏电风险、周边商铺煤气罐等用火风险；

（2）用户充电时在车内休息，发生车辆起火时，接触有毒烟雾，无法及时逃生；

（3）照明不足，视线不良时，枪线、车挡器、地锁等造成人员绊倒；

（4）低温枪线变硬，拔枪时枪头甩出造成伤害；

（5）极端天气下充电，可能存在地面结冰溜车/滑倒、涉水触电、雨棚倾覆等风险；

（6）极端情况下带电插拔枪，可能存在充电口拉弧风险；

（7）用户使用转接装置从充电终端取电，或给交流改直流充电口的改装车充电，因转接装置和改装充电口不合格导致起火和触电事故；

（8）充电站内交通事故风险，如车辆冲出护栏、视线不良碰撞儿童、冰雪路面溜车等。

三、充电站火灾风险

1. 电动汽车火灾风险

充电站最常见的安全风险和事故类型是电动汽车火灾事故，一起电动汽车起火事故除了直接的经济损失和可能的人身伤害外，对于充电站的影响也是巨大和持续的。

（1）火灾发生后充电站封闭，一般火灾事故调查时限是30天，封闭期间无法运营；

（2）事故调查期间用户全部流失，需要与新站上线一样重新进行用户引流活动；

（3）场地方在事故后担心安全责任，要求充电站拆除；

（4）油气站等敏感区域发生火灾，将面临更严格的检查和处罚；

（5）事故可能造成周围设施的损失，有时甚至比车辆损失更大；

（6）电动汽车火灾事故容易引发媒体关注，给品牌带来负面影响。

电动汽车动力电池的运行机理和电池材料决定了其发生电池热失控的必然性和随机性。动力电池运行机理是一种电化学反应过程，即在充放电过程中锂离子在电池内的移动、在正负极之间的嵌入和脱出，伴随着电子在外部回路的流动。充放电过程中，电池内可能会发生主反应之外的副反应，这就会造成电池内正负极材料的不可逆消耗，当电池内部隔膜破损发生内短路时，热失控也会随之发生。单体电芯电池内部的轻微异常，很难从整包电池的宏观数据中体现出来，很难在故障早期提前发现，在人们看来电池热失控就具有很强的随机性。

动力电池电解液是易燃溶剂，这决定了其发生热失控时会造成剧烈燃烧，甚至爆炸。整包电池内有多个单体电芯，尤其是采用18650或21700等圆柱形电池组合成的电池包，有几千个电芯。整包电池起火的概率就是所有电芯热失控的概率之和。一个电芯热失控会蔓延至周边电芯，直至整个电池包全部燃烧。同时，电池热失控时产生大量可燃气体，更成为燃烧的助燃剂，造成火势迅速扩大。所以，动力电池火灾有起火迅速、难扑救、持续时间长、火焰波及范围大的特点。充电车辆起火后的现场残骸如图 25-2 所示。

图25-2 充电车辆起火后的现场残骸

电动汽车本身的火灾影响范围一般是有限的，充电站运营需重点关注单车火灾是否会扩散到周边车辆，甚至是周边建筑和设施。

2. 充电设备及配套设施火灾风险

电气设备和线路会发生电气火灾，可能的原因有安装不规范、线路老化、设备故障、雷击、过载过流等。但按照充电设备设计标准的要求，充电设备相关元器件和线缆都有一定的防火性能要求。在发生短路起火时，只要保护装置动作切断电源，电气火灾一般不会持续燃烧，加之有金属外壳硬隔离，火灾风险相对较小。

部分充电站内可能会有配套的储能装置，储能装置中使用的锂离子电池会有热失控风险。储能装置的电池容量一般会比一辆车的电池容量大得多，其火灾危险性也就相应更高。但储能装置都会配备火灾自动报警和自动灭火系统，同时与周边设施和建筑保持安全距离，以保证其火灾风险控制在可接受范围内。

第二节 充电站建设安全技术要求

一、充电站选址安全设计

充电站选址时，应对周边环境进行现场勘察和资料收集，明确周边存在哪些特殊建筑、设施及其火灾危险性。充电站选址应注意以下基本要求。

（1）充电设施及车位应远离可燃物堆放或动火地点，毗邻位置建筑外墙及结构不得为可燃材料。

（2）充电站选址所在建筑物的消防设计应符合国家消防安全的相关标准，对于未通过消防验收或具有严重消防隐患的建筑物，不应作为充电站的选址场所。

（3）充电站宜布置在一、二级耐火等级的地上汽车库的首层、二层或三层。当设置在地下或半地下时，宜布置在地下车库的首层，不应布置在地下建筑四层及以下；高层、地下汽车库建设充电站时场地应按照相关标准配置火灾自动报警系统、排烟设施、自动喷水灭火系统、消防应急照明和疏散指示标志。

（4）充电及附属设施的布局及安装宜充分利用就近供电、消防及防排洪等公用设施，不应影响建筑物场所原有消防分区功能和消防设施的使用。

（5）充电设施不应设置在易淹没的低洼、泄洪道周边等位置。

（6）充电设施不应设置在电力设施保护区、铁路线路安全保护区、桥梁及轨道交通安全保护区等公共设施保护区内。

（7）周围树木不得影响箱变排风等设施的正常运行，充电设施安装环境应与充电设施外壳防护等级相匹配，场站周边高差较大的斜坡、挡土墙等应有可靠加固措施。

除满足选址基本要求外，安全选址还应根据国家相关标准要求和场站火灾类型与以下特殊建筑、设施保持安全距离。

（1）加油加气站的油罐、加油机、加气机、储罐、放空管、卸车口、管路阀门法兰、压缩机、泵等。其中液化石油气、液化天然气加气设施的安全距离不同，低压设备和高压箱变与同类设施的安全距离不同，应在选址方案中区分设计，具体可参照国家强制标准《汽车加油加气加氢站技术标准》（GB 50156—2021）。

（2）充电站埋地管线和架空管线与城市燃气管线、给水管线、电力电缆、通信电缆、热力管线、易燃易爆液体管线等应保持安全距离，可参照国家强制标准《城市工程管线综合规划规范》（GB 50289—2016）。

（3）甲乙类厂房/仓库、沼气池、化粪池、民用建筑、丙丁戊类厂房/仓库、可燃材料堆场、甲乙丙类液体储罐、可燃/助燃气体储罐，可参照国家强制标准《汽车库、修车库、停车场设计防火规范》（GB 50067—2014）和《建筑设计防火规范》[GB 50016—2014（2018年版）]。

二、充电站安装安全管理

安装过程中涉及的吊装、顶管、登高、动火等高风险作业的风险管控措施遵照施工行业常见的安全管控要求，此处不再赘述。

如果在安装过程中与其他相关方作业或设备有交叉，在统筹协调方面很容易出现问题，继而导致事故发生。因此，在安装过程中存在交叉作业情况时应重点关注以下问题。

（1）已运行充电站扩建时，扩建部分和运行部分的电源应有明确标识，统筹协调停送电时间，断电后应挂牌上锁并验电确认，避免因电源混乱误操作，使安装人员带电接线。

（2）新建建筑或停车场安装充电设备设施时，安装现场存在交叉施工的风险，应做好相关单位的统筹协调管理，避免交叉作业产生风险叠加和相互干扰。

（3）安装过程存在场地方协助从配电室断电的情况时，应考虑电梯、消防等双电源风险，在操作前重新在操作部位验电，避免双电源的切入导致触电。

（4）安装过程开挖、顶管作业前，应提前通过图纸确认地下情况，避免对燃气、水管、光缆、电缆、桥梁基础等重要设施造成破坏。

第三节　充电站运营安全管理基本要求

一、充电站运营安全管理体系

充电站的运营安全管理体系要素在不同省市、地区会存在差异性管理要求，但共有的管理要素基本包含安全组织架构保障、安全生产责任制、安全培训、劳防用品配备、风险分级管控及隐患排查治理、作业安全管理、场站目视化管理、事故上报及应急管理等。

（1）充电站应建立健全充电站安全生产责任制，明确场站运营管理人员、设备运维人员、其他人员需履行的安全职责。

（2）充电站相关管理人员应接受相应的安全培训，至少包含安全生产责任制培训、场站危险源辨识、劳动防护用品和应急物资使用和管理要求、设备设施安全要求、安全操作规程、安全检查要求、事故上报及应急流程、公共安全相关知识等。

（3）充电站应保证配备充足的劳动防护用品，根据停送电作业、带电作业、高空作业等实际情况配备绝缘手套、绝缘靴、绝缘鞋、安全带等劳防用品，保证充电站相关作业人员站内作业活动时使用。

（4）充电站应建立风险分级管控机制，识别充电站内危险源，建立本站的风险分级管控清单，并对重大风险进行公开公示。

（5）充电站应建立隐患排查治理机制，根据风险分级管控清单建立周度、月度、季度和年度的隐患排查清单，对充电站各类安全隐患进行排查治理。

（6）充电站应建立作业人员的安全操作规程，充电设备设施的运维、运营等作业应严格遵守安全操作规程的要求。高压操作、带电作业、动火作业、吊装作业、高空作业、有限空间作业等危险作业应按要求执行特殊作业审批。

（7）充电站应建立完善安全目视化内容，包含交通安全标识、设备防触电标识、人员行为标识等重要信息，同时应将充电安全操作规程及事故应急联系电话张贴于明显位置。同时应将站级安全管理组织架构、应急人员联系方式等信息进行公示。

（8）充电站应建立事故上报流程，并根据风险分级管控清单中的伤害类型建立完善的应急预案体系，应急预案应包含综合应急预案、专项应急预案或应急处置方案。

二、充电站设备安全与运维安全

1. 设备安全

充电设备设施上线运行前应进行严格的验收，并对相关过程及结果进行记录。

充电站应建立完善的设备巡检管理制度，由专业的运维工程师定期对设备进行安全巡检，发现故障及时排查处理。根据充电站季节周期性风险特征建立月检、季检和年检制度，根据天气、设备状况等特殊情况进行特殊巡视检查。设备安全巡检的内容至少应包含以下内容：

（1）设备急停按钮状态正常；

（2）枪头、枪线绝缘良好，无外壳开裂或金属暴露问题；

（3）设备门锁完好，非专业人员非专业工具无法开启；

（4）设备自动切断功能正常，打开柜门，设备能有效断电；

（5）电气屏护封板齐全，危险带电部分不可触及；

（6）接地保护扁铁、接地线有效导通，无断开；

（7）设备内部漏电保护、浸水保护、烟雾报警等保护装置无故障；

（8）接线端子紧固，无虚接、短路、过热老化情况；

（9）液冷装置、散热风机状态正常；

（10）消防设施充足。

充电设备设施应进行规范化管理，张贴设备铭牌，建立信息化的设备设施管理台账，对关键设备进行登记、管理，并可进行查询、变更、导出和分析。

充电设备设施应具备智能化巡检功能，在关键部件设置信号采集装置，当设备发生故障时，监控平台能够及时预警，并自动派送维修工单，实现设备自行主动巡检，智能运维。

2. 运维安全

设备运维人员是具体进行电气设备维修操作的群体，容易发生触电事故，应保证运维人员的基本安全意识和安全技能满足岗位要求。

运维作业基本安全管理要求和注意事项如下。

（1）严格运维作业管理，确保作业过程遵守安全生产规章制度、作业指导书，杜绝违章指挥、违规作业和违反劳动纪律的"三违"行为。

（2）运维人员按照相应标准配备个体防护装备与用品，并确保正确佩戴、使用、维护、保养和检查个体防护装备与用品。

（3）运维作业过程中应执行安全控制措施，应由被授权人员进行作业，实行挂牌上锁、验电等强制性安全措施。

（4）高压停送电作业、低压带电测试、设备登高维护、有限空间检修维护等属于危险作业范畴，必须执行高风险作业相应管理要求。

（5）避免在雨天从事电气设备维修作业，特殊情况需操作时，必须提前断电，做好防雨和绝缘防护措施，禁止在雨天进行露天带电作业。

（6）夜间作业必须配置充足的照明条件，避免操作失误和出现维修质量问题。

第四节　基于大数据的两层防护技术提升电动汽车火灾防控能力

基于充电过程数据对动力电池故障进行实时监测的技术，目前国内主要充电运营商都已应用到充电站日常安全管理中，一般按照 2022 年 4 月中国汽车工程学会发布的团体标准《电动汽车充电过程电池系统安全风险监测及故障预警规范》（T/CSAE 254—2022）执行。以下以特来电两层防护技术应用为例介绍该技术如何在充电站安全管理中防控电动汽车火灾。

一、两层防护的基本功能

两层防护是指在充电过程中充电设施根据 BMS 发送的电池实时状态数据对电池进行安全监控。特来电自 2015 年开始研发充电过程电池安全防护技术，截至 2024 年，已经持续研发、应用了 9 年时间。

基于历史电动汽车事故的处置分析，特来电总结了发生事故的数据规律，建立了涵盖 36 个模型和 36 个维度的两层防护体系。第一层充电设备防护层，在设备层内置 12 项安全模型，对充电过程进行实时监控和安全评估，将电动汽车安全从车内 BMS 侧扩展到了车外的充电侧，实现了 BMS 故障的冗余保护及充电过程中的电池实时保护，通过这些模型使得汽车安全在充电侧变得可监测和可控制；第二层大数据防护层，设置了 24 个安全防护及预警模型，通过大数据为车辆 / 车型建立全寿命周期的车辆及车型档案库，对不同车型、在不同区域不同季节的充电进行差异化预警和保护，从车辆历史数据库进行故障溯源，从同车型指标偏离度对比分析故障严重程度，对充电网平台上的每辆新能源车进行安全评分，并分级分类进行风险管控。充电设备保护的优势是与电池管理系统实现毫秒级数据交互，安全防护响应速度快，缺点是由于算力限制保护模型相对简单，而平台大数据层的保护弥补了充电设备算力的不足，以其强大算力和海量历史数据、行业数据更精准地进行保护和预警。

二、两层防护技术的功能应用

根据充电站历史车辆火灾事故统计可以发现以下一些规律。

（1）图 25-3 展示了 180 起先后发生的自燃事故在热失控时电池的 SOC 水平，按照发生时的 SOC 值统计，SOC ≥ 0.7 时的事故占比 93%，SOC ≥ 0.8 时的事故占比 87%，SOC ≥ 0.9 时的事故占比 59%，所以如果设定 SOC 高于某一数值时限制充电可以有效降低电池热失控发生的概率。

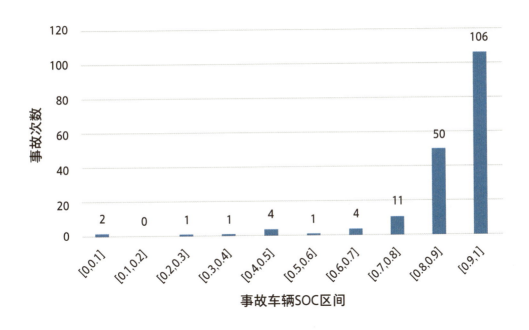

图25-3 事故SOC统计图（180起事故）

（2）按照车辆状态统计，车辆行驶、静置、充电时发生的事故分别约占三分之一，而静置时的事故有大部分是充电结束后发生的。

（3）根据行业专家的研究以及实际应用案例，在充电过程中发现电池热失控现象时立即停止充电，有较大概率可以阻止电池热失控的发展。

（4）按照事故发生的月份进行统计，事故分布在夏季居多，冬季最少，可见电池温度是影响电池热失控的重要指标。

了解了以上事故规律，两层防护技术可以在电池充电安全管控的不同环节分别采取不同的措施，以降低事故发生的概率。

（1）在实际充电过程中如果两层防护技术检测到安全异常，会立即终止充电并向用户提示故障原因。当电池同时发生了两种安全异常时，系统会作为高级别预警同步推送给后台技术人员，技术人员通过场站在线视频监控确认是否发生了事故，以保证事故发生时能够第一时间组织应急处置，降低事故损失。

（2）当基于车辆历史数据和同车型数据分析，发现车辆电池某个指标严重偏离平均值，或有明显的恶化趋势时，充电平台会向用户提醒风险，并把该车辆标记为异常车辆。用户在收到风险提示时，可以在手机应用查看电池安全卫士检测报告，了解电池具体异常分析以及数据展示。

（3）电池安全卫士检测报告包含了电池剩余容量评估、安全评分、温度一致性、温度趋势和偏离度分析、单体电压一致性、温升速率分析、历史充电故障统计等多个维度，展示数据图表的同时，分析得出评估结论和改进建议，帮助用户通过数据分析定位电池的具体异常问题。

（4）对于充电运营商，基于两层防护的充电站安全防火墙功能可以帮助有效拦截高危车型进入充电。安全防火墙功能是按照城市、充电站、品牌、车型、车牌号、账号、车辆识别码（VIN）等维度，在不同范围内限制不同车辆充电，限制 SOC 值可自由设置。

（5）对于充电运营商，充电平台可以为运营商提供充电站安全分析报告，对一个周期内充电站充电的安全异常、防护类型、高危车辆等进行统计分析，便于制订电站安全运行策略。

（6）对于车辆运营商，如公交、物流企业，充电平台可以通过充电数据对车辆进行检测形成检测报告。按客户不同的需求场景，报告类型分为单次充电检测报告、单车检测报告和企业维度检测报告。只有真正把车辆电池故障提前检修排查，才能避免小故障演变为大事故。

三、基于两层防护技术的其他衍生安全应用

1. 图像识别预警技术与两层防护技术的联动

基于大数据的两层防护应用往往因电池 BMS 上报的错误数据导致较多误防护。明显错误数据可以通过数据清洗进行过滤，但有很多的错误数据，无法区分是数据异常还是真的发生危险。所以，两层防护缺少另一种技术手段的双重验证。

特来电基于场站监控视频信息，训练出一套充电站的高精度 AI 视觉识别算法，开发了可以满足无人值守场站 24 小时全时感知的安全预警产品——特慧看 AI BOX。当发生烟雾、明火、设备损坏、改装车等充电风险时，可通过实时语音电话、钉钉或微信通知、现场语音广播

等多种方式，实现安全预警自动触达用户。同时，紧急情况下实现充电设备联动断电，更能进一步强化无人值守站的实时应急响应能力。

视觉识别与数据异常识别两种方法结合，可以准确定位真正的充电站火灾。当同时有两种报警信号出现时，平台可以自动启动最高级别应急响应流程，降低误动作概率。

2. 两层防护技术在储能系统中的应用

在特来电的梯次电池整包利用的储能站中，两层防护与消防报警系统进行了联动逻辑设计。在储能电池运行过程中，通过原有整包电池 BMS 保护、储能系统保护和平台大数据保护三层保护策略识别电池数据异常。同时，储能设备设计有烟雾报警器、可燃气报警器、感温报警器等消防报警装置实时检测火灾信号。当火灾发生时，两层防护和消防报警装置同时检测到火灾信号就会触发储能系统的自动灭火系统。

四、两层防护技术有效防护的案例

一般情况下，在充电过程中触发了充电侧安全防护模型停止充电后，无法直接验证该防护的必要性，因为不能确定如果本次充电未防护，是否会发生电池热失控起火事故。但也有一些相关的案例能够证明防护的有效性，比如在第一次充电防护停止充电之后，司机又再次插枪充电导致起火事故发生。

如图 25-4 所示，2022 年 1 月 26 日 18:06 左右，一辆公交车在充电结束后电池自燃。该车在当日 17:49 充电时电池温度从 26 摄氏度突升到 39 摄氏度，特来电平台主动终止充电。5 分钟后，充电人员再次启动充电，此时电池温度已下降到 33 摄氏度，但在 18:04 温度突升到 59 摄氏度，特来电平台再次保护，但此时电池已发生热失控并开始冒烟。

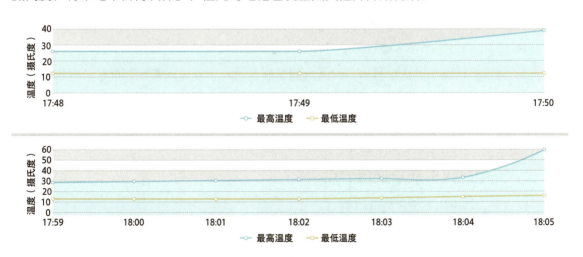

图25-4 两次连续充电事故的电池温度曲线图

第五节　充电站火灾事故应急处置

当充电站发生火灾，特别是电动汽车电池起火时，应急处置不当可能造成人员中毒、触电、火灾持续蔓延甚至发生爆炸。根据国家消防救援局2021年火灾事故统计，全年电动汽车火灾发生3000余起。电动汽车锂电池起火事件高频发生的背景下，科学高效的火灾事故应急处置流程对于充电站减损至关重要。

一、火灾事故应急处置流程

充电站火灾应急处置流程包含以下几个环节。

（1）火情发现，有场站安全预警系统的充电站接收预警后进行视频监控远程查看并确认现场情况。

（2）联系场地方确认现场起火情况，根据火情位置和特征判断起火点，如动力电池起火及时拨打119，若充电设备、车辆内饰起火或线路起火用灭火器进行初期火灾扑救。

（3）组织现场控制，包括现场人员疏散、周围车辆驶离、周围可燃物清理、现场封闭警戒、充电站从运营平台下线等。

（4）进行消防救援，包括运营商对充电设备进行断电，消防救援机构对车辆灭火。

（5）组织相关方赶到现场，包括联系车企、车主及保险公司，收集相关基础信息。

（6）组织事故初步分析，包括监控视频分析及后台数据分析。

（7）火势扑灭后进行火场勘察及充电设备检查，收集现场图像数据。

（8）根据初步信息，初步判定责任方及处置意向。

（9）根据消防救援机构意见进行现场车辆移除或对现场起火车辆进行围挡，需要特别注意的是，消防部门在现场张贴火场封闭通知时，火灾事故现场需要做好围挡保护。

（10）充电运营商出具分析报告，视情况判断是否进行车辆电池拆解，拆解过程按需进行现场见证，保留影像资料。

（11）配合消防部门相关数据资料需求，待出具火灾事故认定书后，开展事故赔偿。

二、充电站火灾应急处置要点

1. 建立无人值守场站火灾监测机制

如何确保第一时间发现现场火情并立即启动应急流程，是目前无人值守充电站运营的难点。有很多充电站火灾事故发生后，充电运营商长时间内不了解事故信息，直到事故现场都清理干净后才赶到现场。运营商未在第一时间启动应急处置，可能存在不可控的损失。目前通过电池安全预警、AI图像识别、室内火灾自动报警系统等技术的应用，可实现无人值守场站24小时全时感知，做到事故早发现、早响应。

2. 建立有效的应急处置机制

无人值守充电站除要有高效的应急预案及应急处置流程外，更应该建立稳健的应急处置力量，必要时依托场地管理方、合作方等资源构建联合应急团队，并通过定期开展联合应急演练等方式确保应急团队能做到分工明确、熟悉流程、组织有序、快速反应。充电站的布局是分散的，部分偏远充电站发生事故时运营商无法第一时间赶赴现场，对于偏远充电站应该在当地与相关场地方建立异常事件应急联动机制，事故发生第一时间由场地方协助做好现场应急处置动作。

3. 分析起火点及火灾类型

发现火情后，第一时间根据起火部位判断火灾类型，明确火灾处置方式。在充电站内可能发生的火灾包括电池热失控起火、车辆线束及内饰起火、充电设备起火、其他可燃物火灾。当发生电池热失控后，充电站内灭火器无法扑灭，并会短时间内产生复燃，须通过大量的水对电池部位进行降温，在现场不具备消防水源的场景下基本依靠消防救援力量；当车辆内饰、线束、充电设备或其他可燃物起火后，应第一时间疏散人员，切断上级电源，并使用现场灭火器进行灭火。

4. 保证人员安全

火灾事故应急处置应以人员安全为核心，不盲目处置，电池灭火应以消防救援为主，在电池起火后，存在电池爆炸、有毒有害烟气、车辆电气系统绝缘下降等风险，处置中不当特别是破拆电池等行为可能造成严重的人身伤害，在处置中应依靠规范操作的消防救援力量，不应盲目进行处置，在灭火时应进行个人防护同时出水时应与起火车辆保证10米的安全距离，对已灭火车辆的保存过程中应注意防止电池复燃。

5. 做好事故现场保护

处置过程中应依法依规，特别是自觉做好火灾现场的保护，未经消防救援机构的允许不擅自移动、破坏现场证物。为控制起火车辆对充电站的不良影响，若消防救援机构允许的情况下可进行起火车辆残骸的转移。如消防救援机构要求封闭火场进行火灾事故调查，则可采用硬质围挡等方式做好现场保护。

6. 充电数据分析

在火灾事故调查中，充电运营商基于充电数据的初步分析报告对消防部门最终的事故认定结论有较大帮助，有效的充电过程数据（包含充电报文、视频监控及充电设备检查结果）能快速厘清充电运营商在火灾事故中的责任。有效的充电过程数据包括但不限于起火冒烟时间，充电结束时间，充电设备故障状态，充电结束 SOC，电池最高单体电压，电池最高温度，充电过程的电流、电压及温度曲线，设备绝缘值，充电设备烧灼及短路痕迹，实车充电测试结果等。

7. 火灾事故调查程序

火灾事故的相关方快速达成火灾原因初步结论及赔偿意向的共识，对消防救援机构事故责任认定及事故快速解决极为重要。事故相关方包含车主、保险、车辆经销商、充电运营商，如相关方能够对事故原因和赔偿责任快速达成一致，可以与消防部门协商采取简易程序快速完成责任认定，开展事故赔偿。若事故相关方对于事故致因或赔偿存在较大分歧时，消防部门会按照一般程序对车辆及电池包进行拆解、火相调查等进一步的技术分析，一般事故调查时间是 30 日内，情况复杂、疑难的，可以延长 30 日，对充电站快速恢复运营影响较大。

8. 关注舆情影响

运营商应急处置应重点关注起火的致因及事故的社会及品牌影响，任何一起造成大范围负面影响的事故都会严重影响充电站正常经营，甚至会影响品牌乃至整个产业的形象。火灾事故发生后，充电运营商应持续关注媒体对事故的报道，当出现失实信息或不可控舆情时，应及时根据客观事实或事故结论进行澄清。

第二十六章

充电网基础能源管理

在运营市场竞争逐渐白热化的大环境下，要稳步提升充电运营收益，实现业务的高质量增长，除了优化运营策略、提升用户体验等外，有效地控制充电站的运营成本，也是提升运营收益的重要手段。本章要讨论的充电网能源管理，就是从能耗角度对充电站的运营成本进行有效控制，以此为充电站的运营业务提供更多的盈利空间。

第一节　充电网基础能源管理的目标和主要环节

充电网能源管理的主要目标是对充电站的电量、电价、电费和电损等信息的持续跟踪、分析和优化。其中核心环节主要是充电站电力损耗的优化以及功率因数的优化。本节将对以上两方面进行梳理。

一、充电站电力损耗的优化

充电站的电力损耗的优化主要从电量损耗和电费损耗两方面着手。电量损耗是从电能量的维度关注充电站的成本损耗问题，而电费损耗是从财务角度关注充电站的成本损耗问题。

1. 电量损耗

电量损耗是一定周期内充电站实际损耗的电能量，是充电站最终结算电量与实际充电量的差值。

充电站的电量损耗可分为理论电损和管理电损两大类。理论电损是充电站的用电负载在正常运行过程中产生的电量损耗；管理电损则是由于偷电、设备故障等原因导致的异常电量损耗。

（1）理论电损。充电站的电力负荷主要可分为充电设备、变配电设备以及道闸、休息室等用于提升用户体验的配套服务设备三大类。充电站的理论电损也可以从这一维度做进一步分解，划分成充电设备产生的电量损耗，变配电设施产生的电量损耗，以及配套服务设备所消耗的电量。

一是由充电设备产生的电力损耗。充电设备是一个充电站的核心，是为电动汽车提供充电服务的基础，通常其在充电站的电力容量配置中也占有较高的比重。充电设备产生的电量损耗主要有待机损耗和运行损耗两大部分。所谓待机损耗，即在无车辆进行充电的情况下，为保证设备内部控制系统、传感器等组件的基本运行而消耗的电能。运行损耗则是设备在为车辆提供充电服务过程中，由于能量转换、散热等原因产生的电力损耗。

降低充电设备产生的电量损耗，最优的应对策略是在产品研发、设计时就将其作为重点指标，进行专项的参数、功能的优化。

首先，可以提升充电模块的能量转化效率。由于在电动汽车充电过程中，充电模块需要将交流电转化为直流电，而这种能量转换的效率并非100%。有一部分电能会以热量等方式损耗掉。因此可以通过应用一些新型的高效能的电力电子器件，来提高充电模块的能量转换效率，以此来降低充电设备的运行损耗。

其次，充电系统功能的优化，也可以进一步降低充电设备产生的运行损耗。比如通过智能传感器的应用，采集温度、湿度等环境信息，实时调节散热系统的运行功率，优化散热损耗。

二是由变配电设施产生的损耗。变配电设施产生的电力损耗主要包括变压器进行高低压转换产生的损耗以及各类器件、输配电线缆等内部阻抗产生的损耗。

变配电设施产生的电量损耗，主要在方案设计环节进行优化。即在充电站设计之初，就从设备的选型、方案的设计、施工的规划等维度进行综合考虑，以控制变配电设施产生的电量损耗。例如选用能效等级更高的变压器，降低变压器的损耗。再比如合理设计输配电线缆的布设方案，选用合理的线缆规格，通过减少线缆长度、降低线缆阻抗等方式降低线损。

三是配套服务设施消耗的电量。场站的配套服务设备主要包括道闸、监控、照明等基本的配套设施以及休息室、自动售卖机、自动洗车机等主要用于提升用户体验的增值服务设施。

充电站配套附属设施的用电量控制有两类主要措施，一类是从设备的自身能效着手，例如休息室内的空调、自动售卖机等，在设备选型时，选用能效等级更高的型号。另一类措施是充电站配套设施工作状态的智能监测与控制，例如照明的光敏控制，空调等设备的自动启停等。

（2）管理电损。管理电损主要是充电站的异常电量损耗，其成因相当复杂，涉及充电站运营过程中的各个方面，大致可分为两大类，一类是人为原因造成的，例如偷电、接线错误等。另一类是设备原因造成的，例如设备故障、老化等。充电站的异常电量损耗由于其偶发性和不可预测性，管理策略主要以止损为主，及时发现，快速治理。

异常电量损耗的及时发现，主要依赖于对充电站用能数据的分析和监控。一方面，对充站的历史结算数据进行统计分析，掌握充电站用能规律，预测未来用能趋势。另一方面，实时监控充电站的运行数据，对充电站运行情况进行监控。最终实现充电站异常损耗问题的及时发现和治理。

（3）电量电损率。电量电损率是电量损耗的核心指标，能直观地反映充电站电量损耗情况。而影响电量电损率的主要因素是充电站的功率利用率。在一定区间内，电量电损率随着功率利用率的提升而降低，但其变化并非线性。在功率利用率较低时，由于待机损耗以及附属设施消耗的电量，电量电损率将急速升高。而在功率利用率较高时，电量电损率会接近某一固定值，其变化趋势如图 26-1 所示。

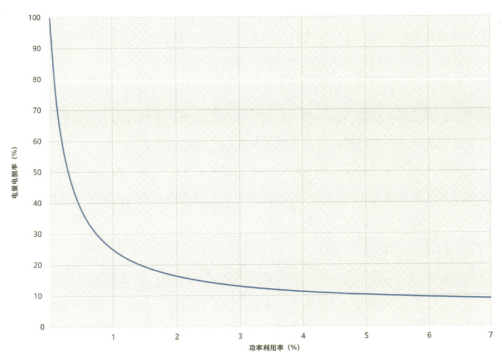

图26-1 电量电损率随功率利用率变化趋势

2. 电费损耗

电费损耗是一定周期内充电站损耗的电力成本费用，其金额等于充电站电力成本与电力收入的差值。

电费损耗主要可以分为两大类，一类是由电量损耗产生的电力成本费用。另一类是由于错误计费造成的非正常电力成本费用。第一类电费损耗与电量损耗直接相关，是电量损耗在成本费用维度的体现，因此降低此类电费损耗的主要措施是通过降低电量损耗实现。这里以典型案例说明另一类由于错误计费导致的非正常电力成本损耗。

某充电站处于正常运营状态，跟踪上月运营情况时发现，该充电站的电量电损率约为8.1%，而电费电损率高达19.7%。经过排查，主要原因为充电站的计费电表的峰、谷、平各时段的设置与实际时段不一致，造成各时段计费错误。

针对此类由于计费问题产生的异常电力成本损耗，其重点在于及时发现问题和分析产生问题的原因。例如通过结合实际电能量损耗进行交叉对比，即用充电站某一结算周期内损耗的电量结合分时段电价信息，计算出理论损耗成本，然后与实际电费损耗成本相比较。

二、充电站功率因数的优化

电力用户的功率因数的高低对源、网、荷各级设备的充分利用、节约电能和改善电网电压质量等都有着重要影响，是供电公司考核电力用户用能情况的重要指标。其具体数值是按照电力用户每月实用有功电量和无功电量计算出的月平均功率因数。

功率因数的考核方式是：用户的功率因数高于或低于规定标准时，按照规定的电价计算出其当月电费后，再按照"功率因数调整电费表"所规定百分数增减电费。因此，充电站功率因数的高低会直接影响最终的结算电费，也就是充电站的电力成本。

充电站功率因数优化的主要方向是降低充电站整体的无功电量。而充电站的无功电量主要受所配置的电气设备自身的无功功率的高低影响，因此目前较为可行的降低无功电量的方式主要有待机设备的自动切除和无功补偿两种方式。

1. 待机设备的自动切除

充电站配置的电气设备，无论在工作状态还是在待机状态，都会产生一定量的无功电量。因此，降低充电站无功电量的一个最直接的措施，就是在设备空闲时使其断电停机而不是一直处于待机状态。可以通过某种方式，减少空闲时投入设备的数量来有效降低充电站的无功功率，例如通过自动控制系统，在无充电需求时将有关设备断开或进入休眠状态，有充电需求时再将其唤醒。通过这种自动投切的方式，还可同时降低系统的空载损耗。

2. 无功补偿

除通过断电停机等方式切除一部分空闲设备外，另外一类降低无功电量的方式是在充电站的配电系统中安装具备无功补偿功能的电力电子设备，如静止无功发生器（SVG）等。通过实时监测充电站的无功功率变化，迅速吸收或发出适量的无功功率，实现动态的无功功率补偿，降低充电站的无功功率，最终降低无功电量。

传统的充电模块都是让其自身工作在交流侧功率因数接近于1，可以通过改进充电功率模块，用充电功率模块来平衡整个充电站的无功，实现充电站整体对外功率因数接近于1。

第二节　充电网能源管理的智能化

传统的综合能源管理业务主要以工业园区、大型建筑物等为服务对象，而充电网能源管理的主要服务对象则是一个个充电站。作为新能源车辆的基础服务设施，充电站具有一定的特殊性。

一是充电站数量多、分布广。二是充电场景复杂，充电网涵盖了电动汽车补能的各类场景，每一类场景的用户类型、使用习惯、设备类型都存在较大差异。

面对如此多场景且离散分布的充电网，只有不断提升充电网能源管理的智能化程度，才能进行高效、精细、及时的能源管理。充电网能源管理的智能化，有两个核心环节，一是基础数据采集，二是数据资源的挖掘和应用。

一、基础数据采集

充电网能源管理的基础数据信息功能维度主要可分为有功功率 / 电量、无功功率 / 电量等电力电量信息，采购电价、输配电价等电价信息以及力调电费、调整电费等电费信息。而从时间维度可分为实时功率、准实时电量等运行信息和电量、电价等结算信息两大类。

随着充电网的不断发展，基础数据不管是从规模还是从复杂程度上，都在快速增长。对这些数据准确、及时的采集，是这些基础数据能否被转化为可用的数据资源的关键。要保证基础数据的准确性、及时性，主要有以下几个关键环节。

1. 数据的远程实时采集

电力数据的远程实时采集，是实现对充电站用能情况实时监控和分析的基础。要实现以上目标，除充电设备自身上传的工作状态信息外，还需在充电站配电系统的关口节点安装智能微传感器，以采集更多的实时的电力信息。同时要以支持高并发且可靠的通信技术作为支撑，将海量的充电站实时运行信息接入大数据平台。

2. 结算数据自动化录入

结算数据取自供电公司出具的电费结算凭证，其真实统计了充电站每一个结算周期内的具体的用能情况以及费用组成，是分析充电站损耗问题的第一手资料。但结算凭证通常以纸质、PDF 或图片形式传递，传统的处理方式是通过人工将关键信息录入管理系统，此类操作不仅效率较低而且错误率高。较好的解决办法是通过计算机视觉等自动化信息识别技术，智能识别图片、PDF 等格式的电费结算凭证，实现结算信息的自动化录入，节省大量人力的同时，降低因人为原因导致的数据录入错误。在条件具备的地区，还可以通过电网公司提供的数据接口来获取相关结算信息。

3. 数据的准确性校验

虽然有相应采集和录入技术作为支撑，但由于误操作、通信故障等原因，仍会出现一定数量的错误数据。此类数据如果不做清洗，将对基础数据的应用造成较大影响，因此需对数据的准确性做相应的校验。例如在数据输入环节建立相应的数据校验模型，通过合理性判断、数据交叉对比等方式，对采集到的基础数据做详细校验。

二、数据资源的挖掘和应用

如前文所述，充电网因其数量多、分布广、场景多的特点，要真正实现对充电网高效、精细的能源管理，就需要建立一个功能强大的智能化管理平台。通过智能化管理平台对海量的数据资源进行分析和应用，对充电站的用能情况进行自动分析、异常监测甚至自动生成优化策略。而要达到以上效果，充电网能源管理平台至少应包括以下两部分：

1. 基础数据的统计分析

对充电站基础数据的统计和分析以及可视化，可以有效帮助运营人员及时、准确的观测充电站的运行情况，同时也帮助企业了解每一类充电站的用能规律，运行特性。为产品研发、方案设计、运营策略的制订等环节提供全面的数据基础。

对基础数据的统计分析涉及很多维度，例如可以从时间维度，分析一个充电站在不同周期内的用能曲线，观察其电力成本的变化规律。再比如从空间角度，通过对比不同区域的配置相同的充电站的用能特征，找出气候、用户群等影响电力成本的隐性因素。

2. 建立准确、实用的充电站用能模型

通过对基础数据的分析、挖掘，结合充电站负载的相关物理参数、充电站的地理位置等因素，建立充电站用能的大数据模型。这样，能源管理平台就可以计算出充电站的电损率、功率因数等指标的理论参考值。再与充电站的实时运行数据相比对，就可以实现对充电站的运行情况实时、准确地监测，快速发现损耗问题。甚至，通过大数据模型，能源管理平台可以预测充电站的整体用能趋势，在异常损耗问题发生前就将其规避掉。

充电网能源管理是一项系统性的工程，从能源管理策略的制订，到具体策略的选择，再到最终的落地执行，贯穿大数据、产品研发、方案设计、工程、运营、运维等各个环节，需要各环节有机联动，发挥各自优势，从开发难度、投入产出、适配场景等各个维度综合考虑，才能找出最优的解决方案。

第二十七章

公共充电网用户运营

基于公共充电网的用户需求与行为进行的用户运营对于合理建设与运营充电网，有效支撑新能源汽车的发展至关重要。公共充电网用户运营需要从多个方面入手，包括通过有效渠道获取充电用户，需要通过有效方式激活用户的使用意愿，以及通过不断完善产品和服务、持续优化用户体验来保持用户的持续使用等。需要通过提供个性化的推荐和服务，以及合适的价格策略，来提高用户从充电消费中获得的价值。

第一节 公共充电网用户运营的目标

用户在选择充电时受到距离、时间、环境等诸多因素的影响，用户的充电行为具有随机性。充电站在运营过程中，普遍出现在某些时间段充电终端闲置较多、某一时间段又比较拥挤的现象，造成资源浪费比较严重。同时充电网是用户、车辆、能源的数据入口，实现了用户、车辆和能源的实时在线、高黏性、高强度交互，形成了基于用户、车、电池的海量用户行为大数据、工业大数据和能源大数据。充电网用户运营对这些数据的采集、分析、处理和价值挖掘，可以全面提升充电网的数据价值和智能化水平。在此基础上，开展全面的用户研究，制订高效的运营策略可以准确了解用户需求和特征，辅助把握市场动向，是提升充电竞争优势和市场占有率的重要手段。从用户价值角度切入，运营商需要结合用户生命周期的不同特征，来实现对充电用户的细分，针对不同用户群体制订精准营销策略，来促进充电量的持续增长和市场占有率的不断提升。

在公共充电网用户运营过程中，重点需要实现两个核心目标：一是确保用户能够便捷、高效地充好电；二是帮助运营商实现盈利和可持续发展。

首先，为了确保用户能够充好电，用户运营应关注以下几个方面。

（1）提升充电便利性。通过合理的充电站布局和优化的充电设施配置，确保用户能够轻松找到并使用充电设施。同时，提供实时充电站信息、导航和多种支付方式，让用户能够更快速地完成充电过程。

（2）保障充电质量和安全。通过选用高质量的充电设备，定期维护和检查设施的运行状况，确保充电过程的稳定性和安全性。此外，提供清晰的充电指南和安全提示，帮助用户正确使用充电设施。

（3）优化用户体验。关注用户在充电过程中的需求和痛点，提供简洁明了的操作界面、多样化的支付方式以及友好的客户服务。通过用户反馈和数据分析，不断优化充电服务流程，提升用户的充电满意度。

其次，为了让运营商实现盈利及投资目标，用户运营同样发挥着关键作用。

（1）增加收入来源。除了基本的充电费用外，运营商还可以通过提供增值服务来增加收入，如会员制度、广告合作、数据服务等。这些增值服务可以根据用户的需求和偏好进行定制，提高用户的付费意愿。

（2）提高充电设施利用率。通过精准的用户画像和数据分析，了解用户的充电习惯和偏好，优化充电设施的调度和分配。这不仅可以提高充电设施的利用率，降低运营成本，还可以提升用户的充电体验。

（3）建立品牌形象和口碑。通过优质的充电服务和良好的用户运营，建立起运营商的品牌形象和口碑。这有助于吸引更多用户选择使用其充电设施，增加用户基数和市场份额。

用户运营作为最接近用户的工作，是整个运营工作中最能深入了解用户的环节，通过关注用户的需求和体验，提供优质的充电服务和增值服务，同时优化充电设施的利用和管理，可以实现用户和运营商双赢的局面。

第二节　公共充电网用户画像分析

公共充电网用户体系构建是确保充电服务高效、便捷和个性化的关键。用户价值是产品价值的体现，在公共充电网运营过程中需要不断了解用户、服务好用户，通过用户的行为对用户进行刻画，并制订相应的服务和运营策略。

针对不同场景和用户需求，可采用不同的运营模式。例如，公共场所的充电站多采用政府投资或公私合营模式，主要以会员模式作为用户留存手段；住宅小区内的充电设施多采用物业与电力公司合作模式，主要以包月服务锁定用户；商业中心的充电设施可采用商业综合体与第三方运营商合作的模式，以充电免停车费等手段提升商业中心竞争力。

除运营模式以外，更要基于价值分群来开展公共充电网用户运营。总体思路包括：用户监测分析，识别业务问题；构建价值模型，进行用户分群与特征分析；策略开发实施，开展用户运营活动。

一、充电用户分层分群分析

由于公共桩用户群体规模大，可以考虑对用户特点进行分群刻画。用户分群模型可基于用户生命周期、RFM 用户价值评估等理论开展。例如，采用经典的 RFM 模型来评估用户对企业的价值贡献度，以 R（Recency，用户最近一次充电时间间隔）、F（Frequency，用户平均充电时间间隔）、M（Monetary，用户月充电金额）三个最基础的用户参数来开展建模，基于模型结果进行用户分群，进而定位目标活动群体，并分析目标群体的画像特征，为制订精准的运营策略提供业务参考和指导。

1. 用户生命周期划分

根据用户生命周期理论，可以将用户生命周期分为获取期、成长期、成熟期和衰退期四个阶段，我们可针对用户生命周期的不同特点，设计营销策略，实现扩大成熟期用户占比，延长用户生命周期的目的。

结合实际的业务情况，例如采用三个指标来评估用户所处的周期阶段：月充电次数、月均充电量、月充电量增长率。通过这三个指标交叉阈值进行用户生命周期划分，其生命周期划分指标和描述如图 27-1 所示。

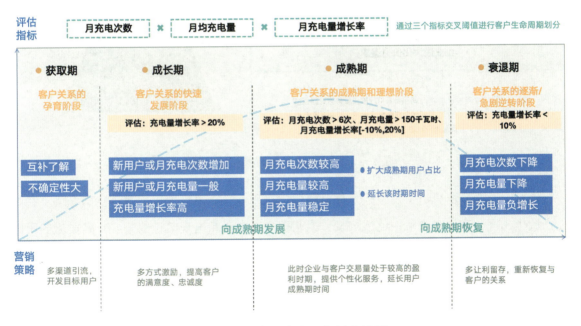

图27-1 充电网生命周期划分模型

案例：如果通过对用户生命周期的特征分析发现，各个月份处于成长期的用户占比虽均为最高，但衰退期用户量及占比却呈逐月增高趋势，说明用户流失情况逐渐严重，这可能是导致市场占有率快速下降的核心原因，需要针对衰退期用户采取对应的挽留措施。

2. 基于用户价值的分群分析

RFM 模型是衡量用户价值和用户创利能力的重要工具和手段，结合充电业务的特点，以用户最近一次充电时间间隔、平均充电时间间隔以及月充电金额来衡量用户的价值大小，通过用户聚类分析，来划分不同价值的用户群体，如图 27-2 所示。

最近一次充电时间间隔（R）间接衡量用户接受服务的意愿程度；平均充电时间间隔（F）衡量用户充电需求水平，即需求潜力大小；月充电金额（M）衡量用户对企业贡献程度。

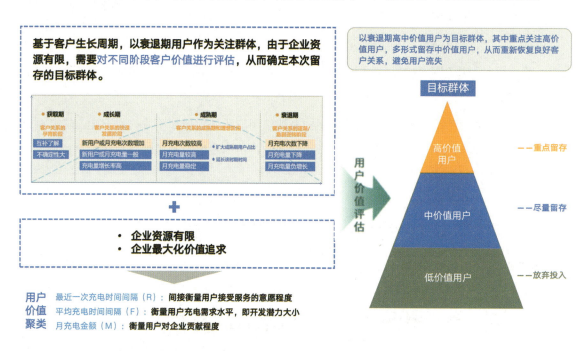

图27-2 充电网客户的RFM模型及应用

例如，通过分群分析，发现处于衰退期的用户里面，中高价值用户量占比近25%，充电量占比近70%，充电量金额占比近85%，说明用户充电贡献出现明显的分层，高贡献的用户较少，因此可以集中资源精力主要针对衰退期中的中高价值用户来开展对应的运营活动。

通过对用户生命周期与价值的分群分析，可以清楚掌握用户所处的不同阶段和贡献价值，进而圈定需要重点开展运营策略的目标客户群体，以此有针对性地制订运营策略，有效挽留流失用户、提高用户黏性。

二、目标群体特征分析

1. 目标群体特征分析

个体用户的充电行为存在随机性和差异性，但群体用户又在行为上呈现出较明显的统计特征。例如，目标群体在最近一次充电时间上，约 90% 的用户最近一次充电时间在 3 天以内；而在充电时间和充电场所上，目标用户则主要集中在中午午休期间商业区、路边、交通枢纽充电，以及晚上 10 点后集中在居民小区充电的情况居多，说明用户在充电时间、场所选择上存在明显偏好。根据以上特点，可以在运营活动的形式、参与方式、时间、地点（或渠道）等方式进行差异化的设计。

同时，由于目标用户的充电次数、单次充电量同样存在差异，因此根据用户单次充电量、月充电次数，将目标用户进一步分为少量多充型和多量少充型两类用户。其中，少量多充型用户指单次充电量少、月充电次数多的用户；多量少充型用户指单次充电量多，月充电次数少的用户。

2. 运营策略设计应用

基于上述的群体细分结果，可结合实际业务情况，有针对性地设计用户留存策略。在设计策略时，可分别考虑活动通知、活动开展两个环节来制订不同的措施，例如在运营活动通知环节，为了将活动更好地通知到用户，可以结合用户标签体系中的用户充电时间偏好标签，将优惠券信息在用户充电时间偏好时段发送到其短信或充电 App 中；且当用户打开充电 App 后，会再次提醒用户使用优惠券，从而提醒或鼓励用户参与到活动中；在运营活动开展环节，则可以针对多量少充型用户，根据其单次充电量高低进行划分，发放不同充电量等级的满减优惠券；针对少量多充型用户，根据其充电频次高低进行划分，发放累计充电量满减优惠券等。

三、充电行为洞察与探索

随着电动汽车的普及，充电行为成为电动汽车使用中的关键一环。为了更好地满足用户的需求，提升充电设施的使用效率和用户体验，对充电行为进行深入洞察和探索显得尤为重要。

1. 充电时段分析

从统计分析中我们可以看到公共充电站充电时间分布上的规律。例如，某城市电动汽车用户在公共充电站充电的充电高峰主要集中在早上 5:00—7:00、下午 12:00—16:00 以及夜间 23:00—次日 1:00。这种分布与用户的日常出行习惯和电动汽车的使用场景及峰平谷等电价结构紧密相关。早上和下午的高峰主要是用户上班和下班的通勤需求，而夜间的高峰则更多是因为用户在晚上充电可以享受较低的电费。

2. 充电设施选择偏好

用户对于充电设施的选择也呈现出一定的偏好。大部分用户在公共充电站充电时对充电时长较为敏感，因此快充桩成为他们的首选。特别是充电效率高、功率大的充电设施更受用户的青睐。这也意味着充电设施的运营者需要在充电速度、设施稳定性、易用性等方面持续优化，以满足用户的需求。

3. 充电体验与痛点

尽管充电设施的建设已经取得了较大的进展，但用户在充电过程中仍然面临一些痛点。比如高速路充电难、油车占位等问题。这些问题直接影响了用户的充电体验，也是充电设施运营者需要重点关注和解决的。

4. 未来趋势与建议

基于对用户充电行为的洞察，我们可以对未来充电设施的发展提出以下建议。

（1）持续优化充电网络。在关键区域和时段增加充电设施，提高充电设施的覆盖率和可用性。

（2）提升充电效率。推广大功率充电设施，优化充电算法，提高充电速度。

（3）解决充电痛点。针对高速路充电难、油车占位等问题，制订有效的解决方案，提升用户的充电体验。

对充电行为的洞察与探索不仅有助于我们更好地理解用户的需求和习惯，也为充电设施的发展提供了重要的指导。只有深入了解并满足用户的需求，才能推动电动汽车和充电设施更广泛的应用和发展。

第三节 公共充电网用户服务和运营体系

公共充电网用户服务和运营体系是确保充电设施高效运行、满足用户需求并实现商业价值的关键环节。这一体系涵盖了多个方面，包括用户服务内容、服务渠道、服务质量保障以及运营策略等。

一、用户服务内容

（1）充电服务。提供便捷、高效的充电服务，包括充电设施的选址布局、设备配置以及充电过程的监控和管理等。

（2）信息服务。提供实时充电站信息、充电设备状态、充电费用以及充电优惠政策等，方便用户查询和使用。完善站点的道路指引，提高站点的可通达性。完善新能源汽车充电设施的充电操作介绍，降低用户学习成本。

（3）客户服务。建立专业的用户服务团队，提供咨询、投诉处理、故障报修等服务，及时解决用户在使用过程中遇到的问题。

二、服务渠道

为了更好地服务用户，公共充电网需要建立多样化的服务渠道。

（1）线上渠道。通过官方网站、手机 App、小程序、微信公众号等线上平台，提供充电服务查询、支付、咨询等功能。

（2）开放互联互通。与主流出行平台如高德地图、平安好车主、货拉拉等互联互通，通过外部渠道进行引流，让用户更快速、便捷地找到新能源汽车充电设施。

（3）线下渠道。在充电站设立站长、管理员等职务，帮助用户解决无法充电、充电异常、充电套餐购买等问题。

三、服务质量保障

公共充电网需要采取一系列措施来保障服务质量。

（1）标准化服务流程。制定统一的服务标准和流程，确保服务质量和效率。

（2）培训与考核。对运营和客服人员进行定期培训和考核，提高服务意识和技能水平。

（3）用户反馈机制。建立用户反馈渠道和机制，及时收集和处理用户意见和建议，不断改进服务。

四、运营策略

公共充电网的运营策略应关注以下几个方面。

（1）定价策略。根据市场需求、成本以及竞争情况，制订合理的充电费用标准，吸引用户使用。

（2）营销策略。活动运营是公共充电网运营服务的核心手段，需要通过开展各类有吸引力的活动，获取更多的用户和订单，提升品牌影响力，应对市场竞争。活动运营包含如下内容。

1）常规拉新／召回活动。通过活动红包、优惠券、电量赠送、积分激励、实物奖励等方式鼓励用户进行新用户拉新注册或60天内未产生新订单的老用户激活召回。活动可按照月度周期进行结算复盘，活动可通过分享、砍价、拼团、小游戏等多种具有裂变和传播性的方式进行。

2）热点事件营销。通过热点营销案例进行借势营销，例如特来电在每年 7 月 20 日发起周年庆活动，所有充电用户，线上参与活动获得充电优惠券，还可在线下场站通过充电订单抽奖等。

3）弱项站点专属活动。展开针对弱项站点的线上推广，如场站专属红包以及线下的活动支持，优化该站的订单规模。

用户运营中还需要充分构建有效的联盟与社群，增强运营效果。

（1）合作与联盟。与其他充电运营商、新能源汽车制造商以及相关产业链企业建立合作关系，共享资源、降低成本、提高竞争力。与外部渠道开展异业合作资源置换，如出行服务企业司机招聘以及车辆租赁的线下活动，通过场地及现有司机流量进行广告以及司机充电优惠的资源置换等。

（2）社群建设。建立社群为充电用户提供更好、更快、更便捷的服务，社群的运营围绕用户的充电问题，推荐优质的充电站点，及时同步故障信息，推送电池保养方案等一系列与充电息息相关的内容。

第四节　以增值模式力促充电服务再升级

以增值模式力促充电服务再升级，是一种创新且前瞻性的策略，旨在通过提供附加价值和优化用户体验，推动充电服务行业的持续发展。

一、定制化充电方案套餐

针对不同用户的需求和偏好，提供定制化的充电方案。例如，根据用户的出行习惯、充电频率和预算，为其推荐最合适的充电站点、充电时间和充电套餐。这种个性化的服务不仅能够提高用户的满意度，还能帮助运营商更精准地把握市场需求，优化资源配置。套餐设置可参考如下方案。

1. 基础套餐

套餐内容：提供一定数量的充电时长或电量，适用于日常通勤需求。

价格：根据市场价格和竞争情况设定，确保价格具有竞争力。

适用对象：所有使用电动汽车的用户。

2. 高级套餐

套餐内容：在基础套餐的基础上，增加充电时长或电量，提供优先充电权（如避免高峰时段排队），以及专属客户服务。

价格：高于基础套餐，但提供额外的价值和便利。

适用对象：需要更多充电服务或希望获得更好体验的用户。

3. 企业合作套餐

套餐内容：针对企业合作，提供一定数量的免费或优惠充电服务，以吸引企业入驻办公园区。

价格：根据企业规模和合作期限进行定制。

适用对象：与办公园区有合作关系的企业用户。

二、会员制度与积分奖励

建立付费会员制度，为付费会员提供一系列专属权益和优惠。例如，付费会员可以享受充电费用的折扣、优先使用充电设施、参与会员活动等。同时，通过积分奖励机制，鼓励用户更多地使用充电服务，并积累积分以换取更多福利。这种方式既能够增加用户的黏性，也能为运营商带来稳定的收入来源。

付费会员可能享有的权益包括但不限于以下内容。

（1）充电费用优惠。付费会员在充电时能享受到一定的折扣或优惠，降低充电成本。

（2）优先充电权。在高峰时段或繁忙充电站，付费会员享有优先充电的权益，减少等待时间。

（3）优惠购买。付费会员可以优惠价格或者独家购买充电服务套餐、实物礼品等。

（4）专属客服支持。付费会员可以享受到更加及时、专业的客服支持，解决在使用过程中遇到的问题。

此外，付费会员制度还有助于实现更加精准的用户管理和营销。通过对会员的充电行为、需求等进行分析，可以更好地了解用户的增值需求，优化充电网络布局和服务内容，提升用户满意度。

积分体系通常是一种激励机制，旨在鼓励用户更频繁地使用充电服务，同时提升用户满意度和忠诚度。以下是关于充电网积分体系的一些常见特点和运作方式。

1. 积分获取方式

充电积分：用户每次使用充电服务时，根据充电量或充电时间，可以获得一定数量的积分。例如，每充电1千瓦时或每充电1分钟，可以获得一定数额的积分。

活动积分：运营商会定期举办各种活动，如注册新用户活动、邀请好友活动、节日促销等，用户参与这些活动也可以获得积分。

推荐积分：用户推荐他人使用充电服务并成功注册后，也可以获得一定的推荐积分。

2. 积分使用方式

抵扣充电费用：用户可以在后续的充电过程中使用积分来抵扣部分或全部充电费用，降低充电成本。

兑换礼品或优惠券：积分可以在特定的平台上兑换各种礼品或优惠券，如电子产品、生活用品等，或者兑换其他服务的优惠券。

3. 积分有效期

积分通常会有一定的有效期，过期未使用的积分可能会被清零。因此，用户需要关注积分的有效期，及时使用。

4. 积分查询与管理

用户可以在充电网的官方平台或 App 上查询自己的积分余额、积分明细以及积分有效期等信息，方便用户随时了解自己的积分情况。

需要注意的是，用户在使用充电服务时，应了解并遵守相关积分规则和政策。同时，运营商也应不断优化和完善积分体系，以更好地满足用户需求，提升用户体验。

三、跨界合作与生态构建

积极寻求与其他行业的跨界合作，共同打造充电服务生态圈。例如：与新能源汽车制造商合作，为用户提供购车优惠、维修保养等一站式服务；与商业机构合作，在充电站点周边提供餐饮、购物等便利设施。这种合作模式能够拓展充电服务的边界，增加服务的附加值，提升整个行业的竞争力。再如，联合属地电动汽车 4S 店，在场站内设置专门的电动汽车商铺，销售电动汽车相关零配件、动力电池和车辆内饰物品。推广休闲、快捷餐饮、洗车等市场化服务，打造充电 + 服务一条龙，进而提升用户满意度，增强用户黏性。

四、打造充电网生态圈

公共充电网的广泛用户基础是所有增值服务的基础，可以帮助用户节省充电费用，实现以充电网作为入口打造充电、销售、租赁、4S 等增值服务，实现充电网、车联网、互联网的三网融合，使价值和整体效益得到最大化。例如，针对充电站充电设施，可以嵌入和用户群体相匹配的广告开展宣传，将充电站的运营向电动汽车销售租赁、广告服务和金融保险等增值服务拓展，丰富充电站整个充电网络的综合业务，提升充电站运营的盈利竞争力。

综上所述，以增值模式力促充电服务再升级是一个具有广阔前景和潜力的策略。通过定制化充电方案、会员制度与积分奖励、跨界合作与生态构建以及创新盈利模式等手段，可以不断提升充电服务的质量和用户体验，推动整个行业的持续健康发展。

07

充电网运维

充电网设备由于需要在开放、流动环境下被用户频繁操作，通过插拔等形式的动态连接器承载大电流，且系统中应用了大量的电力电子器件，其运维要求远高于一般的电力设备。要做好充电网运维，离不开科学的运维模型、稳健的运维体系和智能化的运维工具。

第二十八章

充电网全寿命周期运维模型

对于充电网运营而言，最关注的就是全寿命周期效益最大化，效益最大化意味着一方面要通过各种各样的商业模式或者商业手段尽可能多地创造收入，另一方面还要在保证质量和安全的前提下尽可能少地产生成本。运维成本作为运营成本的组成部分，也要有全寿命周期的概念，需要构建充电网全寿命周期运维模型，保证充电网全寿命周期低成本、高质量运行。

第一节　充电网全寿命周期运维模型构建的思路

构建充电网全寿命周期运维模型首先需要了解全寿命周期的概念。现代设备工程学将设备的寿命周期分为两大阶段，即设备决策与形成阶段（设备设置阶段）和设备使用与维护阶段（设备维持阶段）。设备决策与形成阶段是指设备从决策、规划、设计、制造、安装、调试和试运行，直至交付使用的过程；设备使用与维护阶段是指设备从交付使用、维护、修理、改造和更新、调拨、调整，直至报废的过程。

充电网设备属于现代设备，因此上述定义完全适用充电网，即充电网的全寿命周期开始于决策节点，结束于报废节点。

如果从项目建设的角度看，充电网全寿命周期也可以分为三个阶段，即建设前、建设中和建设后，其中建设前和建设中对应决策与形成阶段，建设后对应使用与维护阶段。建设前包含的节点为决策、规划、设计和制造，建设中包含的节点为安装、调试和试运行，建设后包含的节点为交付使用、维护、修理、改造、更新、调拨、调整和报废。

运维业务严格意义上归属于使用与维护阶段，各运营商因为内部分工的差异，实际实施过程中可能会有所不同。例如，有些运营商可能会把决策与形成阶段的调试和试运行两个节点划归到运维范畴，还有些运营商可能会在调试之前增加交接验收的节点等。

综上所述，充电网全寿命周期的关键节点主要包括决策、规划、设计、制造、安装、交接验收、调试、试运行、交付、维护、修理、改造、更新、调拨、调整和报废，运维业务主要包括的阶段为交接验收、调试、试运行、交付、维护、修理、改造、更新、调拨、调整和报废，如图 28-1 所示。

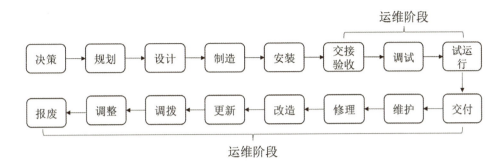

图28-1 充电网全寿命周期关键节点示意

构建充电网全寿命周期运维模型，除了需要了解全寿命周期的概念，还需要进一步分析影响充电网运维成本和运行质量的因素，并确定改善思路。

对于运维成本，充电网海量分散分布的特点对充电网运维带来了极大的挑战。专人值守由于成本巨大，根本无法普及；无人值守是目前行业的不二选择，但是运维工作的里程成本是巨大的负担，并可能会因设备质量、安装质量、维护不及时等问题影响运行质量和运营效益。

确认了影响充电网运维成本和运行质量的因素以后，基本就有了降低充电网运维成本、提升充电网运行质量的思路，简单点说就是充电网运行过程中尽可能不发生问题或者问题发生以后能够高效处理问题。这就要求一方面充电网的设备质量、安装质量和维护质量要高，减少问题的发生；另一方面充电网的智能化程度要高，问题能够远程或者自动处理。

综合上述内容，充电网全寿命周期运维模型的构建思路就是通过对充电网全寿命周期关键节点的把控，运用主动运维策略和智能化运维工具，实现充电网全寿命周期的高质量、低成本运行，从而提升运营效益。

第二节　充电网全寿命周期运维模型构建的关键点

充电网全寿命周期运维模型构建的过程中，除了重点把控运维阶段的节点、深耕运维业务以外，还需要做到运维"前置"和运维"后沉"，向前端环节提要求，从后端环节积累经验，因此充电网全寿命周期运维模型的构建应该开始于决策规划节点，终止于报废节点。

一、运维"前置"

运维"前置"是指基于运维实践经验和专业化知识积累，全面参与到产品设备决策与形成阶段，为充电网设备的全寿命周期运维奠定基础。

1. 决策规划节点

在决策和规划节点，产品还处于概念阶段，很多人认为这个时候运维介入尚早，但是实际不然。在决策和规划节点，虽然产品还处于概念阶段，但是此时产品已经有了具体定位和要求，如果不及时提出运维要求，就可能导致在后续的设计阶段不再针对运维需求进行设计。决策和规划节点提出的运维需求，需要包含以下两个方面，一方面是明确产品的运维定位，从全寿命周期成本最低的角度出发，做好制造成本、建设成本和使用成本的平衡，不能迫于市场压力，仅关注制造成本和建设成本，也不能过于追求运维成本最低，过多的增加制造成本，在平衡的基础上尽量向"免运维"或者"少运维"的方向努力。另一方面是全面落实运维工作相关企业标准的要求，这里更多的是确认。具体的标准制订工作需要做在前面，通过对运维经验的总结提炼，形成企业标准，保证所有产品都能得到应用。关于运维相关企业标准的制订，需要特别关注智能运维企业标准的建立，关于智能运维后面章节会有具体介绍，这里不再赘述。

2. 设计节点

如果说在决策和规划节点，是从运维角度对产品提出整体要求，在设计节点则是关注设计细节，尤其是影响产品运维的细节，在评审过程中必须充分考虑维护的可行性、简易性、便利性和经济性。

为了方便理解，这里以充电网设备中最基本的防尘网的设计来举例说明：可行性主要是指对于易损部件或者需要维护部件必须考虑能够更换或者维护，例如防尘网的固定不能是焊接；简易性是指易损部件或者需要维护部件的更换或者维护应该考虑简单容易，例如防尘网的固定采用卡扣或者手拧螺丝进行固定；便利性是指易损部件或者需要维护部件在更换或者维护过程中应该方便操作，例如高度较高的产品，防尘网不应设置在产品顶部；经济性是易损部件或者需要维护部件的更换或者维护必须考虑成本最低，例如防尘网不能隐藏于顶盖内部和顶盖成为一体。

除了维护的可行性、简易性、便利性和经济性以外，还要结合既往经验，从产品的可靠性角度提出改进意见，降低产品出现质量问题的风险。

3. 制造节点

对于制造节点，虽然是严格按照设计要求和工艺要求进行产品制造，也有质量控制部门进行过程质量控制，严格意义上无需运维过多参与，但并不是完全无关。这一阶段运维重点需要关注工艺过程和耗材选型，多参与评审，从运维角度提出改进意见。对于制造过程而言，主要是组装的过程，很少涉及逆向的拆解过程，这样就可能会产生盲区，工艺要求制订或者制造过程执行过程中，只考虑组装的可靠性，而忽略了拆解的便利性。例如部件的固定，制造过程力矩过大，虽然在组装环节无任何问题，但是产品运行过程中，如果需要更换，可能会导致无法拆卸，从而增加维护的难度和成本。

4. 安装节点

相较于制造节点，安装节点的问题对运维工作的影响会更大一些，且处理难度也会更大、处理成本也会更高。作为充电网运营成本的重要组成部分，持续降本是安装工作的主要目标之一。但在降本过程中的一些措施可能给运维工作带来影响，需要重点关注并在评审过程中，守住"运维底线"。例如电缆沟的深度，降低电缆沟深度能减少安装工作量，但是会产生电缆破损的风险，且电缆破损后更换困难，很有可能需要重新施工，成本巨大，因此务必做好评估。

5. 交接验收节点

交接验收是指设备安装完毕以后在运维接收以前进行验收，主要目的是保证交接质量，避免设备问题或者安装问题流转到运维阶段。具体的验收内容主要包括场站环境验收、消防设施验收、安装验收和设备验收等，具体的验收条目会因项目而异。此处需要注意的是，虽然是内部验收，但是验收条目也必须要有明确的验收标准，尽可能量化。

交接验收过程还需要考虑不合格整改的闭环，确保验收过程中发现的问题能够及时得到解决。交接验收是运维阶段或者叫使用维护阶段的起点，验收质量至关重要，如果设备问题或者安装问题未能及时发现，可能会对充电网的运营产生持续而显著的影响。

二、运维"后沉"

充电网设备全寿命周期结束即报废以后，一般还会安排报废分析的环节，此过程一般是研发部门和质量部门主导，相关部门配合，主要目的是对报废部件进行分析，找到质量改善点，从而提升后续产品的质量。运维部门也是参与部门之一，运维参与过程中不但要协助分析，还要从中反思运维过程存在的问题，并制订相应的改善措施。例如，若频繁出现功率变换模块的变压器因为过温烧毁，在研发关注元器件的选型和焊接工艺改进的同时，运维也需要反思设备的维护方案是否存在问题，多项举措同时切入。

三、深耕运维

运维的"前置"和"后沉"能从一定程度上保证运维工作高质量、低成本开展，但是最关键的还是运维阶段本身，必须做好深耕。一方面需要建立起完善的运维体系，保证运维工作质量，另一方面还要努力打造智能化的运维系统，提升运维工作效率、降低运维工作成本。关于运维体系和智能运维系统，下个章节会有具体的介绍，这里主要介绍运维阶段各个节点的重点关注内容，主要有两个方面，一方面是务必保证作业质量，另一方面就是要有数字化、智能化的思维。

1. 调试节点

交接验收节点属于运维介入前的过渡节点，调试环节真正进入了运维环节，责任主体就完全变成了运维。调试主要是通过升级或者配置实现充电网的各项功能，工作量和难度因设备而异，一体式产品相对简单，群管群控系统相对复杂。

从质量角度需要重点关注升级或者配置的准确性，需要严格按照设备调试指导书进行作业，并且调试完成之后还需要进行测试，确保所有功能均已正常。如果调试质量得不到保障，会给运维成本带来巨大影响，尤其是不容易感知的配置错误。例如，充电枪的限流未成功，因为车辆需求电流的差异，测试时不容易被发现，运行过程中一旦遇到需求电流比较大的车辆，超过充电枪额定电流，就有可能导致充电枪过热烧毁。

从智能化角度，则需要考虑通过智能化系统减少调试的工作量甚至不调试。除了少量定制设备以外，充电网绝大部分设备功能基本一致，升级和配置均可以前置，在制造过程中完成，对于无法提前完成的场站绑定工作，也可以通过扫码等形式实现远程绑定，这样一来，对于某些场景调试节点甚至可以取消掉。

2. 试运行、交付节点

试运行和交付节点主要存在于安装单位和运营单位为不同主体的情形，用以保证运营单位利益。试运行是一个常用的电力术语，例如行业标准《±800kV及以下直流输电工程启动及竣工验收规程》（DL 5234—2010）中将其解释为系统调试完成后，将特高压直流输电系统投入运行，以考核直流系统的性能指标是否满足设计及合同要求。充电网中的试运行则指充电网设备调试完成后，将充电网投入运行，以考核充电网系统的性能指标是否满足设计及合同要求，试运行的期限一般是1~3个月。试运行阶段需要重点关注充电网设备功能的验证和质量的确认，做好运行记录。

交付主要是指安装单位和运营单位交接的过程，除了充电网设备以及竣工报告等必要性资料的交接以外，还伴随着责任的交接。此阶段交接双方除了需要关注充电网设备的完好性和资料的齐全性外，还需要做好记录，避免后续产生纠纷。

3. 维护节点

维护节点主要是对充电网设备进行周期性维护，以保证充电网设备的可靠性和寿命。相较于电力输配电设备，充电网设备需要周期性维护的部分相对较少，很多运营商会把巡视和维护合并在一起执行，巡视过程中对充电网设备所有关键项目进行检查，对于存在问题或者需要维护的部分进行维修和维护，从而减少人力资源的重复投入。巡视主要内容包括场站整体情况（包含场站环境、消防设施、辅助设施等）、设备情况和设备功能，维护的主要内容主要是灰尘的清理、防火泥的封堵以及传动部件的润滑。巡视和维护的频次受场站所处环境影响，一般分为月检、季检和年检。

从质量角度来看，维护节点和调试节点类似，必须保证巡视和维护的质量，才能有效提升设备运行的可靠性，延长设备使用寿命。

从智能化角度来看，虽然维护工作很难通过远程进行，但是部分巡视工作具备线上巡视条件，通过线上监控设备的各项运行指标来判断设备的运行情况；对于场站环境等无法通过运行数据巡视的内容，也可以根据场站摄像头采集的图片信息和 AI 分析，进行线上"巡视"。有了线上巡视结果，再结合大数据分析，就可以进行主动性和针对性的维护，一方面可以降低现场维护频次和维护工作量，另外一方面，也能降低设备的问题发生概率，延长设备使用寿命。

4. 修理节点

修理节点主要是对发生问题的充电网设备进行维修，问题来源主要是系统预警、巡视发现以及用户反馈，修理的时效和质量对客户满意度影响很大，行业内会根据问题的影响程度，确定修理的时效。

从质量角度来看，修理节点不仅要保证问题彻底消除，还要考虑时效要求，避免引起客户抱怨。问题彻底消除很重要，如果不能彻底消除，就会导致问题重复发生，治标不治本，不但会增加成本，还会引起用户的投诉。例如，软件类故障只做重启，虽然临时恢复，但是未能定位问题原因，也没有真正解决，在未来一段时间，问题必然还会发生。

从智能化角度来看，重点需要考虑问题的提前发现和处理，在问题发生之前或者发生之初、对用户充电产生影响之前就能消除问题，且远程消除最佳，从而实现主动运维。

5. 改造、更新、调拨、调整和报废等节点

改造、更新、调拨、调整和报废并不是运维阶段或者使用维护阶段的重要节点，如果从不同维度上去看全寿命周期，很多节点可能已经超出全寿命周期的范畴。例如从单个场站的角度来看，"调拨"如果是调拨进来，调拨的设备和这个场站有关系，如果是调拨出去，调拨的设备可能就和这个场站没有关系了。因此，全寿命周期管理至少需要从两个维度进行考虑，除了设备的维度以外，还需要考虑场站的维度，这样才能更加科学合理。

相较于调试、试运行、交付和维护等节点，改造、更新、调拨、调整和报废等节点是非关

键节点。在特定场景下，改造、更新等节点可能不会发生；或者从单个场站的维度看全寿命周期，调拨、调整等节点可能已经超出全寿命周期的范畴。虽不是关键节点，仍应保证对应节点的工作质量，并且也要有数字化、智能化的规划，尤其是数字化管理，能从很大程度上保证工作质量，提升工作效率，例如资产的数字化管理、调拨单的线上流转等。

除了上述内容以外，充电网全寿命周期运维模型还需要考虑安全事宜，需要严格遵照相关的法律法规和标准执行。

第三节　充电网全寿命周期运维的理想状态

通过上述两个章节的描述，基本有了充电网全寿命周期运维模型的轮廓，基于此可以想象到充电网全寿命周期运维理想状态，这里以几个运维常见场景的为例对运维的理想状态简单进行描绘。

充电网设备安装完毕，运维部负责人从运维系统内收到一条验收调试申请，运维负责人随即通过系统调取了场站安装信息，确认无误后，派发验收工单至运维工程师处。

运维工程师在接收到工单后，对场站信息进行确认，并通过运维系统查看安装工程师提供的项目信息以及关键验收点照片，确认无误后，验收通过，系统自动生成调试工单。

运维工程师根据安装工程师提供的设备二维码，绑定场站信息，并远程登录设备查看软件版本和配置情况，确认无误后，沟通场站安装工程师协调测试车辆，进行充电测试，测试完成后，调试结束，场站具备运营条件。整个过程，运维工程师无须抵达场站现场，全程远程操控即可。

场站上线后，智能运维系统实时监控场站运行情况。对于异常数据会进行大数据分析，从而确定预防性维护策略，推送维护工单至运维工程师处，并同步告知维护步骤和需要准备工具，运维工程师按照要求和指导在规定的时间内完成设备维护，通过主动运维避免了问题的发生。

如果场站运行过程中发生故障，第一时间通过远程工具进行修复，如修复成功，生成一条修复记录推送至运维工程师处，以便运维工程师知悉；如果不能自动修复，则生成工单推送至运维工程师处，同步告知问题处理思路和需要准备工具及备件，运维工程师按照要求和指导在规定的时间内完成问题处理。

通过充电网全寿命周期运维模型的构建和具体措施的落地，就可以实现上述的理想状态，并且随着技术的持续进步，上述状态也会持续"进化"，真正能做到充电网运维成本最低、运行质量最高，从而提升运营效益，高效助力新能源汽车行业的发展。

第二十九章

充电网运维体系和智能运维

为了保障充电网全寿命周期低成本、高质量运行，构建科学的充电网全寿命周期运维模型至关重要，但是运维模型更像一个蓝图，具体落地并发挥效果还需要依靠成熟的运维体系和智能化的运维系统。

第一节　充电网运维体系

成熟的运维体系是充电网全生命周期运维落地的基础，是把概念转换成具体工作的关键。运维体系的搭建一般会经历探索阶段、成长阶段和稳固阶段三个阶段。探索阶段主要是在行业发展初期，运维方向还不清晰，运维组织结构和技术体系也比较简单，工作对人的依赖性较高，缺乏标准化，效率也较低，容易出错。成长阶段主要是在行业快速发展阶段，运维方向逐渐清晰，组织结构和体系逐步完善，运维团队也开始引入智能化工具和标准化流程来提高运维效率和质量，巩固了运维工作的基础。稳固阶段主要在行业的成熟阶段，运维方向已经非常清晰，建立了完善的运维组织结构和标准化流程，运维业务的数字化、智能化水平以及运维的效率和质量越来越高，运维成本越来越低。

运维体系没有绝对的优劣之分，主要看能否满足业务需要，评价的标准一般是体系的充分性、适宜性和有效性。但是如何搭建运维体系？可以从以下几个方面考虑。

一、清晰的充电网运维目标

充电网运维体系首先需要明确运维的方向和目标，所有的工作均围绕方向和目标开展。充电网运维的目标就是保障充电网全寿命周期低成本、高质量运行，从而提升运营收益。具体来说，一方面要通过数字化、智能化的工具，在保障充电网的安全性、稳定性和可靠性的前提下，尽可能降低运维成本；另一方面还要关注用户体验，不断提升用户满意度。

二、专业的充电网运维服务团队

明确了运维业务目标以后，就需要搭建运维服务团队，支撑目标的落地。基于充电网海量分散分布的特点，大型的充电网运维服务团队的搭建要有总分的概念，总部负责赋能、支持、监督和管理，分部负责现场具体作业，总分可以是总部和分部，也可以是母公司和子公司；小型的充电网运维服务团队虽然无法设置总分，但也要有类似的分工，这样才能保障运维工作的高效开展。另外，无论是大型的充电网运维服务团队还是小型的充电网运维服务团队，无论是总部还是分部，只要是独立的运维组织就应设立唯一的负责人，主导组织工作的开展。

一个成熟的运维服务团队通常包括负责人、技术支持人员、服务管理人员、现场运维人员，其中现场运维人员数量最多，各自的职责具体如下。

（1）负责人：运维组织的第一负责人，对运维工作整体负责，组织协调资源确保运维工作安全、正常、可持续开展。负责人需要非常熟悉运维业务，且具备较强的财务分析能力、人力资源管理能力和质量管理能力等。

（2）技术支持人员：负责运维业务的技术支持，协助现场运维人员处理现场的疑难问题，接收新产品、新技术、新方法并转化、传递至现场运维人员，帮助现场运维人员提升技能水平，以及跟踪充电网新产品的验证、市场表现等。技术支持人员需要具备深厚的技术能力、较强的学习能力、沟通能力、根治问题能力以及团队协作能力等。

（3）服务管理人员负责流程优化、人员评价与管理以及其他的日常管理工作。服务管理人员需要具备较强的沟通能力、组织协调能力、管理能力、技术能力、数据分析能力和一定风险管理能力。

（4）现场运维人员负责场站的验收、调试、现场设备故障的分析、维修、反馈和跟踪以及日常的故障巡检。现场运维人员需要具备专业的技能和丰富的现场经验，以快速、准确解决现场各种设备问题。

除了上述人员以外，运维团队还有安全管理、质量管理等职责，可以视业务情况选择经过专业培训的人员专门负责，也可以兼任。

运维服务团队根据业务情况做好上述人员的搭配，通过强强联合、优势互补，为用户提供高效、专业、优质的服务。

三、稳健的充电网运维业务的支撑措施

基于充电网全寿命周期运维的概念，运维业务范畴主要包含了交接验收、调试、试运行、交付、维护、修理、改造、更新、调拨、调整和报废等节点，在充电网运行过程中，出现频

次最高的工作主要有交接验收、调试、维护、修理和改造，上述工作至少占到了运维工作的80%，属于运维业务重要的工作。关于各项工作的描述，详见第二十八章。

为了保障上述工作顺利开展，以下几方面的运维支撑性工作也必不可少。

1. 运维工具管理

运维工具是指在运维作业过程中能够提升服务质量和效率工具的总称，充电网的运维工具包括基础工具、专用工具和软件工具等。运维服务团队根据实际运维需求和运维人员数量配备适合的运维工具，制订相应的操作规程和注意事项等管理要求，并根据规定要求定期进行维护、保养、校准和检定，保证运维工具始终处于良好的工作状态，从而为运维工作提供稳定、高效的支持。

2. 备品备件管理

备品备件是做好充电网运维工作的关键因素之一，可以看作是运维工作的"弹药库"，能够保障充电站的正常运营，缩短设备停歇周期。备品备件的管理需要关注两个点，一是保证账实相符，避免备品备件丢失；二是保证备品备件数量合理，在满足需求的情况下，不过多地产生资金占用。保证账实相符，需要依靠数字化系统，数据代入，实现自动化记录、跟踪、预警等；保证备品备件数量合理，则需要依靠智能化平台，通过大数据分析，确认各类部件故障率，再根据市场存量确认备品备件储备数量。

3. 安全与应急管理

安全警钟长鸣，运维人员在作业过程中面临诸多安全风险和挑战，需要重点关注安全与应急管理。通过树立安全意识、制订运维安全规章制度，明确作业人员职责、操作规范、安全标准，识别危险因素和安全隐患，定期开展安全检查，加强安全知识和技能的学习等多种手段，可以有效应对安全风险或事件的发生，确保人员安全、设备安全和环境安全。另外还需要建立应急管理制度，提高运维人员的自我保护意识和应对能力，确保在紧急情况发生时能够快速、有效的应对，最大限度地降低影响。

4. 标准化、数字化、智能化管理

"质量为王，标准先行"，标准化和流程化是提升运维作业质量的基础，运维标准类文件包括管理类、流程类和技术类三个方面，尽可能涵盖运维所有工作。

管理类标准，是为了规范和优化运维工作而制订的标准，主要起到规范工作流程、明确人员职责、保证工作质量、提高工作效率、监督评估、预防风险、提供决策依据以及持续改进等多方面的作用。

流程类标准，是为了明确运维作业过程而制订的标准，通过明确各个运维任务的步骤和要

求，制订统一的流程机制，使得所有的运维工作都遵循同样的步骤和标准，避免人为因素导致的工作失误，提高运维工作的准确性和效率。

技术类标准，是为了统一的技术事项而制订的标准，本质是将技术知识转化为规范的行为，提高运维工作效率和运维工作质量。

管理类标准、流程类标准和技术类标准都有各自的应用范畴，根据实际工作科学合理地运用，建立协调高效的管理秩序。

标准化、流程化到了一定程度，必须考虑数字化和智能化，通过系统将标准、流程固化，通过数字化驱动业务运转，通过智能化高效完成运维工作。另外还需要考虑知识体系和专家系统的管理和建立，为系统提供充足的数据支撑。

综上所述，充电网运维体系的建设必须要有清晰的目标、专业的团队和稳健业务支撑措施，三者缺一不可。

第二节　充电网智能运维

如果说运维体系是充电网全寿命周期运维模型落地的重要支撑，充电网智能运维则是充电网全寿命周期运维模型的升华，能在更大程度上帮助运维业务脱胎换骨，在降本提质增效方面实现质的飞跃。

充电网因其智能化、数字化、物联化的特点，其运维工作也有别于传统电力行业，基于人工智能技术和大数据分析技术的智能运维必不可少，是实现预测性主动运维的关键，也是提升运维效率、降低运维成本的有效途径。

特来电在行业内较早建立起了完整智能运维系统，下面以此为例进行介绍。

一、什么是智能运维

大家应该都听过魏文王和扁鹊的故事，讲述的是事后控制不如事中控制，事中控制不如事前控制的道理。如果把故事中的病人替换为充电网设备，把大夫替换为运维工程师，从充电网全寿命周期高质量、低成本运行的角度出发，是不是都希望运维工程师达到扁鹊长兄的水平，在充电网故障发生之前就能排除掉，哪怕是能达到扁鹊中兄的水平也可以，在充电网故障发生之初、对用户产生影响之前就排除掉。但事实是，如果只靠人工运维，要达成扁鹊的水平已经非常困难了，能达到扁鹊中兄和长兄水平的更是凤毛麟角。既然不能靠人，那只能靠系统，充电网智能运维系统，通过智能运维系统实现预测性主动运维，在问题发生之前或者发生之初且对用户产生影响之前消除问题。

初步理解了智能运维的场景以后，结合充电网的特点，可以得出智能运维的定义，即通过新一代信息技术、智能控制技术和大数据技术的深度融合，形成设备层、控制层、管理层的纵向集成，实现充电设施无人值守、远程控制、状态监控、异常预警、故障诊断、自我修复和智能管理等。

充电网智能运维由智能化的充电网设备、稳定的物联网关、强大的大数据平台和成熟的运维体系构成，四者缺一不可。智能化的充电网设备实时采集设备运行信息，执行远程命令，是智能运维的基础；稳定可靠的物联网关上传设备运行信息，下达远程命令，是智能运维的支撑；具有大数据分析能力的云平台对设备信息进行监控、分析、预警、预测，并发出远程命令，是智能运维的核心；成熟的运维体系能保证智能运维系统搭建的合理性，做好人与系统高效协同，是智能运维的关键。

二、充电网智能运维的关键技术

1. 用于实现充电网设备实时监控的小微传感器技术

充电网像人的毛细血管一样，具有海量分散部署的设备，对充电网设备运行状态的判断离不开有效的监测手段。需要在充电网设备上全面集成具备测量、控制和通信功能的小微传感器，除了采集传统的电气信息外，还要采集温湿度等环境信息以及开关状态等状态信息。海量嵌入式微传感器需要具备自供电、自组网和自诊断能力，并广泛分布于充电网中形成微型传感网络。

基于小微传感采集的海量数据，经边缘计算聚合后传输至平台进行分类、分层、分维度处理和深度挖掘，准确诊断设备的健康状态，在发生故障前给出预防性维护策略。微型传感器的应用将给运维方式带来颠覆式的变化，使充电网感知能力成倍增强，让充电网更加透明。

2. 用于实现充电网设备的全寿命周期管理的数字化技术

实现充电网设备全寿命周期的管理，在数字化技术方面首先需要有完善的在线设备台账管理。准确、完善、更新及时的台账是用好、修好、管好设备的基础。设备台账管理用于输入、分类、整理设备信息，从而使设备维护管理系统用户（运维人员、设备管理人员等）能快速地查阅并输出设备台账资料。通过设备智能运维与设备台账管理的集成应用，当设备发生变化时（新增、更换、移除设备等），系统自动采集、上报最新的设备信息，并根据设备实际的数据结构，自动更新设备台账，从而确保设备台账"账实相符"，提升了设备信息的准确性；同时，系统也记录了设备变化的历史，从而可以追溯每个场站以及每个设备的历史变化情况。

其次，通过数字化系统集成，对涉及充电网设备的各种设备信息进行有效集成，按每个设备单件号构建其完整的生命周期记录。从设备最开始的研发、生产、制造、质检、试验、入库，到流通环节的出库、配送，到使用环节的安装、使用、报修、维修，到最终的报废、销毁，都进行完整的记录和管理。

最后，通过大数据分析技术，提供设备追溯功能，可以方便地追溯充电网设备和关键元器件的当前状态以及其历史生命周期记录，做到充电网设备的全面掌控。

3. 用于实现充电网设备故障预测和主动运维的大数据分析技术

充电网设备智能运维系统以海量智能小微传感器集为基础，通过高并发通信与处理架构的物联网数据桥接器，结合云平台流式处理与远程监控、大数据分析与预测技术，实现面向充电网设备远程运维的全维度数据监测、采集、上报、存储、处理、分析；并通过与设备台账管理、设备监控管理、运维工单管理等应用功能的集成，实现故障触发、实时监控、通知运维、运维处理、处理反馈的设备故障全寿命周期的追踪和闭环管理。

为提高运维工作效率和及时性，结合大数据、人工智能等技术，可以实现设备故障预测功能。故障预测是基于设备所采集到的海量实时监控数据和故障数据，采用大数据和人工智能技术，结合对设备的各种设计参数和技术参数的深入研究和理解，建立设备的多种预测模型，实现对设备故障、寿命等技术指标的预测分析。基于这些预测分析，可以实现充电网设备的主动运维，生成设备维护的最优方案，从而达到提高运维效率、节省运维成本、提高客户满意度等目的。

充电网设备故障预测的核心是设备故障预测模型，主要包含数据预处理、数据统计、创建模型、模型训练、模型校验优化等步骤，数据采集主要是通过边缘计算节点采集的各类智能终端和小微传感器上的数据，这类数据具有数据采集频率高，数据信息量大的特点。数据预处理需要将采集到的数据进行格式和标准的统一、非结构化数据的存储和建模等。因此需要对相关采集数据进行降噪并恢复丢失数据，这一过程又称为数据清洗。

大数据包含的属性数和记录数巨大，需要通过降低维度和特征选择来降低数据处理难度，进而进行故障分类与关联分析。

人工智能的训练模型可实现实时线上预测，并对预测结果进行校验对比分析，持续进行优化调整，形成一套完善的预测体系。

同样利用大数据特性，结合设备故障发生和修复特性，可下发修复策略给设备，设备收到修复策略后，对于一些能够自动修复的策略，通过自身的控制逻辑和部件等执行修复策略，在故障发生前或者故障时修复故障；对于一些自身无法修复的故障，给出告警信息，通过短信、网络等方式通知运维人员修复策略，由运维工程师按照修复策略进行修复。

4. 用于实现充电网设备远程维护的新一代控制技术

基于新一代的通信和控制技术，充电网智能运维系统可以实现设备的远程监视、远程控制、远程配置和远程升级，以保障充电网的可靠性、稳定性、先进性和适用性。充电网智能运维系统基于安全可信的信息通信技术，对充电网设备实时在线监视、在线控制，具备对充电设施的远程复位、远程配置、远程诊断的能力。设备各环节交互报文可远程获取，结合大数据技术，实现充电异常故障时自动保存实时断面，故障远程消除等远程控制功能，极大地提高了问题消除效率。现场设备和云端密切配合，报文按需自动记录、实时监测充电过程、智能监测和诊断异常状况、自动上报各类数据、精准通知给相关责任主体，提供智能分析工具，通过云边协同的方式，自动、精准、实时地记录各类异常场景和相关数据，实时或者准实时通知到运维和研发人员。

充电网智能运维系统可以实现对充电网设备远程升级，对设备版本进行群管群控，解决设备种类多、数量大、分布广的情况下，运维人员升级维护充电设备困难、版本杂乱等问题。远程升级需要支持标准版、定制版等不同版本，通过自动升级、半自动升级、手动升级等多种方式，实现整个升级过程无需运维人员干预，全部后台自动完成，并且自动识别设备状态，闲时升级，做到用户无感升级，并且整个升级过程可追溯。

5. 用于实现充电网设备运维策略制订的机器仿生技术

鉴于充电网设备海量分散部署的特点，为了控制设备运维成本，最大化运维效能，需要根据设备的运行环境、使用频次等情况制订针对性的运维策略，定期进行设备巡视和预防性试验。运维策略的制订非常复杂，且对人员要求极高，而依靠智能运维大数据平台机器仿生技术，即大数据平台模仿、学习运维策略人工设定的逻辑，自动生成更加合理的运维策略，可以有效解决这类问题。

基于大数据平台强大的监视、控制、管理和数据分析能力，智能运维系统可以掌握充电网设备运行的丰富信息，包括场站信息、设备信息、参数信息、环境信息、使用信息、故障信息、维护信息、更换信息、寿命信息和人员信息等，通过人工设定的规则，高效、精准匹配和确认设备运维策略。

运维策略确认后，智能运维系统除了辅助和监控运维策略的执行，还会进行自主学习，学习制订运维策略的逻辑，并在运行过程中不断改善，随着运行数据的不断累积，智能运维系统通过机器仿生技术，不仅可以校正人工设定的运维策略，还能自动确认可以动态调整的运维策略，更加科学、合理。

三、充电网设备的社会化运维生态

在充电网设备的运维成本分析统计中，人工成本和交通成本占据绝大部分。因此，要结合物联网技术充分考虑整合社会专业资源建立运维生态，降低运维成本、提高工作效率。

充电设备内的小微传感器形成了基础的泛在感知层，通过边缘计算初步处理后，经网络通信层传递至大数据处理的平台层，在平台全景反演出充电网设备的数字孪生模型。同时对模型进行运维状态分析，并通过互联网与社会上各项资源体系打通，使社会化资源参与到充电网运维工作中，实现充电网设备的社会化运维生态，如图29-1所示。

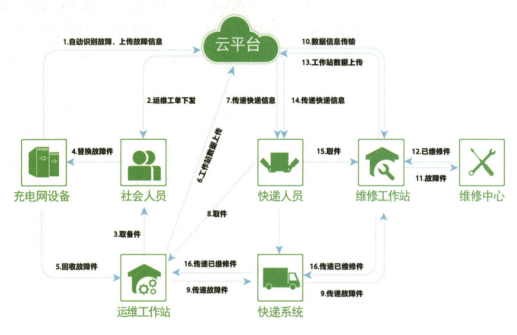

图29-1 社会化运维示意

在设备侧，通过标准化、模块化设计，充分运用"以换代修"的思维，将现场工作简单化，大幅降低现场操作专业程度，也降低了对专业人员的依赖程度，较容易实现社会人员托管，缩短现场检修的响应时间，提高现场维护效率。

在物流环节，和社会中完善的物流体系进行无缝衔接，共享社会资源，高效完成配件的配送，显著降低运维工作的人力需求。同时，在一定地域范围内建立集中的设备维修生产线，集中优秀的专业工程师，将设备维修工作进行专业化生产线处理，大幅提高维修效率和维修质量。

通过充电网智能运维系统实现社会化运维，进一步扩大了充电网生态，在为运营持续创造效益的同时，也可以反哺社会，创造很好的社会价值。

08

充电网生态

充电网在为新能源汽车提供能源补给之外，还可以发挥电动汽车的移动储能价值，与新型电力系统的融合，为电力系统提供灵活性支撑；并在人、车、网信息融合交互的过程中积累变现空间巨大的数据资产。通过构建广泛的朋友圈，电动汽车的生态价值潜力巨大，充电网面向能源、数据及多种服务的生态构建将是充电网后续的发展方向和价值所在。

第三十章

充电网融入新型电力系统和能源价值变现

充电网必须融入电力系统才能充分发挥其灵活性，避免无序充电给电网带来的巨大压力，还可以充分发挥其移动储能资源的作用，支撑新型电力系统中新能源占比快速提升。由于电动汽车的智能性并自带储能资源，使得电动汽车作为移动储能载体在运营调度方面的边际成本相对很低。随着电力市场的持续推进，借助有效的用户侧运营策略，有可能通过越来越丰富的形式为新型电力系统的安全、可靠、经济运行贡献其巨大价值，并获取相应的收益。

第一节　背景

以新能源占比快速提升为特征的新型电力系统面临着一系列的全新挑战，其中，新能源的间歇性、波动性带来的平衡问题是最突出挑战之一。新型电力系统中，虽然风、光新能源发电的直接成本已经很低，但是源、荷之间的时间不匹配，额外需要配置大量的储能等调节资源，极大地影响了新型电力系统的经济性，寻求规模巨大且成本较低的储能设施是新型电力系统发展过程中的迫切需求。如果仅依靠建设专门的储能设施，不管是传统的抽水蓄能还是新型电化学储能设施，成本下降的过程还会比较漫长。

补能是电动汽车的基本需求，电动汽车需要通过充电运营商提供的基础设施从电网充电，随着电动汽车数量增长，电网无法支持大规模电动汽车同时充电，而新能源大发时段又特别需要大规模负荷即时消纳，基于电网其他源、荷的平衡状态，优化电动汽车的充电安排，是充电网融入电力系统的基本要求。同时，动力电池在满足车辆出行需求的同时，有可能成为新型电力系统可以依靠的规模和成本优势突出的储能资源。

电动汽车的充电安排具有较高的灵活性，特别是个人乘用车一般可在一周时间内灵活安排充电时间，即使是出租车、网约车等运营车辆，一般也可在一天内灵活安排充电时间。随着电动汽车续航里程的提升和充电网的普及，这种灵活性越发明显。作为优质、柔性、灵活、可调节资源，电动汽车在一定限度内参与电网调节的边际成本几乎为零，充电网基于海量电动汽车的聚合，通过云平台、物联网、群管群控等技术实现电动汽车的分层调控，可以实现规模化电动汽车的调度控制。充电运营商还通过和电网进行互动，接收电网调控指令，真正融入新型电力能源体系，变为电网的可调节资源，为电力系统安全稳定运行提供支撑。结合电动汽车动力电池的放电，电动汽车将真正成为储能资源，通过智能化充放电管理并和电网安全高效交互，充电网可以实现和电网的灵活互动，通过提供海量的灵活性资源，成为未来以新能源为主体的新型电力系统强有力的支撑。

电动汽车提供灵活性的方式多样，基本的充电灵活性可以基于显著的价格弹性实现，可以通过调整充电价格引导用户的充电时间安排。图30-1展示了在同一个区域的两个公共充电站，分别采用分时价格和固定价格时的充电负荷曲线，可见充电负荷的价格弹性极高。

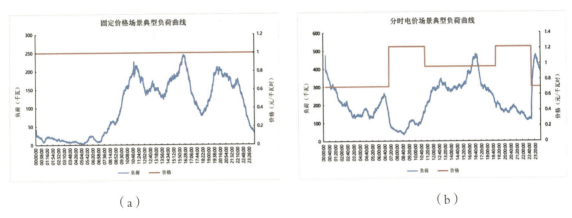

（a） （b）

图30-1 固定价格和分时价格用户充电负荷对比

关于充电网融入新型电力能源体系已经有较多地区进行了试点应用，产生了积极的效果。2023年国家发展改革委等四部门联合发布了《关于加强新能源汽车与电网融合互动的实施意见》（发改能源〔2023〕1721号），指出要加强车网互动顶层设计，明确到2025年，我国车网互动技术标准体系初步建成，到2030年，我国车网互动技术标准体系基本建成，力争为电力系统提供千万千瓦级的双向灵活性调节能力，车网融合互动的进程将进一步加快。

第二节 业务场景及价值

车网融合互动在时间和空间层面均可以发挥作用，由此衍生出不同的业务场景和市场，如图30-2所示。接下来将从用户侧的主动响应和市场化的交易两个方面分别介绍车网融合的业务场景及其价值，并对目前 V2G/V2X 概念进行介绍。

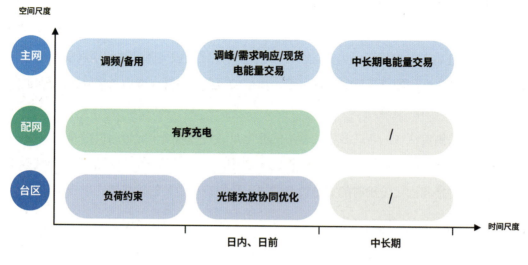

图30-2 车网互动业务场景示意

一、用户侧主动响应

1. 有序充电（配网台区）

前面已经提过，电动汽车无序充电可能导致配网台区变压器重过载，这在充电网建设时是时有发生的事情，轻则跳闸，重则变压器烧毁，造成较大经济损失和安全风险，由此催生了电动汽车有序充电。有序充电是指根据台区变压器的实时负载，自主调整充电负荷，确保充电负荷叠加其他负荷后不会导致变压器重过载，实际就是利用变压器的剩余容量来给电动汽车充电，一方面在供电紧张时能够让电于民，另一方面大大提高了变压器资产利用率，节省电力资产投资。

目前，有序充电场景在居民小区需求最迫切，一些小区往往因为变压器容量不够、扩容难而难以安装充电设施，针对这一问题，成都等地区通过充电运营商统建统营的方式来进行小区充电设施建设和运营，前提就是运营商要具备有序充电管理的能力，未来有序充电还将进一步在园区、商场等应用。

2. 削峰填谷（峰谷电价引导）

电力系统的发电和用电必须实时平衡，然而发电和用电均有一定的不可控性，于是就产生了电力的峰和谷，政府为了平衡峰谷差制定了峰谷电价引导用户削峰填谷。电动汽车车主一般对充电价格比较敏感，峰谷电价激励下用户会自发地在电价高峰时段少充电，低谷时段多充电，这样的引导很大程度上影响了用户的充电习惯，效果显著，并大大节省了用户的充电成本。

针对一些专用场站，例如公交充电站，电费是公交公司买账，公交公司同样想降低充电成本，于是充电运营商可以与公交公司合作，通过平台智能控制使车辆自动在电价高峰期不充电或小电流充电，在电价低谷期充满，由于专用车辆的电池容量大，且夜间（刚好是谷时段）长时间停放，因此这类车辆参与削峰填谷的经济效益更为显著。

3. 需求响应

需求侧资源通过用能调整能够缓解电网供电压力，促进新能源消纳，优化配置电力资源，需求响应是需求侧资源发挥作用的重要场景。2023年国家发展改革委等部门发布了《电力需求侧管理办法（2023年版）》，提出要积极拓宽需求响应主体范围，鼓励推广电动汽车参与需求响应，提升需求响应能力。目前，国内大部分省份出台了电力需求响应的政策，多在迎峰度夏、迎峰度冬时间开展，电动汽车通过参与需求响应可以获得高额补贴并缓解负荷高峰时电网供电压力，在社会用电紧张时让电于民。

二、电力市场交易

充电运营商聚合电动汽车资源可作为虚拟电厂参与电力市场，提供虚拟等效的电力电量支撑并获取收益。电动汽车参与电力市场，主要是指电力辅助服务市场、电能量市场中的现货市场以及容量市场。

1. 电力辅助服务

电力辅助服务是指为维护电力系统的安全稳定运行，保证电能质量，除正常电能生产、输送、使用外，由发电企业、电网经营企业和电力用户提供的服务，包括：一次调频、自动发电控制（AGC）、调峰、无功调节、备用、黑启动服务等。

电力辅助服务正在向多元化发展，公平透明、竞争有序的市场化辅助服务共享和分担机制正在形成，政策上也要求构建鼓励储能设备、需求侧资源（含电动汽车）等第三方参与的电力辅助服务市场。现阶段，电动汽车主要参与有功平衡服务中的调峰辅助服务，以日前申报、日内响应的方式提供调峰能力，但随着全国电力现货市场的建设，调峰辅助服务将逐步被现货取代。目前，部分区域电网调度机构正在联合充电网运营商探索电动汽车参与调频、备用等辅助服务，南网区域、江苏、浙江等电动汽车以虚拟电厂的形式参与调频辅助服务的市场政策均有出台。未来电动汽车还将进一步发挥移动储能的高性能调节能力，参与到电力调频、备用、爬坡等辅助服务中。

2. 电能量市场 – 现货

电能量市场分为中长期市场和现货市场，电动汽车能够发挥作用的主要是现货市场。电力现货市场即是指日前、实时的电能量市场，通过准实时的价格信号来对发、用两侧的市场主体行为进行引导并组织市场化交易，以发现电能在不同时空的价格并使发、用两侧达到最优的运行状态。2023年，国家发展改革委、国家能源局发布了《关于进一步加快电力现货市场建设工作的通知》（发改办体改〔2023〕813号）提出要让虚拟电厂、负荷聚合商等新型主体在削峰填谷、优化电能质量等方面发挥积极作用，充分发挥其调节能力，更好地适应新型电力系统需求。

电力现货价格信号连续刺激下用户充电行为趋向价格低谷时段，一方面降低了用户出行成本，有利于电动汽车产业发展；另一方面价格低谷可能是新能源电力大发所致，有效地促进了新能源消纳利用，实现新能源车充新能源电。

3. 容量市场

为保障在用电高峰或紧急情况下供电能力，发电能力需要一定的冗余，这就催生了容量市场。容量市场是一种经济激励机制，使发电机组或等效的需求侧资源能够获得除电能量和辅助服务市场外的稳定收入，以鼓励机组或虚拟电厂建设。电动汽车大部分情况下是长期停放的，例如公交车、物流配送车等专用车辆夜间停放，企事业园区的车辆白天大部分时间停放，居民小区的私家车夜间、周末会长时间停放，这些时候电动汽车的电池就成为储能设施，在电网需要时提供等效的发电能力来参与到容量市场。

2022年国家发展改革委、国家能源局印发《关于加快建设全国统一电力市场体系的指导意见》，提出探索容量市场的发电容量成本回收机制，考虑近年来我国电力保供面临的新挑战，容量市场未来也会在我国出现，届时电动汽车作为储能的价值将进一步展现。

三、V2G&V2X

车网互动（V2G, Vehicle to Grid）概念由来已久，初衷是打通电动汽车与电网的界限，使电动汽车电池作为电网的调节资源，现阶段在我国V2G主要指双向充放电能量互动的场景。

V2X则意指电动汽车可以连接到其他场景，电网（Grid）是典型场景，除电网外，电动汽车可连接到家庭（V2H, Vehicle to Home），试想家里突然停电后，电动汽车可以提供临时的电源，或者在电价低时充电，电价高时放电来节省家庭用能成本；可以连接到楼宇（V2B, Vehicle to Building），车主夜间在家里充低价电，然后到园区高价卖给园区用，实现充电免费甚至还可赚钱；可以连接到微电网（V2M, Vehicle to Micro-Grid），此时电动汽车作为微网中的储能要素，根据系统运行情况提供电力支持，并在电压稳定、需量控制方面发挥作用。实际上，随着分布式新能源的推广建设和电动汽车的普及，越来越多的充电场站、商场、园区将形成微电网，这种形式的微电网仍然以大电网为主要电能来源，但通过电动汽车和其他储能形式及分布式新能源，将极大提高用能的经济性和低碳性。

第三节　实践进展与探讨

目前国内无论是电网还是充电网运营商对于电动汽车参与电网互动已经开展了一些示范应用，取得了显著效果。接下来列举几个典型案例供读者参考。

一、国内车网互动的典型案例

1. 华北调峰辅助服务市场

华北电网第三方独立主体参与调峰辅助服务于 2019 年 12 月 12 日开始在京津唐电网正式结算运行，这是国内最早将负荷侧资源纳入电网调峰的辅助服务市场。华北通过市场引导电动汽车改变了充电功率和时间，在后半夜市场出清价格较高时段即电网调峰困难时段多用电，有效参与了电网调峰服务。根据公开资料显示，京津唐地区电动汽车可提供的总调峰能力约为 280 万千瓦，国网电动汽车和特来电在第一个交易季开始就试点参与了华北调峰市场，提供调峰电量超 7000 兆瓦时，是优质的可调节资源。然而，电动汽车参与调峰也存在基线难核准、充电负荷是否在运营商之间转移而没有发挥实质调峰作用等问题，在后续市场开展中一定程度上阻碍了电动汽车参与，需要后续进一步探索市场考核机制。

2. 上海需求响应

上海市很早开始组织负荷侧资源参与需求侧响应，并一直在努力扩大非工业可控负荷，随着电动汽车数量不断增多，其作为需求响应资源的价值日益突显。2019 年以来上海持续开展电动汽车参与需求响应试点，参与类型包含公共桩、换电站和私人桩，其中公共桩包括国网电动、特来电、星星充电等运营场站，主要在迎峰度夏、度冬阶段开展削峰响应，在节假日等负荷低谷时段开展填谷响应。上海需求响应采取年度竞价的方式，日前削峰响应的竞价结果普遍在 3 元 / 千瓦时左右，日内和实时响应会有更高的响应补偿，电动汽车参与需求响应削减负荷能够得到不菲的补贴，并有效缓解了冬夏季负荷高峰期电网供电压力。

3. 深圳虚拟电厂

深圳市于 2022 年 8 月成立了深圳虚拟电厂管理中心，接入分布式储能、数据中心、充电站等负荷资源，在电网尖峰负荷时段，分别针对深圳整体尖峰负荷、变压器过载、配网馈线过载等场景开展负荷调控，2023 年共接入特来电、泛美能源、小桔能源等 13 家负荷聚合商主体参与，聚合商通过自动降低其充电设施、建筑楼宇等用电负荷，帮助局部地区供电设备减轻负担，提升用电可靠性、稳定性。目前，深圳虚拟电厂管理中心在国内累计接入负荷资源超过150万千瓦，据了解，其中主要提供调节能力的为电动汽车资源。另外，深圳虚拟电厂管理中心正在联合特来电、蔚来汽车等探索电动汽车参与电网调频应用，结合 5G 技术，电动汽车作为移动储能的价值将进一步凸显。

二、充电网车网互动实践进展

充电网作为连接电动汽车和电网的节点，是实施车网互动的主要载体，国内主要充电网运营商在车网互动方面开展了较多的探索和实践，其中特来电作为充电头部运营企业，很早就开始了车网互动方面的研究和应用，并持续拓展应用规模和应用类型。

2017 年，特来电升级了云平台和充电设施之间的通信协议，以更好地支持云端对终端的充放电功率调节，为车网互动打下基础。2019 年，特来电作为首批主体参与了华北调峰辅助服务市场，通过电网控制测试，控制指令从华北调度系统发出，特来电平台收到指令后完成校验和下发，最终成功控制充电终端的功率，这可能是国内第一次电网对电动汽车充电的控制。

后续，特来电和国内多家网、省、地级电网调控中心 / 负荷管理中心进行互通，广泛组织电动汽车参与电力需求响应、辅助服务市场，部分地区如山东也开始了现货电能量交易，获得一定的市场收益，电动汽车作为灵活性资源融入新型电力系统和新型电力能源体系的价值初步显现。未来，特来电还将进一步拓展车网互动的创新应用，为电力系统提供调峰服务、备用容量、频率支撑、虚拟惯量等，电动汽车作为新型电力能源体系中不可或缺的要素，为电力系统的安全稳定运行做出积极贡献。

充电运营企业还积极参与了车网互动相关标准编写，牵头或参与车网互动示范项目，为推动我国车网互动进程发挥作用。

三、车网融合互动难点

尽管电动汽车与电网互动已经开展了很多应用实践，但是电动汽车作为灵活性资源的潜力还远远没有发挥出来，需要在通信安全、市场机制、用户激励、数据开放等方面继续完善。现就其中比较关键的问题展开探讨。

1. 通信安全与性能

二次调频、备用、爬坡等绝大多数辅助服务，要求充电运营商必须接受电力调度机构的高频、实时调控。充电运营商等主体多基于互联网云服务构建运营系统，按照电网企业目前的网络安全技术要求，必须经正反向隔离装置等专用网络安全设备接入调度自动化系统，成本高昂，调试周期长，需要在网络安全和性能上寻找平衡点。另外，目前充电运营平台与电网平台互动的通信协议没有实现完全标准化，加大了充电运营商接入电网的难度。

2. 市场机制

负荷侧资源参与电力市场，需要完善的市场机制。针对计划型的需求响应和调峰辅助服务，通过基准线来认定用户的实际调节量，目前一般的做法是取相似日的平均功率作为基准线，难以代表响应日的实际走势，往往导致市场主体难以获取预期的收益，甚至部分市场主体可能存在提前"创造"基线的投机行为。另外需求响应、辅助服务和现货市场的衔接也是问题，用户提供了一份调节能力可能获取多份收益显然是不合理的，或者由于因为参与辅助服务市场提供调节能力给电网做了贡献却导致能量市场偏差罚款也不合理，各个市场之间需要进行有效衔接。另外市场的注册、结算等流程尚无统一的标准规范，也不利于市场组织和主体参与。

虽然目前在市场机制上确实存在种种问题，但负荷侧尤其是电动汽车参与电力市场尚处于探索期，相信随着市场建设的不断完善和相关标准出台，充电运营商会有更好的市场环境。

3. 运营和用户引导

充电运营商参与电力市场的报量报价、提供性能稳定的灵活性调节能力，必须实现对大规模电动汽车聚合后可调节能力的量化评估，然而在不加干预的自然状态下，用户行为具有不确定性，对用户充电功率进行调节也难以实施。充电运营商需要探索用户运营的新模式，引导用户参与到互动中，让用户接受在满足其充电需求前提下接受调度，并给用户一定的激励。另外，用户对电池安全的关注也不可忽视，主机厂应在车辆的保修条款上进一步明确针对电池的保修政策，让用户更放心地参与互动。

4. 数据开放与共享

充电运营商和电网要进行能量的互动，必须首先进行信息的互动，电动汽车给电网提供支撑的前提条件是知道电网的调节需求。一方面，目前充电设施和电网分区之间没有关联性，运营商不清楚自己的充电站在电网的哪条线路上，自然无法进行精准的响应；另一方面，在配电网层面运营商开展有序充电时，常常无法及时准确地获取到台区变压器的剩余容量，往往采取表后加装采集装置的方式，造成资源浪费。如果电网能够开放一定的非敏感信息给充电运营商等负荷侧市场主体，运营商和电网的互动将更为高效便捷。

第四节　常见误区

在既往的交流中发现，不同领域的人员对于电动汽车与电网互动的认识都还存在一些偏差，特将典型的误区进行梳理解释，供读者参考。

一、电动汽车资源分散，充电随机性大，无法和电网进行有效互动

负荷侧资源均比较分散，需要通过聚合形成虚拟电厂，充电网能够实现充电设施的聚合管理，聚合后一定范围的充电负荷是可预测的，电网无须关注某个电动汽车的充电情况，而是把聚合后的整体视作一个控制对象，由运营商平台根据实时的充电情况自主进行控制的分解和执行。这实际上就是虚拟电厂的概念了。

二、充电相较于换电场景没有多少调节能力

电动汽车充电时可以通过价格引导、负荷调节等手段来提供调节能力，在车辆长时间停放时车辆可作为储能电池使用，调节空间很大，随着私家车辆增多，电动汽车大部分时间将处于停放时间。反观换电，直观上感受电池可以作为储能使用，但实际情况下换电运营商的电池储备有限，且电池经常要充满电备用，反而调节空间受限。

三、电动汽车参与车网互动对电池寿命有影响，导致用户无法接受车网互动

电池存在充放电循环寿命，同时存在日历寿命，二者均是有限的，对于普通乘用车来说，日历寿命内循环寿命有很大富余，车网互动实际是用车辆富裕的循环寿命来跟电网互动并赚取外快，这种能力的边际成本为 0。试想一下，如果您电动汽车的电池日历寿命 10 年就会耗尽，而此时循环寿命才用了 1/6，您会用它来赚取外快吗？

第三十一章

充电网大数据资产化和数据价值变现

充电站运营过程中将积累大量的数据，这些数据在充电站产品迭代、投资建设、运维和运营的整个过程里将发挥极为重要的作用，与此同时，伴随数字经济的发展，充电网大数据作为工业互联网数据的重要组成部分，正在产生更多新的价值。

第一节　数据资产和充电网大数据资产

数据资产是组织合法拥有或控制的、能进行计量的、为组织带来经济和社会价值的数据资源。在数字经济的大背景下，数据资产化旨在通过数据流通与交易最大化释放数据要素的价值。

近年来，政策助推，数据资产化的进程不断加快。2019 年，党的十九届四中全会首次提出把数据纳入生产要素范畴；2022 年，党中央、国务院印发《关于构建数据基础制度更好发挥数据要素作用的意见》，为数据要素市场建设提出了指引；2023 年，国家数据局成立；2024 年1 月正式实施的财政部文件《企业数据资源相关会计处理暂行规定》，为数据资产入表提供了依据，也显著提升了大众对数据要素的认知。

数据要素的价值体现在其所蕴含的信息和洞见上。过去，数据主要用于帮助组织做出更明智的决策，发挥的更多是内部使用价值。随着数据市场的建设和发展，数据将来会进入市场交易，创造更多外部的、更直接的商业价值。工业和信息化部网络安全产业发展中心发布的《数据要素市场生态体系研究报告（2023 年）》中的数据显示，2017—2022 年中国数据要素市场年均复合增长率超过 25%，2025 年市场规模将突破 2000 亿元。

充电网大数据是伴随着电动汽车充电行业的发展而产生、积累和不断演进的，其数据规模随电动汽车市场的爆发实现了巨大的跃迁。同时，电动汽车车主的结构变化、电力市场化改革、充电技术路线的持续迭代带来了用户充电行为的多样化、单一充电到光储充放运营场景的多维化、市场上充电产品代际的多样化等变化趋势，这种变化，让充电网的数据维度越来越丰富，进一步提升了数据的丰富程度。

第二节　充电网大数据的来源和分类

充电网数据具有规模大、类型丰富和实时更新等特点。为了对充电数据有效利用，即把原始数据加工成为高质量的数据资源，进而开发成高价值的数据资产，有必要先对充电网大数据的来源和所包含的内容进行梳理。

充电网大数据一般有三个来源。

（1）企业合法拥有或控制的充电网运营数据：如电池数据、充电设备功率情况、运维日志、充电日志、配套设施运行情况、用户充电行为数据等。

（2）公共公开数据：如天气、充电站的经纬度、日期和节假日、电价的尖峰平谷时段等。

（3）交易平台或合作企业间供给的数据：如电动汽车数量、充电场站周边情况等。

电动汽车在充放电的过程中，随着能量的流动，数据也在进行高频的交互。在总结充电网数据所包含的内容时，可以有多个分类维度，但是以数据资产化和数据价值变现为目的，基于充电网的运营生态，充电网数据可归纳为以下五类。

（1）充电系统数据：基于变配电和充电设备产生的动静态数据。包括充电系统的型号、数量、功率信息等。

（2）场地及配套数据：基于充电站所处位置、规模、场地上配套设施等产生的数据。包括场站经纬度、周边环境、交通情况等，以及配套设施如停车位、广告牌、摄像头、道闸和地锁等服务设施。

（3）能源系统数据：涉及充电所使用的能源类型和能源供应情况，例如电力来源、电力成本、充电站的能源效率等。

（4）车和电池数据：如车型、电池容量，以及电池的充电状态、健康情况等。

（5）用户数据：涉及用户的充电行为、充电偏好等，是充电服务个性化的重要依据。

以五大类数据为主干，通常每个类别下需要建立多级子类别和更丰富的数据标签。通过不同数据要素的组合，可以在场地选址、智能运维、智慧运营、用户个性化服务、电池充电安全防护等多个场景的业务中得到应用。

第三节　充电运营企业的数据资源化和资产化

数据资产管理包含数据资源化和数据资产化两个过程。充电网数据的资源化是指经过一系列的业务管理和技术手段，将充电网原始数据整合成有使用价值的数据资源的过程。充电网大数据的资产化是一个商业过程，是指将数据资源转化为经济和社会价值的过程。从原始数据到实现数据资产化，绕不开两个课题：一是技术，二是数据合规与安全。

一、技术

大型充电运营企业，数据资源化和资产化的过程一般是通过数据中台实现的。数据中台主要包含数据资产的规划和治理、数据资产的获取和存储、数据的共享和协作、业务价值的探索和分析、数据服务的构建和治理、数据服务的度量和运营以及数据安全。通过对企业内外各种数据的整合、处理和分析，形成全面、统一的数据资产体系，为企业提供决策支持、业务优化和创新发展的基础，实现充电网业务数据化、数据资产化、资产价值化。

二、数据合规与安全

为了保障数据及其应用过程中的运营合规、风险可控和价值可实现，从实践方面，充电运营企业至少需要从六个层面加强数据合规与安全治理。

（1）组织层面。需要建立专门负责数据隐私合规的信息安全工作小组，明确网络安全负责人、数据安全负责人等。

（2）应用层面。应当能够识别个人信息，并进一步识别敏感个人信息，在基于隐私协议同意的基础上，满足监管的合法、透明、必要原则。

（3）制度层面。需要按照《网络安全法》及《个人信息保护法》的相关规定，制定并落实个人相关隐私政策，和明确的个人信息保护管理制度，对于个人信息收集、存储、合规管理、影响评估、主体行权、数据审计等有完备、恰当的全流程数据安全管理制度。

（4）数据存储层面。需要将个人信息敏感程度分类分级，标准化、流程化、制度化，规范个人信息存储操作，根据个人信息的处理目的、处理方式、个人信息的种类以及对个人权益的影响、可能存在的安全风险等，采取相应的加密、去标识化等安全技术措施。

（5）安全响应层面。需要制定《信息安全事件管理制度》《信息安全组织机构与应急预案》等应急响应制度文件，并定期开展数据安全教育培训，定期组织应急演练，防范数据安全风险。

（6）安全技术层面。充电运营企业需要通过加密技术、访问控制、备份恢复、安全审计、防火墙与入侵检测以及安全软件和更新管理等多重手段，确保数据的机密性、完整性、可用性和可追溯性，从而全面保障数据的安全。

由于技术水平、治理水平等的差异，不是所有充电运营商，都能顺利地将原始充电数据，转变成有价值的数据资源。不同规模运营商或平台之间因为下述差异，通常会造成其数据资源价值的巨大差距。

（1）数据规模和数据的丰富性。不同充电网平台之间因为业务规模、业务多样性的差异，导致其在充电数据规模、数据种类，以及数据标签丰富度上存在不小差异，影响了数据挖掘的空间。

（2）数据的质量。数据质量，既取决于数据来源的最前端业务管理质量对数据合格情况的影响，也受制于企业数据存储、数据安全管理的有效性。

（3）数据处理能力和迭代更新的及时性。原始数据不具备太高的价值，只有经过加工，变成携带信息的数据资源，才有应用价值；数据及时迭代更新，方能支持数据的动态应用。

表31-1总结了不同规模、不同类型的充电运营商或平台，在充电网大数据资源化方面的主要差异。

表31-1 不同充电运营商或平台数据价值的差异

序号	比较维度	大型运营商	中小运营商	主机厂	政府监管平台
1	充电网数据规模	规模领先	业务规模次之	本品牌数据	规模不一
2	充电场景覆盖度	公交、公共、物流、小区、企事业园区五大场景	公共场景为主	公共场景为主	场景丰富，但缺乏分类
3	充电站区域覆盖度	全国	部分省、市等区域范围	一线城市为主	本省或本市
4	车辆品牌覆盖度	所有品牌	所有品牌	本品牌	所有品牌
5	充电网大数据技术研发周期	5~10 年	2~3 年	2~3 年	不等
6	数字化支撑系统	一般都是自主研发	购买第三方或SaaS 应用为主	自主研发 / 购买第三方应用	SaaS 应用为主
7	数据安全与合规治理	经验较多	经验不足	经验较多	经验较多

由于以上差异，大型充电运营商在数据资源化和资产化的能力方面存在明显优势。大型充电网运营商一般具备数据生产、数据加工和数据应用的能力，容易打通从原始数据到数据资产变现的整条路径。中小型充电运营商，和其他类别运营商，在数据加工、数据应用方面存在一定的短板，在充电网数据市场发展的过程中，需要借助外部技术和服务的力量，打通数据资源化和资产化的通道，或者积极参与数据市场交易，将所合法拥有或控制的数据以原材料的方式

转让给数据加工平台或产品平台，从而分享充电网数据发展的红利。

第四节　充电网大数据价值变现

实现价值变现的充电网大数据有两种形式：一种是脱敏后的合规数据本身，另一种是以大数据和算法为基础设计开发的数据产品。

目前，充电网大数据的价值变现起步不久，对于数据的变现方式、变现路径还处在探索中。本节通过国内运营商特来电的实践经验，尝试探讨充电网大数据价值变现的路径，希望给读者带来一些启发。

特来电通过"数据 + 算法""数据 + 标签""数据 + 场景"的设计思路，初步设计了几类数据产品，满足不同客户对于充电网数据和数据派生产品的需求，尤其在"安全"这个场景下，做了大量的探索。

一、数据类产品

特来电开发了数据共享平台，这是面向科研机构、咨询机构、政府、高校等对充电网数据有需求的客户，提供的一种安全、合规、合法的数据合作方式，通过这种方式，特来电和客户一同充分挖掘新能源充电场景下各种数据的潜在价值。客户在共享平台部署算法模型，通过在特来电智慧大脑系统上的运行分析，获得算法模型的计算结果。通过这个方式，不但能充分满足客户对于数据的需求，同时能有效保障充电用户的隐私安全。

二、安全类产品

1. 电池充电安全防护服务包

车辆起火是充电运营行业的一大痛点。电动汽车充电过程中的火灾事故具有突发性、损失严重性、责任难界定等问题，一旦起火，将对充电场站造成严重的经济损失和口碑损失。保证车辆充电安全，避免充电场站内车辆起火是所有运营商的重要工作。

面向解决充电运营商对起火风险车辆的识别和防护需求，特来电开发了充电安全防护服务包产品，以"可见"和"可控"为功能核心，通过大数据技术，对正常车辆充电过程提供实时的保护，对高危车辆进行有效识别、实施充电控制甚至进站拦截，对热失控风险及时进行预警，并结合特来电多年积累的事故应急处置经验，帮助其平台上的充电运营主体安心经营。

特来电的电池安全防护相关技术通过了中电联的成果鉴定和中汽研的测试验证，经过了广大客户的应用实践检验，经过近10年的持续优化后，该产品已具备成熟应用和商业化的条件，既可以在特来电平台上应用，也可以满足自有平台客户定制的需求。

2. 特慧看 AI BOX

特慧看产品专门为无人值守场站打造，它利用场站上已有的视频监控设备，使用图像识别技术，实现充电站安全事故识别和预警。该产品基于特来电长期运营经验，基于实际可能发生的各类安全风险及事故事件进行学习训练，对于高频、后果严重的风险能够进行主动识别和重点监控预警。

特慧看产品的核心是基于充电站特定场景下的长期监控影像训练出来的图像识别算法。它有两个特点。一是专注于充电站场景下的风险识别，对于充电场站风险识别特别有针对性。举例来说，同样是火灾识别，不同场景下训练出来的火灾识别算法并不一样。二是它与电池充电安全防护平台功能组合联动，能够将各类异常事件精准告警，迅速传达给场站管理人员，提高安全事件发生后的响应速度和处置效率，将损失降到最低。图31-1展示了特慧看在充电站的工作机制。

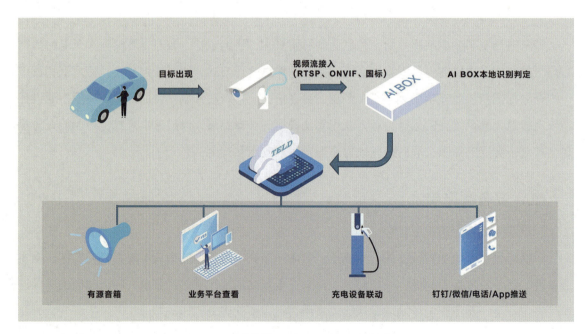

图31-1 特慧看在充电站的工作机制

3. 电池卫士

电动汽车电池在充放电过程中产生日积月累的损耗，电池健康关系到车和人的安全，对电池动态性能的监测和及时掌控，成为越来越多司机的诉求。基于此，特来电专门打造了电池卫士产品，帮助车主了解自身汽车电池的健康情况。该产品同时还有电池估值功能，为用户参与二手市场交易提供价格参考。

特来电提出了充电即检测（CAT，Charging as Testing）的理念，通过专门的数据模型，实现了电动汽车边充电、边做电池检测的功能。

通过整合充电过程中收集的电池数据，依托数据算法，可以全面分析电池的剩余容量、安全级别、电池一致性和当前参考价值等关键信息，帮助车主掌握电池的损耗情况以及电池放电续航能力、电池在充放电过程中的安全情况、电池包内部各个电芯的健康状态等信息，基于此可进一步估算电池按照市场回收行情估算的价格。车主使用电池卫士产品后，能够系统化、可视化地全面了解车辆电池的健康状况和潜在问题。

三、消费类产品

特来电通过用户标签和精准运营，积极打造服务于新能源车主的消费生态服务平台。

特来电正在探索，为通过充电网链接的工业互联网和能源互联网下的用户提供更好的绿电消费和其他绿色消费。基于特来电高效运营体系和精准用户经营能力，通过平台链接 C 端、B 端、P 端和 G 端的多方伙伴，努力成为最懂车主需求的充电服务提供商和充电消费生态提供商。

新能源汽车充电网大数据是一座亟待挖掘的金矿，其资产化和价值变现的探索才刚刚起步。随着国家数据要素市场化进程的不断推进，充电网大数据的应用将更加深入，价值也会日益凸显。对于充电运营企业而言，需要持续推进数据资源化和资产化，并探索出符合自身特点的价值变现路径。面向政府监管，充电网大数据在支撑智慧城市建设方面也发挥着重要作用，随着充电网数据规模的扩大和数据应用的深化，必将对城市发展和民众生活产生深远影响。电动汽车充电网大数据将成为推动社会数字化、智能化、低碳化和高质量发展的重要驱动力。

第三十二章

构建电动汽车和充电网生态朋友圈

能源，是驱动文明前行的动力，而汽车，则是展现时代进步的标志。在能源革命与汽车工业革命交汇的当下，我们迎来了一个充满无限可能的未来。充电网运营商与车企的紧密合作，正推动着电动汽车的普及与充电网络的建设。他们共同探索最佳的补能方式，优化用户体验，提升运营效率，让每一次充电都成为一次愉快的体验。充电网不仅仅服务于汽车，更融入了多元的商业场景。运营商们基于自身的优质生产要素，不断创新商业模式，拓展非电类增值服务，为企业的盈利打开新的大门。行业中的主流运营商已通过"充电+X"的多样化场景，打造了一系列创新产品和服务，让用户在充电的同时，也能享受到更多即时服务。同时，充电网运营商也在积极寻求与多行业生态伙伴的合作，共同突破原有单一业务场景，提升应对电动汽车规模化、智能化发展的服务灵活性与多样性，实现多方共赢的生态价值。在这个变革的时代，我们将跟随充电网运营商的脚步，深入探索这一生态链的各个环节，共同见证一个更加绿色、智能的未来社会的崛起。

第一节　充电网助力电动汽车高质量发展

充电网不仅能够为电动汽车提供基础补能，充电网运营商通过与车企的紧密合作，构建电动汽车和充电网生态朋友圈，能够面向不同车企多样化需求提供个性化专业化服务，助力电动汽车高质量发展。

一、新能源车企补能合作方式

多样化的充电方式才能真正解决用户充电焦虑，提升电动汽车车主的充电便利度。从私人建桩、私桩共享、社区共用桩，到目的地充电、公共快充、大功率超充，新能源汽车的充电补能正在从不同的场景切入，以更加灵活多元的方式解决用户补能焦虑。为了提升用户补能体验和更好的品牌传播，新能源车企打造多样化的专属补能方式吸引更多客户购车，主要包括车主专属权益、互联互通、品牌合作、充电网络共建等多种形式。

1. 车主专属权益合作模式

车企通过购买充电卡券发放给客户，客户可在充电网运营商 App 内享受一键导航、预约充电、即插即充、免密支付等专属权益。车企通过为车主提供高性价比的充电权益，来满足用户充电需求，也成为一众车企现阶段重要的营销手段。这种模式能够充分利用现有的充电网络节约车企建设成本，扩大服务范围，满足车主就近充电的目的，实现车网互动。

2. 互联互通合作模式

车企和充电网运营商的线上平台可以相互对接，让用户能够在车载导航系统或移动应用上实时查找和预约充电服务，增强用户体验；同时整合资源，提升整个充电网络的使用效率。这种模式有助于提高充电服务的覆盖面和便利性，满足用户的充电需求。

3. 生态共建模式

越来越多的车企和充电运营商选择合作共建充电站，充分发挥各自优势，建设车企品牌充电网。充电运营商根据车企需求提供场地选址、工程建设改造、场站装修、终端定制、专属车位、专属客服、运营运维等个性化服务，同时部分品牌配备光储充微网、V2G 模式等，在车网互动方面进行积极探索。这种模式在满足客户补能需求、提升客户补能体验的同时，也强化了车企品牌影响力。图 32-1 展示了宝马和充电运营商共建的品牌充电站。

图32-1 宝马品牌充电站

同时，也有车企自建充电网络，但是随着公共充电网络的快速发展，自建充电网络的车企已逐渐放缓自建节奏，车主也开始选择在车企自建充电网络以外的地方补能。

二、新能源车企补能战略对运营商的影响

新能源车企的充电补能战略对充电网运营商产生了深远的影响，体现在以下几个方面。

1. 市场需求增长

新能源车企在产品研发阶段就会考虑车辆的续航里程和充电便利性，这直接影响了充电网的布局和需求。例如，快速增加的新能源汽车保有量要求充电网运营商加大投入，扩大公共充电网络的覆盖面和密度，这为充电网运营商提供了巨大的市场机遇。

2. 合作拓展网络

车企可能直接或间接参与充电网络的建设与运营，如蔚来汽车通过建立自营换电站和超充网络来提升用户体验，这对第三方充电网运营商来说，既是竞争也是合作机会。部分车企可能会选择与运营商合作共建充电设施，共同拓展市场。

3. 服务模式创新

随着车企对补能服务的重视，车企可能会推出包括充电服务在内的一系列增值服务，如预约充电、移动充电等，市场竞争加剧，促使传统充电网运营商优化服务、提升服务质量，同时探索新的盈利模式，如广告投放、会员服务、大数据分析等附加价值业务。

4. 政策导向与补贴影响

政府对新能源汽车产业的支持正在从购车环节的补贴等支持逐步转向对充电基础设施建设与运营的支持，这种转变有利于充电网运营商获取更多政策支持，同时也促使车企更加重视充电设施的配套建设，双方在政策引导下将形成合力推进充电网产业发展。

总之，新能源车企的充电补能战略对充电网运营商来说，既带来了发展的机遇，也带来了可能的竞争和挑战，使得充电网运营商必须不断创新和完善自身的服务和运营模式，以适应市场的变化和需求。

三、新能源车企与充电网运营商的未来合作方向

新能源车企和充电网运营商之间的商业合作模式未来发展方向可能会呈现以下几种趋势。

1. 深度合作协同发展

新能源车企和充电网运营商之间的合作将更加紧密，例如通过股权投资、战略联盟等方式实现，使双方在产业链上形成更加完整的闭环。新能源车企可以提供车辆和品牌优势，而充电网运营商则可以提供充电设施和运营经验。这种合作有助于双方更好地发挥各自的优势，推动新能源汽车市场的发展。

2. 数字化与智能化升级

随着物联网、大数据、人工智能等技术的应用，充电设施将变得更加智能化，与新能源汽车的信息交互更加精准有效。车企与充电网运营商将共同打造智慧充电解决方案，包括智能调

度、预约充电、即插即充、车网互动等新型服务。

3. 创新多元化商业模式

开发多元化的盈利模式，如基于数据分析的增值服务、广告植入、充电站综合能源服务、电动车租赁服务等，充电网运营商与车企通过共享利益链，降低各自单独经营的风险和成本。

4. 政策导向与绿色金融结合

利用政策红利，引入绿色金融工具，通过融资租赁、项目融资、碳交易等方式，降低充电设施建设和运营的资金压力，加快充电基础设施的规模化部署。

5. 电池梯次利用与储能服务

车企与充电网运营商可能探索退役动力电池的梯次利用，将其作为储能装置集成至充电站，一方面降低成本，另一方面提升电网稳定性，创造新的商业模式。

总之，新能源车企和充电网运营商之间的商业合作模式未来可能会更加多样化，但双方需要不断创新和完善合作模式，以适应市场的变化和满足用户的需求。同时，预计政府也会积极出台相关政策，鼓励和支持双方的合作，推动新能源汽车市场的快速发展。

第二节　充电网与多元化生态场景互融互通

一、基于"人–车–生活"生态朋友圈，打造"充电+X"多元化消费场景

在充电网不同的发展阶段，由于其成熟度不同，用户的充电行为也会有所不同。不同车型用户会有多维度充电选择，家充或者目的地充、价格差异、配套设施差异等因素将影响用户的选择。充电网运营商为了提升用户的充电满意度，在用户充电全生命周期，可以融合"充电+X"场景，积极打造了丰富多样的创新产品和服务。以特来电为例，其携手合作伙伴，在车后服务，金融服务，生活娱乐等方面进行了"充电+"场景融合，推出了线上商城，联合会员权益、碳积分，提供充电无忧等各类增值产品，基于大数据实现精准触达，让用户享受更优惠、更便利、更个性化的充电服务。

大幕刚刚开启，充电运营商的多元化业务创新还在持续，处在最好的时代。面向未来，充电网运营商有望携手更多领域的伙伴，以"人—车"为切入口，构建"流量池、车联网、生活+"等多种平台，开放生态合作，持续创新，不断扩大"人—车—生活"生态朋友圈，让更多的生态伙伴共享充电网生态红利，提升用户充电体验，实现多方共赢。图32-2展示了特来电持续构建中的"充电+X"融合多元化生态场景。

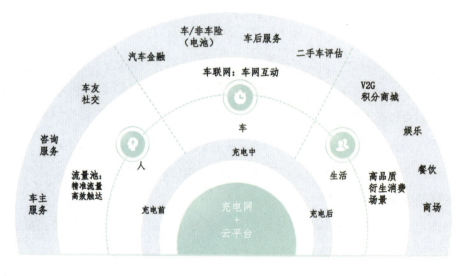

图32-2 "充电+X" 融合多元化生态场景

二、能源类运营商多元化生态实践案例

充电网运营商多元生态发展仍处在早期阶段，完整的成功实践案例还欠缺。但完全可以借鉴加油站等能源运营商在这方面的成功经验，例如中石化的易捷模式。东吴证券的报告显示，中石化2008年尝试进入非油领域，创办易捷，后面开始全面拓展便利店、汽车服务、广告、生活服务、汽车环保产品、创新型保险、数据营销等新兴产业，提供全方位的综合性服务，打造让消费者信赖满意的生活驿站。

能源站的多元生态发展处于持续创新中，例如中石化加油站率先启动"新零售"计划，运用计算机视觉技术，将站内的车辆信息、人员信息、消费行为信息进行匹配和关联，形成加油站的超大数据库；再经由大数据分析系统的处理，从中挖掘更有价值的信息，辅助各项经营决策的制订。平台易派客集采购、销售功能于一体，打造"互联网+"的运营模式，与各地的电影、蛋糕果饮、车辆保险、干洗衣物、旅游、健康体检、汽服业务等行业合作，合作方提供远低于市场价或免费的产品和服务进入线上商城，客户通过加油获取免费积分在线上进行兑换。中石化在营销方面还结合微信等信息化渠道，开展差异化营销。中石化的系列举措，不仅为顾客带来了便利，提高使用舒适度，而且有助于中石化开展精准营销，增强客户黏性，提高销售收入。

加油站的上述多元生态创新实践完全可以被充电网运营商借鉴。充电网运营相比传统加油站，线上化特性更明显，充电网运营商有可能借此拓展比传统加油站更丰富的生态场景。例如，特来电在金融生态场景合作方面进行了积极的探索，获得了有益的经验，通过与某国有大行展开"充电 +X"金融生态战略合作，推出了以下多种增值服务。

（1）用户钱包。系统升级以银行三类户作为 App 充电用户个人账户钱包。通过银行开户引流，将推广费转化为用户权益，赠送给用户，提高用户转化，提升用户使用体验。

（2）满减优惠。结合充电交易场景"刚需、高频"特点，在支付充电费用时支持用户选择指定银行可享受银行给予的满减补贴，降低用户充电成本，提升银行持卡人的消费活跃度，银行在补贴外为充电场景下的推广支付相应广告费用。

（3）信用卡等银行产品推广。通过用户画像的分析与精准触达，协助银行利用充电 App 线上与线下场站资源进行银行产品权益推广，提供更高效的转化场景。

（4）信贷。特来电提供营收测算，为银行和授信者打造数据模型，突破传统抵押贷单一授信标准，达到授信快、用信准、易盈利、低风险。

（5）品牌 IP 站。提升品牌形象，树立绿色、共享、低碳的环保理念。加强品牌曝光，有效打动用户，拓展更多消费场景。

第三节 充电网生态合作的新商机探索

多元化场景的融入和充电网数据价值的挖掘是探索新商机的重要方向，充电网深度连接车—电池—能源—人，将是工业互联网最大的应用场景之一。多类型的数据中分别蕴含着不同的商业价值。

一、汽车数据：洞察车辆全生命周期

汽车数据作为充电网生态中的关键一环，涵盖了车辆维修数据、二手车交易数据和保险数据等多个方面。这些数据不仅反映了车辆的使用状况和性能表现，还揭示了市场需求和消费者行为。通过深度挖掘和分析这些数据，可以更加精准地了解用户需求，优化产品设计，提升市场竞争力。同时，维修站、二手车市场和保险公司等也可以利用这些数据制定更合理的定价策略、风险评估和营销策略，实现商业价值的最大化。

二、电池数据：引领电池产业创新发展

电池作为电动汽车的核心部件，其数据价值不容忽视。通过采集和分析电池使用数据，可以实现电池安全监控和预警，提高电池使用效率和寿命。此外，梯次电池利用、残值评估、电池拆解等数据也为电池回收和再利用产业提供了有力支撑。在环保日益受到重视的今天，这些

数据的挖掘和利用将推动电池产业向更加环保、高效的方向发展，为整个社会的可持续发展做出贡献。

三、能源数据：优化能源利用与绿色发展

充电网作为连接车辆和能源的桥梁，其数据在能源领域同样具有巨大的价值。通过充电网数据的采集和分析，可以了解充电设施的使用情况、能源消耗和排放情况等信息。这些信息有助于我们优化充电设施的布局和运营，提高充电效率和能源利用效率。同时，结合微电网和储能网的数据，我们可以更好地实现绿电消纳和碳中和的目标，支撑清洁能源的发展和应用。

四、行为数据：实现精准营销与个性化服务

在充电网生态中，行为数据同样具有巨大的商业价值。在合法合规的前提下，用户的充电行为、支付习惯等信息可以帮助我们更好地了解用户的消费偏好和需求特点，从而为用户提供更加精准的信息推送和个性化服务，提高用户满意度和忠诚度。同时，这些数据还可以为企业提供决策支持，帮助企业制订更加合理的市场策略和产品规划。

综上所述，多元化场景的融入和充电网数据价值的挖掘将为企业带来前所未有的商业机遇。通过深度挖掘和利用这些数据，我们可以拓展商业模式的丰富程度和价值链长度，实现线上线下精准导流和增值服务的开发。同时，这些数据还将推动企业之间的合作与共赢，构建更加紧密的产业生态链。未来，随着技术的不断进步和应用场景的不断拓展，充电网数据的价值还将进一步得到挖掘和利用，为整个社会的可持续发展注入新的动力。

随着充电网络的日益壮大，数据互通将成为推动合作的核心动力。我们坚信，通过深入挖掘和有效运用数据资源，辅以先进的算法技术，充电网络将焕发前所未有的活力与潜力。在这样的背景下，融合各类场景的商业模式及增值服务的创新将层出不穷，为充电网络运营商打开盈利多元化的大门，极大改善其盈利模式单一的现状。

基于数据驱动的充电网络生态，通过各方合作伙伴的紧密合作，可共同探索和创新商业模式，将为充电网络用户提供更加丰富和个性化的增值服务。相信通过数据赋能和算法优化，充电网络将实现商业价值与社会价值的双赢，为构建绿色、智能、高效的能源体系贡献力量。

第九篇

未来展望

在新能源汽车和新能源发电趋势已经确定的基础上，伴随着功率半导体器件的进一步发展以及 AI 技术的突飞猛进，未来的充电网在应用场景上将取得更多突破，在驻地站等新的主要场景下实现多种多样的新应用，自动充电将和自动驾驶、无人驾驶一道，促进新交通和新能源的深度融合，共同支撑全新的电力能源生态。

第三十三章

充电网场景和关键技术展望

结合相关产业发展规划预测，至 2030 年的中期阶段，电动汽车将开始普及，自动驾驶、无人驾驶开始进入产业化应用；预计在 2030 年之后的 10 年内，自动驾驶、无人驾驶有望得到较大规模的普及；本章分两个阶段结合电力电子技术及电力系统的发展对相关关键技术及应用进行展望。

第一节　中期展望（2025—2030）

一、国产碳化硅器件具备量产条件，大步迈进碳化硅时代

碳化硅半导体具有禁带宽度大、击穿电场高、热导率高、电子饱和速率高、抗辐射能力强等优势，因此碳化硅半导体容易制造出高温、高功率、高压、高频等特性良好的器件，非常适用于新能源汽车、光伏发电、轨道交通、智能电网及航空航天等领域。早期碳化硅衬底及外延的位错密度较高，只能制造碳化硅肖特基二极管（SBD），而随着近些年制造水平及加工工艺的提高，碳化硅材料的缺陷密度不断降低，已经可以大批量制造 SiC MOSFET。2018 年特斯拉公司开始大规模在电动汽车电机驱动器使用 SiC MOSFET 以提高效率，提升功率密度，增加续航，释放汽车空间。碳化硅功率管自此开始在新能源汽车电机驱动器、OBC 及 DC/DC 模块大量采用。充电模块中使用的碳化硅器件主要是 SBD 以及 SiC MOSFET，技术门槛较低，且相对成熟，从性能、可靠性、经济性三个方面都适宜在充放电模块中应用。

1.SiC MOSFET 性能

采用碳化硅器件可以提升充电模块的性能以及效率。碳化硅绝缘击穿场强是硅的 10 倍，因此在相同耐压下，使用碳化硅的功率半导体厚度是硅器件的十分之一左右。另外，碳化硅和硅相比，可以提高载流子的杂质浓度。通过两种方式叠加，理论上碳化硅器件的导通电阻可以降低到硅的千分之一。碳化硅的饱和漂移速度比硅快 2~3 倍，因此碳化硅的开关速度更快，可以提高开关频率。开关频率高就可以使用容量更小的电感器和电容器，显著提升系统的功率密

度。碳化硅的导热率是硅的 3 倍左右，因此同样的条件下，碳化硅器件工作时产生的热量更容易释放到外部。

在实验样机中将硅基 IGBT 及 MOSFET 更换为对应规格的 SiC MOSFET，并将 PFC 以及 DC/DC 工作频率大幅提高，同时调整对应的电容器及磁性元件之后，满载效率最高可以达到 97%，峰值效率可以达到 98%。

2.SiC MOSFET 可靠性

经过最近十年左右的技术及工艺提升，SiC MOSFET 的栅极氧化层可靠性得到了长足进步，使得 SiC MOSFET 得以在大众市场应用，各 SiC MOSFET 的生产厂商还使用超越 Si MOSFET 的管控手段来提升可靠性。例如：制造端增加一层光刻用以增强栅极氧化层；在芯片制造过程中，增加老化测试，进行芯片级筛查；封测端，选用更好的塑封料等。SiC MOSFET 器件生产商还采用超越当前标准的质量认证测试，至少采用汽车级半导体标准 AECQ101。这些因素综合起来，显著提升了 SiC MOSFET 器件的可靠性。

3.SiC MOSFET 经济性

SiC MOSFET 曾经因为价格昂贵而让大众望而却步，但经过技术升级和规模化应用，目前在综合成本上已显示出明显的优势。一般 40 毫欧规格以上的 SiC MOSFET，芯片要占据器件成本的 90% 以上，而芯片成本的 60%~70% 则是外延片成本，SiC MOSFET 的成本主要是由外延片成本决定的。2019 年之前，碳化硅衬底、外延片产能 90% 以上都是由国外公司控制。国内经过近几年大力发展，也涌现了一批可以成熟制造碳化硅衬底、外延的公司。国内技术、工艺能力的不断提升，产能的不断释放，外延成本显著下降，从而带来器件成本下降。以 40 毫欧规格的 SiC MOSFET 为例，2023 年单颗器件成本为相同规格 Si MOSFET 的 1.5 倍，已经远低于 2019 年的 6 倍。随着技术水平不提高，碳化硅外延片成本有望进一步降低，工艺和良品率也将持续提升，预计在未来的 1~2 年，SiC MOSFET 的器件价格将会低于相同规格的 Si MOSFET。

采用全 SiC MOSFET 的方案，提升开关频率，降低相应的磁性元件及电容器容量及数量之后，即使在当前的 SiC MOSFET 价格下，SiC MOSFET 方案的 30 千瓦充电模块比硅功率器件方案的成本高了 250~300 元 / 模块，但按照碳化硅方案的充电模块满载效率比硅方案高 1% 来计算，在实际运营中 1~2 年内的电费节约即可能覆盖使用 SiC MOSFET 的成本。

综上所述，在充电桩中使用碳化硅器件已经是一个必然趋势，各充电模块厂商必将会采用碳化硅器件进行新一代的产品设计，届时一定会产生更多有趣的拓扑、高效的方案，碳化硅器件也必将在充电模块上大放异彩！

二、以群充架构为基础形成多种场景化细分产品

目前充电基础设施的建设速度和规模还不足以满足高速增长的电动汽车市场的充电需求，尤其是细分场景的差异化充电需求越来越强烈，需要针对不同用途的细分市场开发与之对应场景产品方案，才能更有针对性地满足各细分场景用户充电需求。几种典型细分场景主要有服务私家车充电为主的小区／园区充电场景；服务各种社会车辆为主的公共快充场景；服务公交、物流等车辆充电的专用充电场景等。

面向小区／园区充电场景，主要服务对象为私家车，车辆停放时间较长，私家车平均每周充电频次为 1~2 次，其具有停放时间较长的特点，是未来 V2G 的主要应用场景。目前家用为主的交流充电桩难以实现车辆的交互以及规模化充电桩的管理应用，因此基于群管群控架构衍生出小功率直流分时充放电系统将会是未来针对此场景的发展方向。

公共快充场景是最为复杂的充电场景，私家车、网约车、出租车、物流车等车辆都会在此充电，用户对公共快充站的主要需求是"充电快，时间短"，但是不同车辆的需求功率离散性很强，乘用车电压平台由 400 伏升到 800 伏，即使电流保持不变，充电功率也会增大一倍。在超充化已经成为未来发展的必然趋势的条件下，公共站如何能够用最低的成本投入，同时满足小功率充电需求的车辆和大功率充电需求的超充车辆，成为势必要解决的问题。动态分配、功率共享的大功率池的群管群控系统产品成为必然选择，充电终端的超充化除了能满足大功率超充的需求，同时也能满足用户对充电枪轻柔化操作体验的需求。

对于公交、物流等专用充电场景，由于其车型固定，充电时间也较为规律，充电需求较为明确。如何根据不同场站的实际需求，灵活配置针对具体需求不同的产品方案，并且同时具备应对未来车辆变化的灵活扩展、动态演进的能力就成为这些专用场景必然要解决的问题。公交专用场站白天大功率快速补电、晚上中小功率集中充电的需求必然以共享功率池的群充产品为主；而大功率充电为主的重卡物流车，当前仍然以低成本的大功率的一体式直流桩为主，但是一体式直流桩难以动态演进的弊端，必然难以满足未来车辆发展的趋势，随着车辆超充化的发展，以及专用场站复用化的趋势，相信针对公交、物流等专用场站的群充产品方案将会成为其必然选择。

随着重卡等商用车的电动化时代到来，重卡充换电市场将开辟一个全新的使用场景。以高频重载短导重卡为例，保守估计替代率在 30%~50%，意味着将有 300 万 ~500 万台重卡投入市场，这将激发重卡专用直流快充设备市场。但重卡场景比较特殊，环境工况差，满载运行时间长，热负荷高等是重卡专用场站区别于一般快充站的几大特点。这对整个电源组件和系统的热设计和可靠性带来了新的挑战。对设备供应商而言，如何在控制制造成本的前提下设计性能冗

余；对场站运营商而言，如何在保证正常运营的条件下合理控制运营成本，都是目前行业的挑战。

三、充电网智能运维的规模化应用

2015—2020 年是充电网的探索阶段，整个行业尚不成熟，在技术路线上也未形成统一的共识，百家争鸣；2020—2025 年是充电网的快速发展阶段，经过 5 年的发展，行业逐渐趋于成熟，充电网的技术路线得到肯定，突飞猛进；2025—2030 年将是充电网的成熟阶段，经过 10 年的发展，行业已经成熟，充电网的技术路线成为主流，愈发完善。

在此背景下，充电网设备的智能运维和模块化设计将会进一步得到提升。智能运维方面，在设备侧，小微传感器将全面覆盖充电网设备，精准采集和上传设备各个维度的信息；在网关侧，多链路的高性能网关能进一步提升数据传输的可靠性；在云平台侧，AI 技术的应用以及历史数据的持续分析、学习，将进一步提升云平台的智能化水平，预防性维护策略的制订、故障的识别、定位、智能指导和自动修复等功能也愈发完善；通过智能运维将能解决几乎全部的软件类问题，预防 80% 的硬件类故障发生。模块化设计方面，充电网设备的所有易损件将全部实现模块化设计，在极大程度降低更换难度的同时，还能减少 90% 的更换时间，即使是非专业人员，也能轻松完成更换。此外，随着技术的进步，充电网设备在质量方面和安全方面也将取得巨大提升，设备故障率和运维安全风险能在全寿命周期内稳定在较低水平。

因此，充电网运维方式也将会发生巨大变化，2020—2025 年尚处于萌芽阶段的社会化运维将在此阶段快速开枝散叶，得到规模化应用，成为充电网运维的主流方式，进一步提升运维工作效率和运维工作质量，降低运维工作成本，更好地支撑充电网高质量发展。

四、充电网社会化运维的萌芽

随着电动汽车的快速发展，充电场站的建设和运维成了一个重要的议题。在这个背景下，充电场站的社会化运维萌芽日益明显。充电场站的社会化运维意味着将充电设施的运维工作交给专业的社会机构、企业或个人来承担。这种趋势的出现，主要是由于电动汽车市场的不断扩大，对充电设施的需求也日益增加。传统的由运营商主导的运维模式已经难以满足市场的需求，因此需要更加专业化、高效化、便捷性的运维服务。

充电场站社会化运维的优势显著。首先，可以充分发挥市场的竞争机制和闲散资源，提高运维服务的质量和效率；其次，能够更好地保障充电设施的正常运行，提供更优质的用户体验；最后，社会化运维还可以降低充电场站的运维成本，提高充电站的运营收益。

然而，充电场站的社会化运维也面临一些挑战。例如，如何保障运维企业或个人的服务质量和安全水平，如何建立统一的标准和规范，如何保证运维的时效性问题。这些都需要政府、企业和社会各方共同努力，加强监管和协调，确保充电场站的社会化运维能够健康、有序地发展。为此，在合作机制、标准规范及信息化、智能化工具的运用方面还要持续提升，需要有效激发社会各界参与充电站的运维，积极与物业公司、停车场管理方、网约车公司或司机等建立合作关系，共同维护充电站的正常运行。

五、场景化工业大模型逐步落地应用

新型工业化是中国梦落实到工业战线的生动实践，智能化是新型工业化的重要特征。随着以大模型为代表的通用 AI 技术达到了规模爆发奇点，工业大模型将成为工业企业推进数智化转型，实现弯道超车的重要路径。

工业 AI 与通用领域 AI 的技术演进规律总体同步，从技术创新到应用探索再到工程化的大路径一致，且 AI 技术创新和工业领域融合应用之间的滞后周期不断缩短：专家系统诞生与工业领域应用间隔近 20 年；而深度学习、生成对抗网络等新技术于 2012 年后在通用领域开展应用，不足 4 年便已经产生了工业领域探索实例。根据中国信通院研究，由于人工智能技术可用性的增强以及工业信息化水平的提升，通用技术的工业落地间隔由 20 年逐步缩短至 5 年以内。

随着大模型技术的跃迁式发展，工业大模型将逐步应用到充电网各细分场景。首先是在经营管理环节嫁接通用大模型向充电网领域的渗透迁移，主要场景如智能客服、机器视觉定位、视觉质检、表单识别、安全巡检等，以替代人工操作、提高生产效率为主要目的，应用普适性强、价值相对较高。第二阶段是需求推动的场景复杂多样化赋能阶段。AI 技术与工业需求相互匹配实现"工业有需求、AI 来满足"，以机器学习 / 深度学习等数据科学与用户行为、车辆行为、设备运行、能源互动等环节的工业互联网数据融合为主要特征，实现面向场景的建模与优化，如设备预测性运维、电池健康诊断、充放电参数优化、需求预测等场景。此阶段面向相对复杂的工业问题，应用价值差异性较大。第三阶段是综合智能应用阶段。以深度学习与知识图谱融合创新或是新技术理论突破赋能为主，解决综合常识性问题。既能针对用户、设备、车辆等实现更客观全面的智能优化，也能实现全企业甚至全产业链基于知识的综合决策，应用价值较高，推动充电网真正实现智能化。

六、面向新型电力系统和能源体系，新能源和充电网互为依托

电动汽车和新型能源电力体系实现深度融合互动取决于系统规模、技术条件、规模场景及

政策和市场机制等多种内外部因素。至 2030 年，这些因素将发生深刻的变化。首先，电动汽车保有规模持续快速增长，总量预计超过一亿辆，为融合互动提供了规模化的基础。其次，新能源发电快速发展，预计届时风、光新能源装机容量接近 20 亿千瓦时，新能源逐步占主体的电力系统迫切需要更经济有效的灵活性资源，电动汽车既是高度可调节的灵活负荷，又可作为移动储能手段，规模化发展后为新型电力系统提供支撑适逢其时。再次为了匹配巨大的灵活性需求和规模化的电动汽车灵活性资源，相关电力价格政策和市场机制也将密集发布落地，2023 年底四部门发布车网互动的实施意见后，各地已积极行动，申报包括机制、政策完善在内的试点示范项目，国家电网、南方电网和内蒙古电力也分别出台了相关的行动计划，预计将会有更多的峰谷电价差和现货、辅助服务等交易机制来激发电动汽车充分发挥调节资源潜力。最后，在标准方面，2024 年 4 月 1 日实施的新版系列国家标准已支持放电，汽车制造企业纷纷发布搭载更大电池容量、更高循环次数动力电池的新车型，并积极以利益相关者身份参与到融合互动的工作，推动多类型融合互动业务商业化闭环落地。

充电网作为连接电动汽车和能源电力系统的关键基础设施，在这一过程中将发挥关键作用，从技术、产品、运营等多个层面进行持续演进，通过充电网的多层面支持，将实现电动汽车角色和充电网角色的重要转变：电动汽车从交通工具转变成兼具移动储能资源，充电网从补能基础设施转变为车网融合互动的关键基础设施。

第二节　远期展望（2030—2035）

一、自动驾驶浪潮驱动下的补能泊车一体化新业态

1. 自动泊车辅助系统

新能源汽车的浪潮极大地推进了汽车高阶辅助驾驶的进步，其中又以自动泊车的技术发展最为迅速，自动泊车辅助系统（APA，Auto Parking Assist）技术因其应用工况种类相对固定，环境复杂度较城市道路高阶辅助驾驶相比较低（半自动泊车对应 SAE L1，全自动泊车对应 SAE L2），所以开发难度在高阶辅助驾驶技术体系中相对较低且执行成功率较高。新兴汽车制造商纷纷推出了自己的自动泊车辅助系统，在此基础上百度和小鹏等方案供应商和主机厂商还推出了自主泊车系统（VPA，Valet Parking Assist），可以在车辆进入车库伊始，在驾驶员不干预的情况下自动寻找车位并自动泊车。因此，到 2030 年，一部分高度智能化的车辆将具备自动驾驶至停车库并自动泊车的成熟实现能力，实现"最后一公里自由"。

2. 机械式立体泊车系统

根据公安部统计，2023 年全国机动车保有量达 4.35 亿辆，其中汽车 3.36 亿辆。与此同时，截至 2022 年，中国停车位缺口数量已达 8000 万，随着新的经济周期城市化步伐减慢，新建停车场与存量需求不匹配，城市"停车难"将成为影响居民生活和城市发展的重要问题，如何在有限的空间尽可能多地停放机动车，将是未来城市规划与建设的重点。机械式立体泊车系统（APS，Automated Parking Systems）由于独特的运行方式，使用停车库的纵向空间提高空间使用率，通常较平面停车库有更高的容积率，曾被视为解决城市停车难的重要途径之一，但由于 APS 泊车多年来技术进步与迭代速度并不突出，导致其在建设成本，机械性能，使用便利性以及安全性等方面达不到预期，因此无论国内还是国外，近年来立体泊车市场发展并不理想。但近年来我国在非标自动化及工控领域的快速发展给 APS 机械设计和制造带来了肥沃的土壤，APS 在中心城市和中心城区具备成本优势，使得立体泊车市场即将迎来新的爆发期。

3. 智慧泊车与自动充电一体化设施

代客泊车技术的成熟会孕育出大量自动充电应用的市场需求，从而刺激自动充电技术的成熟与发展，同时机械式智慧泊车的发展也在技术上降低了自动充电在人机交互、定位精度和订单结算等方面的技术难度，因此智慧泊车与自动充电一体化设施（PCO，Parking and Charging in One）在深度集成自动充电，自动泊车辅助和机械式自动泊车系统各自优点的基础上，发展出针对不同场景的不同形态。针对城市中心的新建办公及商业综合体等项目宜采用地下综合方案，将 PCO 在楼宇园区的规划阶段纳入设计和评估，以达到最大的效能和安全指标。针对城市中心已建成的住宅，商超和办公等项目，由于其在早期设计建设过程中未考虑 PCO 的供电及土建需求，不仅实施难度较高，也难以发挥 PCO 的全部效能，并且难以满足消防等相关要求，因此更适合在中心区域独立建造 PCO 泊车充电专用建筑，以满足区域内周围建筑和园区的停车和补能需求。

二、服务集中式补能泊车的中压接入电力电子充放电技术

如上文所述，自动充电与立体泊车催化了区域内新能源汽车补能需求的高度集中化，因此兆瓦级充电场景将开始萌发。超大容量，超多终端，高灵活度，高度集成和更高效率的场景特点是现有群充体系无法满足的，因此中压直挂充放电系统成了一种可以同时解决以上需求的可行的解决方案。中压直挂充放电系统原理并不复杂，中压接入系统后进入移相变压器（PST，Phase Shifting Transformers），出线接入 AC/DC 整流，整流模块输出通过串并联切换即可获得 200~1000 伏，至高 1500 伏的直流母线，系统功率可达数兆瓦级。

中压直挂与低压接入方案相比有若干点变化：一是使用移向变压器替代电力变压器，二是使用 AC/DC 整流替代 PFC 功率矫正，三是使用非隔离 DC/DC 替代隔离 DC/DC。由此带来的优点也十分明显：效率方面，AC/DC+ 非隔离 DC/DC 较 PFC+ 隔离 DC/DC 的效率高 1.3~2.0 个百分点；电能质量方面，移相变压器在电网侧谐波治理上作用显著，基本可以消除低次谐波。直流母线侧，移相变压器可以为每个功率单元提供独立的供电，方便进行模块级联，使得直流母线可以在 500~1500 伏灵活切换，为未来 1200 伏功率平台提供了更好的兼容性。此外，在模块化集成，快速部署，可靠性和安全性和数字化监控运营等方面，均与低压方案并无明显差异。

从可实施性角度来讲，AC/DC 加非隔离 DC/DC 的两级模块的制造成本较现有方案有一定的优势。另一方面，移相变压器一般用于为中高压变频器提供多相整流电源，2022 年国内移相变压器市场仅为 2.8 亿元，规模效益尚未显现，制造成本相对传统配电变压器较高，但随着新型电力系统的规模化建设，移相变压器作为电力系统中控制功率流的关键设备，其市场规模得以持续扩大，届时中压直挂方案将会迎来规模化生产和应用的风口期。

三、充电网无人化运维的萌芽

2030—2035 年，随着人工智能技术的飞速发展，AI 机器人将在各个行业中得到初步应用，颠覆"以人为主"的社会生产模式，逐步向"无人化"发展。充电网作为届时规模最大的产业之一，也将会受到人工智能技术的巨大影响，尤其是在运维方面，充电网运维模式将会发生翻天覆地的变化，由社会化运维逐步向无人化运维转变。

无人化运维主要体现在两个方面。一方面，随着充电网行业的快速发展，越来越多免维护产品投入使用，能从很大程度上降低运维工作量；另一方面，场站将会配置 AI 机器人作为"管家"，负责现场所有的工作，包括运营类工作和运维类工作，且更加安全、高效、可靠。此时，大量的运维工程师将转至"幕后"，负责操控整个运维系统，以及突发事件的应急处理，对于场站而言，则实现了"无人化"。

充电无人化运维在这一阶段萌芽后，在后续阶段将进一步实现规模化应用。届时，充电网经过与其他行业的融合，一定会有新的形态，成为更强更大的基础设施网络。

四、以车辆充电数据为依托的工业大数据和消费数据的融合

电动汽车具有"电动化、智能化、网联化、共享化"的特征，汽车与电子、通信、交通、能源、软件等产业加速融合，带来爆发式的数据增长，数据形态也逐渐从单一内部的小数据向

多元动态的大数据形态发展，产生的海量数据蕴藏了巨大商机，数据的应用范围持续拓展，将逐步重塑人类的出行、工作与生活消费方式。

随着新能源产业的发展，车辆与充电网之间的交互数据将会快速增长，其数据附加值伴随着数智化的深入将持续提升并构建出新的数据赋能价值链。典型场景包含：运营商在充电运营阶段，数据可以用于智能充电引导和精准营销，通过对数据深入分析构建用户、车辆及场站的画像体系，了解用户的充电需求规律和消费行为与场站的匹配关系，制订更加精准的充电场站推荐、动态价格调整策略、营销活动策划等来实现更大的价值。车辆行为数据及多维度评估体系包括充电网基于车辆充放电的海量数据叠加大模型技术构建车辆及电池的动态档案及安全风险、车辆健康、残值评估等模型。其应用价值表现如下。

（1）对于充电运营，可以在高危车辆充放电前给出提醒，充电中可配置限充、禁充、限流、阻断等充电策略，充电后给车主预警，守护场站及车辆充放电安全，提高用户满意度和忠诚度。

（2）对二手车评估及梯次电池交易行业，基于车辆的健康评估数据可以用于二手车和梯次电池市场的定价和交易决策，提高市场的透明度和公正性。

（3）对保险行业，数据可以用于评估车辆的风险等级，为车辆保险提供更加准确和个性化的定价和服务支持，同时这些数据还可以用于优化保险产品的设计和推广，以提高保险公司的竞争力和市场占有率。

（4）对金融机构，车辆档案及行为数据能够为金融机构提供关于车主的财务状况和信用风险等参考信息。例如，通过分析车辆品牌车系可以推测车主的财务状况，分析车辆的充放电行为可评估车主对价格敏感度和责任能力，从而帮助金融机构进行更准确的信用评估和风险管理。同时，金融机构还可以利用汽车数据开发新的贷款和融资产品，以满足车主的个性化需求。

（5）对政府公共部门，可以与地方消防单位建立事故预警与应急响应，通过对充电过程的实时监测防护，及时发现安全事故和异常情况，从而快速启动应急响应机制，尽可能减少烧车安全事故的影响和损失。

充电网积累的汽车行为数据包含的车辆品牌与车系全面而丰富，数据资源类型多并且体量大，是充电网数据资产管理的重要组成部分；数据价值也从单一的充电服务价值链向保险、金融、售后等汽车后市场产业链扩展，链条上每个环节持续产生数据，数据要素的价值将随着产业的发展和模式的创新构建出新的消费数据价值链。

五、基于新能源汽车簇的城市能源枢纽

在前一阶段电动汽车和新型能源电力体系深度融合互动格局初步形成的基础上，至2035年，电动汽车规模进一步提升，其中具备自动驾驶、无人驾驶功能的车辆占比快速提升。自动驾驶、无人驾驶电动汽车将会深度重构电动汽车充电设施的布局、建设和运营模式，也将显著影响电动汽车和能源电力系统融合互动的方式。

无人驾驶汽车将促进车辆停放、充电地点和出行目的地的解耦，有利于集中建设大规模停车、充放电一体化的基础设施，选用更高效、更灵活和更可靠的中压接入并直接变换的充放电设备。届时有望高度集约化建设可停放数千辆电动汽车的停车塔，有效节省土地资源，同时成为可提供容量达到数十万千瓦、可比拟大型发电机组的储能电站节点。未来城市中批量规划和建设的无人驾驶汽车停车、充放电一体化基础设施聚合形成新能源汽车簇，将构成支撑能源电力系统安全、可靠、经济运行的核心枢纽。

信息化、数字化和人工智能技术的进一步发展，将支持车辆出行、充放电和电网运行一体化联合调度，显著提升车辆、路网、电网的使用效率及新能源发电的利用率，创造最优的社会价值。届时有望出现出行服务、能源服务一体化运营商，实现出行、停车、充放电及储能运行统筹规划和建设，车辆出行服务及能源电力交易和辅助服务一体化运行与运营，通过在能源电力系统提供辅助服务获得收益，可大幅降低出行的能源成本、提升交通出行的绿色化水平，同时实现高水平的交通运输和出行效率。

参考文献

[1] Chris Palmer. Latest Climate Report Sounds Alarm on Closing Window for Mitigation[J]. Engineering, 2023, 30（11）: 7-9.

[2] Xue Y, Yu X. Beyond smart grid—Cyber‐physical‐social system in energy future [point of view][J]. Proceedings of the IEEE, 2017, 105（12）: 2290-2292.

[3] 舒印彪, 陈国平, 贺静波, 等. 构建以新能源为主体的新型电力系统框架研究 [J]. 中国工程科学, 2021, 23（6）: 61-69.

[4] 李晓华, 刘吉臻, 魏琪峰. "双碳"目标下中国建设现代能源体系的思考与建议 [J]. 石油科技论坛, 2022, 41（1）: 50-56.

[5] 王成山. 微电网技术及应用 [M]. 北京: 科学出版社, 2016.

[6] 刘建明, 孙蓉, 张宇, 等. 电动汽车技术与发展 [M]. 北京: 中国电力出版社, 2017.

[7] 章建华, 林山青, 何洋, 等. 新型电力系统发展蓝皮书 [M]. 北京: 中国电力出版社, 2023.

[8] 辛保安. 新型电力系统与新型能源体系 [M]. 北京: 中国电力出版社, 2023.

[9] 张智刚, 康重庆. 碳中和目标下构建新型电力系统的挑战与展望 [J]. 中国电机工程学报, 2022, 42（8）: 2806-2819.

[10] 郭少丹. 电动汽车规模化发展需要充电网支撑——访特锐德、特来电董事长于德翔 [N]. 中国经营报, 2022-07-25（D04）.

[11] 胡泽春, 宋永华, 徐智威, 等. 电动汽车接入电网的影响与利用 [J]. 中国电机工程学报, 2012, 32（4）: 1-10.

[12] 李旭玲, 倪峰, 张萱, 等. 中国与 IEC 电动汽车交流充电系统标准对比 [J]. 电力系统自动化, 2020, 44（21）: 1-6.

[13] 黄学良, 刘永东, 沈斐, 等. 电动汽车与电网互动: 综述与展望 [J]. 电力系统自动化, 2024, 48（7）: 3-23.

[14] 龚成明，韩亚宁. 车网互动的实践进展与框架设计 [J]. 新能源汽车供能技术，2021，5（1）：14-18.

[15] 魏旻. 工业互联网安全架构及关键技术 [M]. 北京：科学出版社，2022.

[16] 魏一凡，韩雪冰，卢兰光，等. 面向碳中和的新能源汽车与车网互动技术展望 [J]. 汽车工程，2022，44（4）：449-464.

[17] 谢开. 美国电力市场运行与监管实例分析 [M]. 北京：中国电力出版社，2017.

[18] 王成山，李鹏. 分布式发电、微网与智能配电网的发展与挑战 [J]. 电力系统自动化，2010，34（2）：10-14.

[19] Zhang J, Wang Y, Jiang B, et al. Realistic fault detection of li-ion battery via dynamical deep learning[J]. Nature Communications, 2023, 14（1）: 5940.

[20] Jingsong W, Zhiyong X, Chengming G. Research and Practice of Electric Vehicle Charging Participating in Power System Frequency Regulation[C]: 34th World Electric Vehicle Symposium & Exhibition, EVS34, 2021.

[21] 宁剑，江长明，张哲，等. 可调节负荷资源参与电网调控的思考与技术实践 [J]. 电力系统自动化，2020，44（17）：1-8.

[22] 王宣元，刘蓁. 虚拟电厂参与电网调控与市场运营的发展与实践 [J]. 电力系统自动化，2022，46（18）：158-168.

[23] 杨晓东，张有兵，蒋杨昌，等. 微电网下考虑分布式电源消纳的电动汽车互动响应控制策略 [J]. 电工技术学报，2018，33（2）：390-400.

[24] 谢开，刘敦楠，李竹，等. 适应新型电力系统的多维协同电力市场体系 [J]. 电力系统自动化，2024，48（4）：2-12.

[25] 程韧俐，周保荣，史军，等. 面向区域统一电力市场的超大城市虚拟电厂关键技术研究综述 [J]. 南方电网技术，2023，17（4）：90-100+131.

[26] 陈中，刘艺，陈轩，等. 考虑移动储能特性的电动汽车充放电调度策略 [J]. 电力系统自动化，2020，44（2）：77-85.

[27] 康重庆，陈启鑫，苏剑，等. 新型电力系统规模化灵活资源虚拟电厂科学问题与研究框架 [J]. 电力系统自动化，2022，46（18）：3-14.

[28] 葛鑫鑫，付志扬，徐飞，等. 面向新型电力系统的虚拟电厂商业模式与关键技术 [J]. 电力系统自动化，2022，46（18）：129-146.

[29] 徐俊俊，程奕凌，张腾飞，等. 计及充电行为特征与可调性的电动汽车集群优化调度

[J].电力系统自动化，2023，47（23）：23-32.

[30] 王杨洋，茆美琴，杨铖，等.面向多场景辅助服务的大规模电动汽车聚合可调度容量建模 [J].电力系统自动化，2024，48（7）：103-115.

[31] 常方宇，黄梅，张维戈.分时充电价格下电动汽车有序充电引导策略 [J].电网技术，2016，40（9）：2609-2615.

[32] 姚建国，杨胜春，王珂，等."源－网－荷"互动环境下电网调度控制 [M].北京：中国电力出版社，2019.

[33] 周云.电动汽车充电设施优化规划与运行 [M].北京：清华大学出版社，2024.

[34] 刘念，张建华.用户侧智能微电网的优化能量管理方法 [M].北京：科学出版社，2019.

[35] 鲁宗相.微电网分层运行控制技术及应用 [M].北京：电子工业出版社，2017.

[36] 鲁宗相，乔颖，李海波，等.高比例可再生能源电力系统灵活性：概念、理论和应用 [M].北京：中国电力出版社，2022.

[37] 王芳，夏军，等.电动汽车动力电池系统安全分析与设计 [M].北京：科学出版社，2021.

[38] 杨德才.锂离子电池安全性原理、设计与测试 [M].成都：电子科技大学出版社，2012.

[39] 姜久春.电动汽车充电技术及系统 [M].北京：清华大学出版社，2017.

[40] 袁晓冬.车桩协同互动关键技术及应用 [M].北京：中国电力出版社，2023.

[41] 雷蕾.线扫激光雷达目标识别方法研究 [D].西安工业大学，2019.

[42] 刘玉斌，赵杰，蔡鹤皋.新型 6-PRRS 并联机器人运动学和动力学研究 [J].吉林大学学报（工学版），2008，（5）：1220-1224.

[43] 纪蒙吉，张兰春.基于双目视觉的电动汽车充电口位姿定位方法研究 [J].江苏理工学院学报，2023，29（4）：115-121.

[44] 吴伟民.厦门远海自动化码头的充电装置升级改造 [J].电子元器件与信息技术，2023，7（12）：209-212.

[45] 胡泽春，宋永华，刘辉.电动汽车与电网互动的调控策略 [M].北京：科学出版社，2019.

[46] 国网天津市电力公司电力科学研究院，国网天津服务有限公司.综合能源服务技术与商业模式 [M].北京：中国电力出版社，2018.

[47] 国家发展改革委，等.关于加强新能源汽车与电网融合互动的实施意见：发改能源（2023）1721 号 [EB/OL]，2023. https://www.ndrc.gov.cn/xxgk/zcfb/tz/202401/t20240104_1363096.html

[48] 国家发改委，等.电力需求侧管理办法（2023 年版）：发改运行规（2023）1283 号 [EB/OL]，2021. http://zfxxgk.nea.gov.cn/2021-12/21/c_1310391369.htm

[49] 国家能源局.电力并网运行管理规定:国能发监管规(2021)60号[EB/OL],2021. http://zfxxgk.nea.gov.cn/2021−12/21/c_1310391369.htm

[50] 国家能源局.电力辅助服务管理办法:国能发监管规(2021)61号[EB/OL],2021. http://zfxxgk.nea.gov.cn/2021−12/21/c_1310391161.htm

[51] 国家发展改革委,国家能源局.关于进一步加快电力现货市场建设工作的通知:发改办体改(2023)813号[EB/OL],2023. https://www.gov.cn/zhengce/zhengceku/202311/content_6913560.htm

[52] 中华人民共和国国家质量监督检验检疫总局,中国国家标准化管理委员会.电动汽车传导充电系统 第1部分:通用要求:GB/T 18487.1—2023[S].2023.

[53] 中华人民共和国国家质量监督检验检疫总局,中国国家标准化管理委员会.电动汽车传导充电系统 第2部分:非车载传导供电设备电磁兼容要求:GB/T 18487.2—2017[S].2017.

[54] 中华人民共和国国家质量监督检验检疫总局,中国国家标准化管理委员会.电动汽车传导充电系统 第3部分:电动车辆交流/直流充电机(站):GB/T 18487.3—2011[S].2011.

[55] 中华人民共和国国家质量监督检验检疫总局,中国国家标准化管理委员会.电动汽车传导充电用连接装置 第1部分:通用要求:GB/T 20234.1—2023[S].2023.

[56] 中华人民共和国国家质量监督检验检疫总局,中国国家标准化管理委员会.电动汽车传导充电用连接装置 第2部分:交流充电接口:GB/T 20234.2—2015[S].2015.

[57] 中华人民共和国国家质量监督检验检疫总局,中国国家标准化管理委员会.电动汽车传导充电用连接装置 第3部分:直流充电接口:GB/T 20234.3—2023[S].2023.

[58] 中华人民共和国国家质量监督检验检疫总局,中国国家标准化管理委员会.电动汽车传导充电用连接装置 第4部分:大功率直流充电接口:GB/T 20234.4—2023[S].2023.

[59] 中华人民共和国国家质量监督检验检疫总局,中国国家标准化管理委员会.非车载传导式充电机与电动汽车之间的数字通信协议:GB/T 27930—2023[S].2023.

[60] 中华人民共和国国家质量监督检验检疫总局,中国国家标准化管理委员会.电动汽车充换电设施术语:GB/T 29317—2021[S].2021.

[61] 中华人民共和国国家质量监督检验检疫总局,中国国家标准化管理委员会.电动客车顶部接触式充电系统 第1部分:通用要求:GB/T 40425.1—2021[S].2021.

[62] 中国汽车工程学会.电动汽车充电过程电池系统安全风险监测及故障预警规范:T/CSAE 254—2022[S].2022.